乡村旅游

资源开发的主体博弈及分享路径研究

RESEARCH ON THE STAKEHOLDER GAME AND SHARING
PATH OF RURAL TOURISM RESOURCE DEVELOPMENT

颜晓燕 ◎ 著

经济管理出版社
ECONOMY & MANAGEMENT PUBLISHING HOUSE

图书在版编目（CIP）数据

乡村旅游资源开发的主体博弈及分享路径研究 / 颜晓燕著. -- 北京：经济管理出版社，2024. -- ISBN 978-7-5243-0031-1

Ⅰ. F592.3

中国国家版本馆 CIP 数据核字第 2024F0T607 号

组稿编辑：杜　菲
责任编辑：杜　菲
责任印制：许　艳
责任校对：王淑卿

出版发行：经济管理出版社
　　　　　（北京市海淀区北蜂窝 8 号中雅大厦 A 座 11 层　100038）
网　　　址：www.E-mp.com.cn
电　　　话：(010) 51915602
印　　　刷：唐山玺诚印务有限公司
经　　　销：新华书店
开　　　本：720mm×1000mm/16
印　　　张：16.5
字　　　数：252 千字
版　　　次：2024 年 12 月第 1 版　　2024 年 12 月第 1 次印刷
书　　　号：ISBN 978-7-5243-0031-1
定　　　价：88.00 元

前　言

随着乡村振兴战略的深入实施和全域旅游概念的广泛推广，乡村旅游资源开发已成为推动农村经济转型升级、促进农民增收致富的重要途径。《中共中央　国务院关于全面推进乡村振兴加快农业农村现代化的意见》明确提出，要大力发展乡村旅游，促进乡村产业融合发展。因此，如何确保在乡村旅游资源开发过程中各方利益的均衡分享，构建公平合理的利益分配机制，成为制约乡村旅游可持续发展的关键问题。乡村旅游资源作为农村经济的重要组成部分，不仅承载着丰富的自然景观和人文历史，还蕴含着巨大的经济效益和社会效益。近年来，随着人们生活水平的提高和休闲需求的多样化，乡村旅游逐渐成为人们休闲娱乐、体验乡村风情的重要选择。然而，在乡村旅游快速发展的背后，利益分配不均、资源过度开发、生态环境破坏等问题日益凸显，严重影响了乡村旅游的可持续发展。因此，合理开发乡村旅游资源，构建利益分享机制，成为乡村旅游可持续高质量发展的必然要求和重要途径。

当前，乡村旅游资源开发利益分享路径的研究已取得了一定进展，但仍存在诸多不足。一方面，现有文献多集中于探讨不同主体在乡村旅游资源开发中的利益保障问题，或单一因素对利益分享的影响，而对于多元主体间复杂关系的梳理及利益分享路径的系统性研究尚显不足。另一方面，伴随着乡村旅游市场的快速发展和政策的不断调整，新的利益矛盾和难题不断涌现，迫切需要对现有研究进行拓展和深化。因此，对乡村旅游资源开发的利益及其分享路径问题进行系统性探究具有十分重要的实践意义与理论意义。

本书的研究内容包括以下几个方面：首先，界定乡村旅游开发的利益相关主体与客体，揭示利益相关主体之间利益制衡失效的根源，在此基础上探究乡村旅游资源开发利益主客体的结构及其之间的关系，为探索乡村旅游资源开发利益分享路径奠定基础。其次，从多元利益主体角度出发，通过分析地方政府、开发商、当地村民三方关键主体及其关联性，采用演化博弈模型对多元主体的利益诉求、利益冲突及博弈关系进行分析，并进一步对博弈关系进行数值模拟仿真，探究乡村旅游资源开发中各关键利益主体间的利益协调机制。再次，在博弈分析基础上构建多元主体交互的利益分享前因条件理论框架，采用fsQCA方法对中国不同地区的20个乡村旅游典型案例进行前因条件的组态研究，分析多种相互联系、共同作用的因素在组合状态下对利益分享的影响，探索多种因素共同作用的利益分享有效路径。最后，选取三个典型村庄作为样本村，对商民协作型、农民参与型、政企合作型三条乡村旅游资源开发利益分享路径进行案例分析，总结科学的实践经验。

本书得出的主要结论如下：

第一，关于乡村旅游资源开发利益的理论解析。研究发现，乡村旅游资源开发具有多元利益结构，地方政府、开发商和当地村民是乡村旅游资源开发的核心利益主体，这些利益主体的利益诉求是乡村旅游资源开发利益分享的客体。乡村旅游资源开发利益分享呈现利益主体多元化、利益诉求多样化、利益分配动态化、利益来源丰富化的特征。结合利益相关者理论、产权理论、可持续发展理论、博弈论、公共管理理论等对多元主体利益诉求及利益关系进行分析，发现地方政府是乡村旅游资源整合的调配者，扮演着协调者、管理者、监督者等多重角色，需要考虑经济利益、社会福利、生态保护等多种因素；开发商在乡村旅游发展中享有运营权和管理权，是整个乡村旅游发展的重要支撑；当地村民是乡村旅游开发经营的重要参与者和受益者，其利益容易被侵占，利益诉求也容易被忽视。

第二，关于乡村旅游资源开发的主体博弈分析。研究发现，地方政府、开发商、当地村民的博弈目标是达成各自的利益诉求，各利益主体都是有限理性的主体，相互之间的博弈是一个动态调整的过程，"地方政府扶持监管，开发商利益共享，当地村民支持参与"是乡村旅游资源开发利益博弈系统的最终演化均衡状态。在演化博弈过程中，各主体行为与策略会不断调整与演进，地方政府的博弈策略选择为"引导监管"或"不引导监管"，开发商的博弈策略选择为"收益独占"或"收益共享"，当地村民的博弈策略选择为"参与配合"或"不参与配合"，通过系统动力学仿真分析发现，一方主体行为决策参数的改变，将会影响其他参与博弈主体的策略选择，经过长时间的演化博弈，乡村旅游资源系统最终会演化为"地方政府扶持监管，开发商利益共享，当地村民支持参与"的均衡状态，政府是系统趋向于稳定的推动者，开发商的策略选择是系统趋向于稳定的关键，为了加快达到演化均衡的状态，需要各利益主体的共同努力。为实现乡村旅游资源开发的稳定平衡与良性发展，政府应积极采取措施，在加大对乡村旅游资源开发支持的同时，加强对开发商开发行为的监管，引导开发商提升开发能力，优化利益分配方式，并积极与其他关键利益主体进行合作与利益分享，以充分调动村民参与配合乡村旅游资源开发的积极性，提高村民对所在乡村的认可度，从而真正实现乡村旅游资源的活态化保护与长远发展。

第三，关于乡村旅游资源开发的利益分享路径分析。研究认为，现阶段仍有不少乡村旅游实践未能实现利益分享，单一利益主体或单一因素条件下难以找到实现乡村旅游资源开发利益分享的有效路径。本书从多元主体和多因素联动匹配角度找到弱监管环境下商民协作型、深扶持背景下农民参与型以及强资源禀赋下政企合作型三种实现利益分享的组态路径。具体而言，从开发商开发能力、政府引导、政府监督、村民参与权力、村民参与收益五大前因条件寻找利益分享路径，五个条件都不能单独作为乡村旅游资源开发利益分享的必要条件，这些因素需要在组合作用下通过三种路径实现利益分享。一是弱监管环境下商民协作型利益分享路径，由开发商开发能力、政府引导、村民参与权力、村民参与收益共同作用实现；二是深扶持背景下农民参与型利益分享组态路径，由政府引导、政府监督、村民参与权力、村民参与收益四种因素组合作用实现；三是强资源禀赋下政企合作型利益分享组态路径，由开发商开发能力、政府引导、政府监督、村民参与权力、村民参与收益五种因素共同作用实现。村民参与权力在三种利益分享组态路径中都存在，而在利益分享失败路径中为核心缺失，说明村民参与权力条件是实现乡村旅游资源开发利益分享的坚实基础。同时，实践中仍有一些乡村在进行旅游资源开发时未能实现利益分享，更未能达到"地方政府扶持监管，开发商利益共享，当地村民支持参与"的利益均衡状态。

第四，关于乡村旅游资源开发具体案例实践。研究认为，通过实施符合三条利益分享路径的一系列措施，可以实现多元利益主体的利益分享。在弱监管环境下商民协作型利益分享路径的代表性案例实践中，地方政府通过"小产权房办证试点"政策解决村民房屋的产权问题，通过整村包装推介引进实力雄厚的开发商并形成一套"整村开发、生态入股、就业创业、品牌创建"为特色内核的乡村旅游运营模式，按比例返聘村民在景区就业或村内创业等举措，实现利益分享。在深扶持背景下农民参与型利益分享路径的代表性案例实践中，通过统筹规划村庄景观布局，加强基础设施建设，引导新农人、民营企业家、法律工作者等人才资源下沉乡村，策划当地村民可参与的具有当地人文特色的节庆活动，与银行合作实施"整村授信"为村民创业提供金融支持等举措，实现利益分享。在强资源禀赋下政企合作型利益分享路径的代表性案例实践中，通过将闲置农房土地整合为民宿、农家乐、特色商店和非遗体验馆，吸引少数民族手艺传承人返乡就业，通过电商平台帮助村民宣传以打造当地品牌效应，联合村支两委建立调解中心，面向村民召开旅游资源开发的听证会或座谈会等措施，实现利益分享。三条路径的代表性案例为其他地区的乡村旅游资源开发提供利益分享路径的参考和可供借鉴的实践经验。

第五，基于研究结论和当前中国乡村旅游相关政策趋势分析，提出政策建议。研究认为，推动乡村旅游产业健康、稳定、可持续发展要重点从以下四个方面着手：一是优化制度政策组合，构建利益协调机制，地方政府需不断优化制度环境，制定专门的乡村旅游业高质量发展政策，加强乡村旅游管理人员的培训，坚持生态保护优先，完善旅游绿色发展考核机制；二是激活乡村发展内源，健全利益分享链条，应激励各方积极参与乡村旅游开发，支持村民通过"生态入股"等方式参与乡村旅游，引导村民积极参与乡村旅游创新创业，支持和培养村民的创业就业技能；三是坚持因地制宜发展，畅通利益分享路径，需明确推广适宜模式的原则，完善区域联动发展的政策体系，动态评估区域发展变化；四是完善法治监管机制，助力服务质量提升，应完善利益纠纷处理机制，加强法治宣传教育，规范土地使用权流转行为，构建约束体系。

目　录

第一章

绪　论

一、研究背景与意义

（一）研究背景

1. 社会背景

乡村旅游是以"乡村性"为独特优势，依托乡村自然和人文风光作为旅游资源，从传统农村休闲游和农业体验游延伸至乡村度假、旅居的一种新型旅游形式[1]。2019 年，我国旅游业总体收入已经突破57000 亿元，其中乡村旅游市场热度最高，市场规模不断扩大，成为推动我国旅游消费增长的重要力量，其带动性效应显著，且受益群体广泛，占旅游业总体收入的比重已经高达32%左右，乡村旅游市场已经成为我国旅游消费市场的核心关键领域[2]。特别是在 2023 年后，乡村旅游业显示出更强的复苏活力，人们对自然、健康、休闲的需求增加，乡村旅游因其开阔的空间和自然环境，成为游客首选的旅游方式。农业农村部发布的数据显示，2020 年中国休闲农业与乡村旅游收入①为 6000 亿元，同比下降 66.9%，但乡村旅游收入总额却是 2011 年的 5 倍（见图 1-1）。截至 2021 年底，乡村旅游接待人次已经超过 20 亿，乡村旅游产业收入超过 8000 亿元，可见乡村旅游为乡村经济的快速恢复提供了重要的支撑。

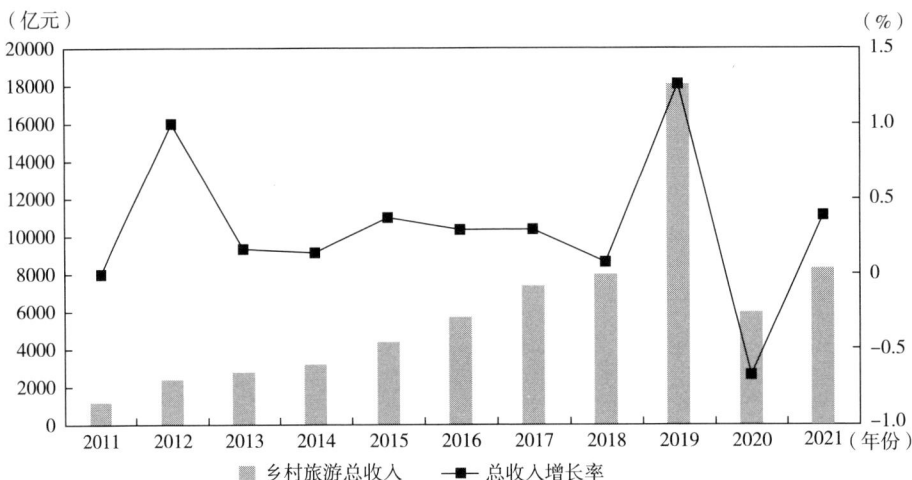

图 1-1　2011~2021 年乡村旅游总收入增长情况

　　乡村旅游作为我国旅游业的重要组成部分，自 20 世纪 50 年代起，经历了从初步探索到成熟发展的演变过程。为了更加深入地探究乡村旅游资源开发的演变规律，本书系统梳理了乡村旅游资源开发在不同发展阶段的显著特征，并分析各阶段所面临的具体问题与挑战，以厘清我国乡村旅游资源开发的整体发展脉络。

　　第一阶段：乡村旅游资源初期开发阶段（1992~2005 年），标志着我国乡村旅游产业的起步和初步发展。这一时期，乡村旅游产业处于雏形阶

---

　　①　中国休闲农业与乡村旅游收入是指以旅游度假为宗旨，综合利用农村的资源环境，包括自然环境、田园景观、农业生产、农耕文化等，为城市居民提供观光、休闲、体验等多项需求而获得的收入。

段，政策体系相对不健全、市场制度尚未完善，政策制定往往依赖于其他相关行业的政策，如文化与文物、农业与农产品等，导致政策不够专业化和一体化，仅能提供一种理念性的指引，而非具体的政策支持。尽管在初期阶段乡村旅游发展取得了一些成效，但经营主体主要以农户为基本单位，规模小而分散，难以形成规模化发展。此外，由于农户单体经营，抗风险能力差，旅游产品缺乏特色，使乡村旅游资源开发在该时期面临自发和无序发展的问题。

第二阶段：多元化开发阶段（2006~2015年），这一阶段是我国乡村旅游资源开发的蓬勃时期，政策红利推动了乡村旅游的快速发展。政策导向由单一的"农业旅游"逐渐扩大到"乡村旅游""文化旅游""传统村落旅游"等多元化内容，政策发文数量逐渐增多。2006年发布的《国家旅游局关于促进农村旅游发展的指导意见》明确提出，鼓励创建品牌和规范流程，引导社会资本参与乡村旅游资源开发，加强不同部门之间的合作等。随着乡村旅游规模急速扩大，产权碎片化、资源过度开发、财政资金有限、利益分配不均等问题逐渐凸显。政策支持和市场需求带来的规模扩大并没有完全伴随着质量的提升出现产业动力不足，长期发展面临制约等问题。

第三阶段：可持续开发阶段（2016年至今），标志着我国乡村旅游产业由高速发展向高质量发展，同时相关政策也开始转向可持续发展与生态环境保护。2016年发布的《国务院关于"十三五"旅游业发展规划的通知》以及2018年国家发展改革委等10部门联合发布的《促进乡村旅游发展提质升级行动方案（2018年—2020年）》等文件，强调乡村旅游的三维发展目标，即在经济、社会、生态维度取得平衡，突出可持续性。乡村旅游业正在经历转型升级，目标是实现乡村旅游与"三农"问题之间的有机融合，以全面提升农村的经济、社会和环境效益，实现乡村旅游资源开发数量与质量的提高。伴随着乡村旅游业的不断发展，利益相关者逐渐增多，涉及地方政府、开发商、当地村民等多元主体，由于不同主体存在各自不同的利益诉求，利益分配变得复杂，难以同时兼顾各方主体的利益诉求，导致主体间利益矛盾突出，出现村民土地赔偿不合理、景区商户租金过高、当地村民难以获得就业岗位等问题。因此，如何构建合理的利益分享机制是乡村旅游资源开发在此阶段亟须解决的关键问题。

基于上文对乡村旅游资源开发脉络的细致梳理，可以将乡村旅游资源开发的社会背景主要归纳为以下几个方面：

第一，乡村旅游业稳步发展且市场地位不断提升。党的十九大报告指出，人民日益增长的美好生活需要和不平衡不充分发展之间的矛盾，是新时代社会的主要矛盾。随着社会主要矛盾的变化，乡村旅游业的发展方向、乡村旅游资源的开发方式都有了较大的调整，呈现出粗放型发展向高质量发展转变的趋势，乡村旅游已由不引人注目的角色崭露头角，成为推动旅游业发展的关键力量。随着城市化进程的加速，城市的商业化和高度发展对旅游消费观念产生了显著影响，游客越来越倾向于选择体验独特的乡村自然风光，而非传统的城市人文景观。乡村旅游不仅为城乡融合发展注入了新的活力，也成为激活乡村闲置旅游资源、提升乡村居民收入、推进农村现代化的创新路径，在实现乡村振兴战略中扮演着举足轻重的作用。

第二，乡村旅游业高质量发展成为乡村振兴新动能。乡村要振兴，产业兴旺是基础[3]。在经济快速发展的同时，我国城乡差距越来越大，由于现行土地与户籍制度的限制，农村地区的土地要素在提高农民财产收入方面难以发挥有效作用[4][5]。国家统计局核算，2022 年全国农业及其相关产业增加值为 195692 元，占国内生产总值比重为 16.24%，较 2020 年下降 0.23%，可以看出农业生产总值占国民生产总值的比重下降，因此寻找新的农村产业发展方向成为促进农村经济发展的关键。中央一号文件连续 21 年聚焦农业问题，"精准扶贫""旅游扶贫""特色产业"等政策相继出台，充分说明乡村旅游产业的重要性。在新时代政策的引导下，在乡村振兴与新型农村建设等战略不断推进的情况下，乡村旅游业得到了高速发展，已经成为助推乡村振兴的有效载体[6]。为了充分发挥乡村旅游在乡村振兴中的带动作用，国家加大对乡村旅游的投资力度，逐渐完善乡村地区交通、网络等基础设施建设，增强乡村旅游景点的吸引力[7]。此外，国家发展改革委与文化和旅游部联合开展乡村旅游重点村的遴选工作，以期为全国其他乡村地区起到典型示范作用。截至 2023 年，我国共有 1399 个乡村旅游重点村和 198 个全国乡村旅游重点镇（乡）。

随着乡村旅游的快速发展，越来越多的社会资本下乡①，利益驱使旅游开发商只注重乡村旅游景点"数量"的积累，而忽略了乡村旅游景点"质量"的提升，不但未帮助农民增收，反而造成当地生态环境破坏、资源滥开发、资源错配等一系列问题[8]。2023 年的中央一号文件指出，发展乡村旅游业是推进乡村发展、乡村建设、乡村治理的重要抓手，应充分发挥乡村旅游效能，改善农村人居环境，促进多级产业联动，全面推进乡村振兴。在新时代背景下，靠商品丰富程度为竞争要素的乡村旅游难以实现可持续发展，现阶段乡村旅游的发展必须注重服务质量、内容特色以及模式创新，从而实现乡村旅游提质升级，助力乡村振兴。

第三，利益分享成为乡村旅游高质量发展新议题。随着乡村旅游产业进入高质量发展阶段，各主体间的矛盾逐渐升级，呈现出复杂而深刻的问题[9]。这一问题的根本原因在于各主体在追求各自利益时，由于缺乏有效的协调机制，产生了错综复杂的矛盾。首先，乡村旅游资源开发的利益相关者包括地方政府、当地村民、开发商等[10]，其中地方政府追求地方形象的提升和经济效益的增长，当地村民期望通过土地收入和农产品销售获得实际收益，开发商希望在投资中获取回报[11]。这些差异性的利益需求导致了资源分配和利益分配的不平衡，加剧了各主体之间的矛盾。其次，当前乡村旅游项目的运行机制一般为：当地政府具有对旅游项目的监督权，开发商具有对旅游项目的组织管理权与经营权，而多数当地村民仅能获得占地赔偿款项，无法从旅游项目中获得更多的权益。由此可见，在我国乡村旅游资源开发中，核心利益相关者的利益诉求难以得到有效满足，主体间存在分歧与冲突，多元主体失衡已成为制约我国乡村旅游业高质量发展的关键因素。

---

① 社会资本下乡是指城镇工商企业向农业、农村投资，带动人力、财力、物力以及先进技术、理念、管理等进入农业、农村，从而推动乡村振兴。

在我国乡村旅游资源开发过程中，存在很多因利益相关者的成功协调而促进乡村旅游高质量发展的案例。例如，陕西省的袁家村，自从2007年发展乡村旅游业以来，通过村委、干部搭台，合作社运营模式创新，造就了"乡村旅游第一村"的地位，其成功的关键在于构建了合理的利益共享机制，形成了全员持股、产业共融、村民共治、发展共享的模式，使核心主体的利益诉求都能得到有效满足，共同促进当地乡村旅游业的发展。同时，乡村旅游资源开发利益分享失败案例也时有发生。纵观近几年我国乡村旅游市场，随着社会资本不断涌入乡村地区，一些地区由于开发商过度追求经济效益，导致环境破坏和居民生活质量下降，引发当地村民的不满。例如，陕西省安康市龙头村，2012年由政府引导发展乡村旅游业，然而为满足核心景区规划发展，当地约90%的村民以每亩750元的价格将耕地进行转让，失去维持生计土地的村民没有得到合理的安置，无法从景区获得收益，村民纷纷外出打工，最终导致乡村旅游资源开发失败。

目前，我国乡村旅游业正经历前所未有的转型阶段，朝着高质量发展的道路迈进。同时，利益相关者之间的利益冲突日益显著。这一现象不仅是乡村旅游资源开发面临的挑战，而且是对当前乡村旅游发展模式的深刻反思。在这个过程中，乡村旅游所牵涉的主要利益主体包括地方政府、开发商、当地村民，三者之间的关系错综复杂，各自权利、义务和利益诉求差异巨大。因此，如何在乡村旅游资源开发主体间建立合理的利益分享路径，以实现利益的平衡和共赢，成为当前乡村旅游高质量发展的关键，也是本书研究的关键核心问题。

2. 理论背景

乡村旅游作为解决"三农"问题、实现乡村振兴战略的重要抓手，引起了学术界的广泛关注。1994年，《国际可持续旅游研究》杂志通过发行专刊，致力于构建促进乡村旅游可持续发展的系列理论框架，被学术界广泛视为乡村旅游研究的起点[12]。经过30多年的系统研究，可以发现乡村旅游资源开发是一个涉及众多利益主体的复杂过程。因此，国内外学者基于利益相关者理论展开了一系列丰富的研究，在研究内容上呈现出由单个个体到综合分析，再到利益相关者间合作与参与的研究趋势。

所谓利益相关者，是指能够影响一个组织目标的实现或者能够被组织实现目标过程受影响的群体或个人[13]。早期关于乡村旅游资源开发利益相关者的研究多是基于狭义的利益相关者理论视角，主要针对某一特定的群体，探究其某个因素对乡村旅游资源开发的影响及作用。例如，吴学兵等[14]探究本土村民对当地发展旅游业的态度对乡村旅游发展的影响，Bramwell 和 Sharman[15]基于宏观政策视角，得出政府政策在乡村旅游资源开发中起到保障作用。吴冠岑等[16]研究外来经营者经营方式的差异对乡村旅游经营活动产生的影响，得出租赁经营最容易导致利益分配不均的结论，并指出实力较强的外来经营者会借助信息优势剥夺当地村民的土地收益。随着乡村旅游业的快速发展，利益主体逐渐增多，推动了乡村旅游产业利益相关者的研究视角不断拓展。

随后的研究更多聚焦于乡村旅游利益相关者的利益诉求，具体而言，通过识别乡村旅游资源开发过程中存在的利益主体，分析单个主体对乡村旅游的权利与义务，寻找最佳平衡点以促进乡村旅游发展。例如，Simpson[17]建立社区公益旅游倡议（CBTI）模式，从政府组织、非政府组织、企业和当地社区四个利益主体出发，探究如何建立起利益主体间的协调机制，得出当地社区属于乡村旅游资源开发的非必要参与者，对乡村旅游资源开发项目经营与管理发挥的作用较小。李文军和马雪蓉[18]基于进入权理论，以 T 国家级自然保护区为研究对象，将保护区利益相关者划分为管理者、经营企业和社区三方，分别对其在保护区的盈利与成本支出情况进行详细分析，从国有产权对集体产权的限制、资本与市场对集体产权积压两方面剖析社区难以参与乡村旅游资源开发和利益分配的原因。张睿和孙雨芹[19]以广西 61 家龙脊梯田景区旅游企业为研究样本，指出组织学习能力、技术创新、人力资本、政治制度、创业环境以及知识联盟六要素是乡村旅游资源开发成功的必备要素，其中组织学习能力是关键因素。

随着主体间利益矛盾与冲突逐渐增多，识别利益相关者利益诉求、构建合理的利益协调机制是当前乡村旅游资源开发的研究重点。因此，需要更多关注利益相关者合作与参与问题。Bramwell 和 Sharman[15] 曾明确指出，乡村旅游资源开发能否取得成功，关键在于利益相关者之间能否实现合作共赢。为实现这一目标，强调构建平等的利益相关者网络的重要性，以确保各方能够共同分享乡村旅游资源开发的成果。张凌媛和吴志才[20] 通过构建"权利—利益—信任"三元关系网络指数随机图模型，研究多元主体参与下乡村旅游资源开发如何实现最优治理。王克岭和李刚[21] 基于共生理论，对乡村旅游资源开发过程中利益相关者间的矛盾与冲突进行分析，构建乡村旅游利益相关者互惠型治理机制，鼓励加强共生单元之间的合作，实现共同参与的全方位治理。沈萍和温士贤[22] 在分析乡村旅游资源开发利益主体诉求异同的基础上，构建了"政府主体—外来主体—本地主体"三方博弈模型。李华强等[23] 基于动态博弈理论，对政府、企业及居民等利益相关者在乡村旅游资源开发过程中的博弈行为进行分析，构建了三方动态演化博弈模型，并指出在乡村旅游产业的发展过程中政府、企业和居民之间的利益关系复杂多变，需要构建合理有效的协调机制来平衡各方利益。

总体而言，伴随着乡村旅游在世界各地的蓬勃发展，学者们从不同视角对乡村旅游主体展开研究，产生了一系列富有价值的研究成果。由于乡村旅游利益主体的多元性与复杂性，导致其在旅游资源开发过程中的期望和诉求各异，形成一个错综复杂的关系网络，对以往基于利益相关者合作与参与的研究带来了新的挑战。同时，在乡村旅游产业实际发展上，王应霞[24] 基于系统视角将乡村旅游系统分为产品供给动力、终端需求动力、政策扶持动力以及产品供给动力四大系统，要求先实现系统内部协调，再实现系统之间的共同合作。彭淑贞和吕臣[25] 基于共生理论将乡村旅游生态系统分为需求与供给两大系统，提出供需共生与乡村旅游生态系统创新相互循环促进的机理，并构建生态系统共生模式。王铁等[26] 立足农户是乡村旅游资源开发的基本单元，探究农户参与乡村旅游的前因条件和组态路径，实现乡村旅游在乡村振兴中的重要作用。综上，可以看出当前学者们已经开始逐渐基于系统视角对乡村旅游展开大量研究，但是从系统视角对乡村旅游资源开发利益相关者的研究相对不足，滞后于乡村旅游产业发展的实际情况。采用系统视角进行研究，有助于揭示政府、居民、企业、游客等相关者之间的相互依赖、相互影响的关系，促进对乡村旅游系统各要素的综合认知，实现乡村旅游可持续发展。

在研究方法上，国内外学者对乡村旅游资源开发中利益相关者进行研究时，普遍采用定性分析和案例研究的方法，而相比之下，定量研究较为不足。原因在于：一方面，乡村旅游资源开发涉及众多利益相关者，包括地方政府、开发商、村民等，其关系错综复杂，难以通过简单的定量指标来全面衡量，加上不同地区的乡村旅游资源开发具有显著的差异性，建立普适性的定量研究框架相对困难；另一方面，尽管定量研究方法在多个领域得到了广泛应用，但基于案例研究等定性研究方法至今仍然在乡村旅游资源开发利益相关者的研究中占据重要地位。如胡文海[27] 以安徽省池州市为例，基于利益相关者理论，将乡村旅游开发的利益主体划分为当地政府、社区居民（村民）、旅游企业、旅游者四大类别，探讨其乡村旅游开发模式及利益冲突。古红梅[28] 以北京市海淀区西北部为例，对其利益相关者的利益关系进行分析，构建乡村旅游的利益分享机制，以促进区域旅游业的和谐发展。刘美新等[29] 以广东省惠州市上良村为研究对象，借鉴地理学"家"的相关理论，采用半结构化访谈等质性研究方法探究政府、旅游企业与村民不同利益主体之间的权力博弈过程。尽管案例分析等定性分析方法能够深刻剖析乡村旅游资源开发中各利益相关者的关系、互动和冲突，全面考察地理、文化等因素对乡村旅游资源开发的影响作用，但未来亟须更多的实证研究成果来提升乡村旅游资源开发利益相关者研究结论的科学性与可靠性。

经过 30 多年的研究，有关乡村旅游利益相关者研究的理论和实践都得到了发展与完善，但仍然存在一些根深蒂固的问题，如已经被学者反复强调的利益相关者概念界定问题、乡村旅游资源开发利益相关者识别问题和利益主体权利与义务等问题至今没有得到很好的解决，在一定程度上阻碍着乡村旅游资源的成功开发。在当前实现乡村旅游业高质量发展，大力推动乡村振兴战略的背景下，本书基于利益相关者理论，旨在深入探讨乡村旅游资源开发领域的复杂关系。以往的研究主要关注利益相关者之间的需求、冲突和合作；然而，随着乡村旅游逐步进入可持续开发阶段，新的挑战和机遇相继浮现。因此，本书将视角从传统的利益相关者诉求拓展至更广泛的利益主体范畴，将利益分享理论的研究边界由狭窄的利益相关者扩展至更为全面的利益主体之间的利益分享。在当前阶段，不仅需要关注各主体间的合作与冲突，而且需要探讨如何在可持续开发的框架下实现利益的共享与平衡。通过这种新的研究视角，可以更好地理解乡村旅游资源开发的现状和未来趋势，为相关领域的实践提供更为有效的指导和支持，对于补充乡村旅游管理学以及经济学相关理论具有重要的理论价值。

（二）研究意义

1. 理论意义

第一，构建乡村旅游资源开发利益分享理论框架。根据利益相关者理论、产权理论、可持续发展理论、公共管理理论等构建乡村旅游资源开发利益分享理论框架，据此完成多元利益主体的演化博弈分析，并找出三条实现利益分享的路径，有助于完善乡村旅游资源开发利益分享研究领域的理论分析框架，也为其他乡村旅游研究领域或利益分享研究领域提供新的理论分析思路和方法参考。

第二，拓展博弈理论在乡村旅游研究领域的应用。博弈理论作为经济学和管理学中的重要分支，对于揭示乡村旅游资源开发各利益主体之间的策略选择和博弈行为具有重要价值，将这一理论应用到乡村旅游资源开发中，可以帮助我们更好地理解各方主体的行为逻辑和动机，为制定合理的利益分享机制提供理论依据。

第三，扩展乡村旅游资源开发的研究边界和分析视角。本书将乡村旅游资源开发的研究边界扩展至乡村旅游资源开发利益分享，摒弃针对单一主体的分析视角，转向多元主体利益分享的分析视角，为乡村旅游高质量发展、乡村振兴、共同富裕等方面的研究提供新视角的参考。

2. 现实意义

第一，通过深入研究乡村旅游资源开发利益博弈与利益分享路径，可以为政府部门提供科学决策的依据。当前，乡村旅游作为乡村振兴战略的重要组成部分，政府在推动其发展过程中扮演着举足轻重的角色。了解各方利益主体的利益关系和权益诉求，可以帮助政府制定更为精准的政策制度、引导措施和监管办法，平衡发展与保护之间的关系，推动乡村旅游产业的健康成长。

第二，为开发商提供战略指导。在乡村旅游资源的开发过程中，开发商作为主要的开发者和投资者，其行为对于利益分享的形成具有重要影响。通过深入研究利益博弈与利益分享路径，开发商可以更好地认识到合理的利益分享对于乡村旅游产业可持续发展的重要性，将社会责任融入经营策略，增强开发商的社会形象，提高开发商下乡开发的信誉度，促进乡村旅游资源开发事业的可持续发展。

第三，为乡村村民或村集体经济组织找到参与决策的平台。乡村旅游资源开发涉及当地村民的生计和生活质量，作为直接受益者和受影响者，当地村民或村集体经济组织应当参与到利益分享的讨论中。通过深入了解各方主体的关系，可以帮助村民更好地表达自己的利益诉求，扩大参与乡村旅游资源开发的决策权力，与其他利益主体共同制定合理的利益分享方案，实现多方共赢的目标。

二、研究内容与目标

（一）研究内容

第一章绪论。主要介绍本书的研究背景及意义、研究内容与目标、研究思路与拟解决的关键问题、研究方法与技术路线、创新之处与研究展望。目前，我国乡村旅游业正经历前所未有的转型阶段，朝着高质量发展的道路迈进，同时，利益相关者之间的利益冲突日益显著。因此，如何在乡村旅游资源开发利益主体间建立合理的利益分享路径，以实现利益的平衡和共赢，成为当前乡村旅游高质量发展的关键，这也是本书研究的核心问题。

第二章概念界定及研究述评。首先，对乡村旅游、乡村旅游资源开发、利益博弈、利益分享等关键概念进行界定。其次，从乡村旅游资源开发现状、开发条件、乡村旅游资源开发利益博弈、利益分享等方面梳理研究进展，在此基础上采用 CiteSpace 知识图谱软件对乡村旅游资源开发利益博弈与利益分享研究的动态变化规律进行量化分析，进而对现有文献的研究进展与不足之处进行综合评价，得出本书研究乡村旅游资源开发利益分享机制的必要性，为后文研究进行理论铺垫。

第三章乡村旅游资源开发利益的理论解析。基于利益相关者视角对乡村旅游资源开发过程中利益主体权利与义务、利益主体关系以及利益分享机制进行研究。因此，本章基于利益相关者理论、产权理论、可持续发展理论、公共管理理论以及博弈论等，从乡村资源开发利益分享的内涵、主客体分析、利益结构与关系三个方面分析利益分享的实现条件和实现机理，为后文研究奠定理论基础。

第四章乡村旅游资源开发的主体博弈分析。结合文献分析法识别乡村旅游资源开发的利益主体，探究多元利益主体间的关联性、利益主体的权利与义务。基于此，构建地方政府、开发商与当地村民间的三方博弈模型，计算均衡稳定点，并采用系统动力学进行模拟仿真，分别考虑地方政府策略选择、开发商策略选择以及当地村民策略选择六种不同的情况，尽可能呈现出利益主体间真实的博弈状态。

第五章乡村旅游资源开发的利益分享路径分析。通过第四章对乡村旅游资源开发主体的利益诉求分析，明确了开发商开发能力、地方政府引导、地方政府监管、村民参与权力、村民参与收益的前因作用，以利益分享作为结果变量，运用 QCA 研究法探索五种要素对乡村旅游资源开发利益分享的组态效应，最终得出三条利益分享组态路径：一是弱监管环境下商民协作型；二是深扶持背景下农民参与型；三是强资源禀赋下政企合作型。

第六章案例分析。管理学研究注重理论与实践结合，因此对三种路径的代表性案例进行挖掘与分析。基于第五章得出的三条利益分享组态路径，本章选取与之相匹配的栗木坑村、梅花村、龙井村三个典型案例对理论路径进行实践检验，剖析各案例下利益分享机制的主要内容、利益分享成果，以实现与理论互证和对话，为现实问题提供参考。

第七章政策建议。主要是对引导各方主体在乡村旅游发展中实现利益共享、风险共担，推动乡村旅游产业健康、稳定、可持续发展提出了一系列政策建议。基于研究结论和当前中国乡村旅游相关政策趋势分析，本书提出：优化制度政策组合，构建利益协调机制；激活乡村发展内源，健全利益分享链条；坚持因地制宜发展，畅通利益分享路径；完善法治监管机制，助力服务质量提升四条政策建议，以期为推动乡村旅游产业健康、稳定、可持续发展贡献力量。

（二）研究目标

本书的主要目标是在深入分析乡村旅游资源开发中的利益博弈与利益分享路径的基础上，探索实现乡村旅游高质量发展的有效策略和方法。为了达成这一总体目标，本书针对以下具体目标展开研究：

（1）构建乡村旅游资源开发利益分享的理论模型，包括地方政府、开发商与当地村民间的利益博弈框架、多元主体间交互的利益分享理论框架、实现利益分享的前因条件框架，为制定合理的利益分享路径提供理论基础。

（2）明确乡村旅游资源开发各方主体的权利、义务和博弈策略，分析各方主体的博弈关系。

（3）构建多元主体协同、多种因素联动的乡村旅游资源开发利益分享路径，寻找解决利益冲突的策略。

（4）对乡村旅游资源开发利益分享路径进行实践检验，总结每条路径代表性案例的实践经验，为其他地区的乡村旅游发展提供借鉴和启示。

三、研究思路与拟解决的关键问题

（一）研究思路

本书采用综合性的研究思路，以理论分析为基础，辅以实证研究和案例分析，以全面探讨乡村旅游资源开发利益博弈与利益分享路径。具体研究思路包括以下几个方面：

1. 理论构建与理论框架确定

通过对相关文献的综述和梳理，构建乡村旅游资源开发利益博弈与利益分享的理论模型，明确研究的理论基础。在此基础上，建立研究的理论框架，界定关键概念和研究范围，为后续研究提供基础支持。

2. 利益主体识别与权益分析

通过实地调查、深度访谈等方式，识别并全面分析乡村旅游资源开发中的各方主体，深入了解各方的权益、诉求和地位差异。在此基础上，形成对乡村旅游利益主体的整体认知，为后续研究提供数据支持。

3. 模型构建与分析

基于利益博弈和利益分享的理论模型，构建适用于乡村旅游领域的利益博弈模型。通过博弈论、数学建模等方法，深入分析各方主体在乡村旅游资源开发的策略选择和博弈行为，揭示利益博弈的内在机制和规律。

4. 利益分享路径研究

在理解利益博弈的基础上，深入研究乡村旅游资源开发的利益分享路径。通过定性比较分析、实证研究等方法，探讨不同因素条件组合作用对乡村旅游资源开发利益分享的影响效果，得出可行性利益分享路径。通过案例分析法对利益分享路径进行实践检验，总结真实实践经验。

5. 对策与建议

针对不同乡村实践情况和不同利益主体，提供实践指南和决策支持。基于研究成果，在把握我国宏观政策制度发展趋势的基础上提出促进乡村旅游资源开发利益分享的政策建议，推动乡村旅游产业高质量发展和乡村振兴战略的实施。

通过以上的研究思路，本书从理论构建到实证分析、从模型构建到实践指导，全面深入地探讨乡村旅游资源开发利益博弈与利益分享路径，为乡村旅游的高质量发展提供全方位的支持和指导。

（二）拟解决的关键问题

伴随着乡村振兴战略的不断推进，乡村旅游业迎来了新的发展阶段，国家政策文件中既有"推动资本下乡"的举措，又有"农村文旅资源开发"的部署，也有将二者结合推进的谋划。根据新制度经济学观点，资本下乡能拉紧农村文旅资源开发主体之间合作互惠的共同纽带，但在实践中由于主体间利益分配不均导致一系列的问题仍然突出，如何构建合理的利益分享机制成为盘活乡村旅游资源的关键。然而目前学术界对于该问题的探讨存在明显不足。本书基于多元主体利益分享视角，综合运用问卷调查法、演化博弈法、案例研究法对乡村旅游资源开发利益群体、利益博弈、利益分享路径进行理论与实证研究，拟解决的关键问题如下：

1. 乡村旅游资源开发利益主体识别与利益诉求分析

从既有文献来看，有关乡村旅游资源开发利益博弈与利益分享的研究仍处于起步阶段，研究成果较少，对于乡村旅游利益主体主要包括旅游供给方与旅游需求方两大群体，尚未形成统一的认识。科学界定乡村旅游资源开发的核心利益相关者，剖析各方利益相关者的利益诉求，揭示存在的利益冲突，为后文构建利益主体三方博弈模型、确定利益分享路径提供基本前提,这是本书需要解决的首要问题。

2.乡村旅游资源开发利益博弈模型构建

与传统的双方博弈模型不同,本书基于利益相关者理论,将地方政府管理方纳入乡村旅游资源开发利益博弈分析框架中,运用演化博弈法,剖析利益相关者在不同选择策略下,利益主体间的关系呈现如何变化?有无趋势与规律可循?如何选择演化稳定策略?即厘清乡村旅游资源核心利益相关者博弈策略选择过程及稳定策略,有助于真实反映利益群体的博弈过程,遵循了当下多元利益主体研究的范式。

3.乡村旅游资源开发利益分享路径构建

乡村旅游资源开发利益分享属于多重并发因果问题,利益分享结果存在影响因素多样化,政策支持、生态环境、旅游资源等均有可能发挥作用,但这些因素间的作用怎样?什么组合下利益分享机制最合理?根据以上两个问题,本书运用QCA研究方法对乡村旅游资源开发利益分享路径进行识别与归纳,并以典型案例验证理论路径的实用性。

四、研究方法与技术路线

(一) 研究方法

本书以我国乡村旅游资源开发利益分享机制为研究对象,在现有研究的基础上借鉴管理学、经济学等相关理论,采用多个学科的研究方法,结合质性分析(文献研究法等)与量化分析(问卷调查法、演化博弈法等),以全面深入地研究乡村旅游资源开发利益博弈与利益分享路径。具体的研究方法如下:

1.文献研究法

首先,对于乡村旅游资源开发利益分享的理论认识、内涵分析以及利益主体识别等，需要通过文献分析方法归纳和梳理国内外已有的研究成果，借鉴 CiteSpace 文献计量可视化分析了解相关主题的研究现状，找到现有研究的优点与薄弱之处，为本书深入研究找到切入点。其次，通过文献梳理认真研读利益相关者理论、产权理论、可持续发展理论等相关理论的核心内涵，为本书提供坚实的理论基础，进而确定本书的研究方向与研究内容，搭建研究框架。

2. 问卷调查与统计分析

为了提高研究结果的可靠性与科学性，本书致力于采用更为客观化、可量化的研究方法，以全面而深入了解乡村旅游资源开发过程中各方利益主体的实际情况。在阅读大量文献的基础上设计调查问卷，对 5 个省份的 20 个乡村旅游实践案例进行问卷调查，分别向乡村旅游开发商负责人、地方政府主管部门负责人、参与乡村旅游事业的当地村民和村集体负责人发放，共回收 600 份有效问卷。对问卷内容进行量化，通过信度分析、效度分析对问卷进行检验，通过熵值法、隶属度校准法对数据进行预处理，构建 600 份有效问卷的数据集，为后文乡村旅游资源开发利益分享机制的构建提供可靠的数据支撑。

3. 演化博弈与仿真分析法

演化博弈理论最早用于解释生物进化过程中出现的某些现象，目前广泛应用于多学科领域研究。该理论认为行为主体具有有限理性，能够根据现实情况的不断变化而改变已选择的行为策略，适用于分析多元主体关系的相关研究主题。乡村旅游资源开发的利益相关者涉及旅游项目开发商、地方政府与村民等，是一个多元主体共同参与的博弈过程。随着乡村旅游的不断发展，利益主体间的关系呈现动态变化，各方会根据其他利益相关者的策略选择不断调整自身的行为。因此，本书采用演化博弈方法，通过构建地方政府、开发商以及当地村民三方动态演化博弈模型，计算乡村旅游资源开发利益分享的均衡稳定状态。然而，演化博弈需要研究策略的动态演化过程，这个过程涉及多个变量和参数的交互作用，这些交互作用可能产生非线性的影响，对此就需要采用系统仿真分析法反映各方主体的真实博弈状态。系统动力学仿真分析允许研究者进行假设实验，即改变某些参数的设置，观察系统行为的变化，从而捕捉演化博弈过程中变量之间的复杂交互，揭示系统行为的非线性特征，通过构建因果关系图和方程，还可以有效地模拟和处理演化博弈的复杂性。

4. 定性比较分析法与案例分析法

首先，结合演化博弈结果构建开发商开发能力、地方政府引导、地方政府监管、村民参与权力、村民参与收益五个前因条件，以乡村利益分享作为结果变量，采用 QCA 选取典型的乡村旅游案例，构建乡村旅游资源开发利益分享机制。其次，选取三个比较典型且成功的乡村旅游资源开发利益分享案例对理论机制进行验证，力求通过对案例的深入分析修正理论机制，为其他地区乡村旅游资源开发利益分享机制的实现提供实践经验。

（二）技术路线

本书按照"提出问题—分析问题—解决问题"的研究思路对乡村旅游资源开发利益博弈及利益分享路径展开研究。本书的技术路线如图 1-2 所示。

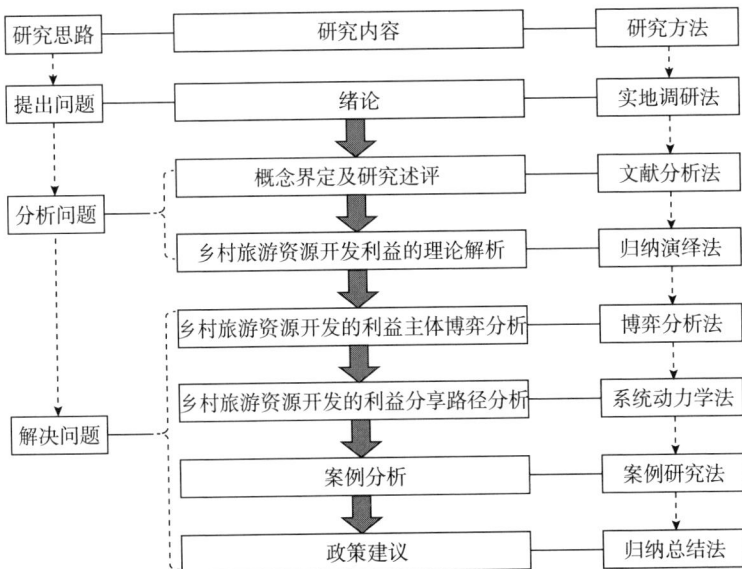

图 1-2　本书的技术路线

五、创新之处与研究展望

（一）创新之处

本书在探讨乡村旅游资源开发利益博弈与分享路径方面具有以下创新点：

1. 建立多元主体协同视角下的多因素联动匹配的利益分享理论框架

现有乡村旅游资源开发的研究重点聚焦于开发方式与过程的优化，对乡村旅游资源开发过程中多元主体间利益分享机制的研究关注较少。伴随着乡村振兴战略不断推进，大量社会资本涌入乡村地区参与旅游资源开发，乡村旅游资源开发的利益主体逐渐多元化，以往的研究框架难以匹配当前乡村旅游资源开发环境。本书将乡村旅游资源开发的研究边界扩展至乡村旅游资源开发利益分享，摒弃单一主体利益的研究视角，转向实现多元主体利益分享的视角，构建多元主体博弈的理论框架以及多元主体交互下多因素联动匹配的利益分享理论框架，这些理论框架不仅考虑了地方政府、开发商和当地村民三个主要利益群体，而且还将它们之间的相互作用和多因素联动纳入考量，为乡村旅游资源开发提供了一个全面的分析视角，这与以往研究仅关注单一主体或单一因素的影响有显著区别。

2. 构建乡村旅游资源开发多元利益主体演化博弈模型

本书将动态分析与静态分析思路相结合，综合运用演化博弈分析法和系统力学模拟仿真分析法进行乡村旅游资源开发利益博弈分析，这种方法应用上的创新不仅揭示了利益主体决策行为的有限理性，而且还强调了利益博弈的动态调整特性，这是对现有乡村旅游资源开发利益博弈研究的深化。将传统的乡村旅游两方主体博弈模型向三方主体博弈模型进行拓展，综合考虑乡村旅游资源开发中地方政府、开发商以及当地村民三个利益群体，构建多元利益主体演化博弈模型对不同群体在多种策略下的博弈过程进行分析，进一步运用系统力学方法对多元主体的演化博弈策略进行动态仿真模拟，使模型能够更准确地模拟和预测乡村旅游资源开发中的利益关系和博弈动态。本书得出"地方政府扶持监管，开发商利益共享，当地村民支持参与"的博弈均衡状态，是对现有乡村旅游博弈研究的重要补充。

3. 发掘多元主体协同、多因素联动的利益分享路径

本书将定量方法与定性方法相结合，综合运用 fsQCA 分析法和案例分析法探究乡村旅游资源开发利益分享路径，比现有乡村旅游资源开发利益分享相关研究普遍的定性分析方法具有更强的数据支撑性与可推广性，解决定量研究中大样本数据难以获取的痛点。选取不同省份的 20 个乡村旅游资源开发典型案例，获取来自不同利益主体的 600 份调查问卷形成数据集，通过 fsQCA 分析法探究开发商开发能力、地方政府引导、地方政府监督、村民参与权力和村民参与收益多种因素联动匹配下的利益分享实现路径，与现有研究相比，更注重多元利益主体之间的相互作用和多因素联动。此外，创新地将 fsQCA 方法与案例分析法巧妙结合，将路径结果作为进一步案例分析的依据，选取三条路径的代表性案例进行深入案例分析，总结三条路径的实践经验，从而进一步丰富三种利益分享路径的真实实践内涵。

（二）研究展望

本书致力于探讨"乡村旅游资源开发利益博弈与利益分享路径"，在对乡村旅游资源的开发、利益相关者的识别、利益分享机制的构建以及实现路径进行了系统性分析后，取得了一定的研究成果。然而，在研究过程中也发现了一些不足之处，需要在未来的研究中进一步加以深化和完善。

在乡村旅游资源开发利益主体的识别上，本书虽然考虑了地方政府、开发商、当地村民等多元主体，但可能还存在一些未被充分识别的利益主

体。例如，乡村旅游资源的开发往往涉及土地、房屋等产权问题，因此产权所有者（如土地承包者、房屋所有者）应当被视为重要的利益主体之一。此外，随着乡村旅游的不断发展，一些新的利益主体也逐渐涌现出来，如乡村旅游合作社、乡村旅游协会等。这些新兴主体在乡村旅游资源开发中扮演着越来越重要的角色，但在本书中可能未得到充分的关注和识别。

对于这一问题，未来研究可以通过深入调查和细致分析来加以解决。具体而言，可以通过对乡村旅游地的实地考察和访谈，了解当地乡村旅游资源开发的实际情况和涉及的利益主体；同时，也可以通过查阅相关文献资料和政策文件，了解新兴利益主体的产生背景、发展现状及在乡村旅游资源开发中的作用和影响。

在利益分享机制的构建上，本书虽然提出了一些原则性的框架和建议，但对于具体的实施细节和操作策略还需进一步深入探讨。例如，如何确定各利益主体的分配比例、如何保障弱势群体的利益不受损害、如何建立有效的监管机制等问题都需要在未来的研究中得到更具体的解答。

为了解决这些问题，未来研究可以采用案例分析、实证研究等方法来探索更具操作性和实效性的利益分享机制。具体而言，可以选择一些具有代表性的乡村旅游地进行深入研究和分析其成功的经验做法以及存在的问题和不足；同时也可以通过问卷调查、访谈等方式收集相关数据和信息以支持定量分析和定性分析相结合的研究方法。

本书虽然取得了一定的成果，但仍存在许多需要进一步深入探讨的问题，如不同类型不同发展阶段的乡村旅游地如何分类研究、如何提出更具针对性和可行性的开发路径和模式等，这些问题都需要在未来研究中得到更深入的探讨和解答。同时未来研究也应更加注重理论与实践的结合，注重学科的交叉与融合，不断推动该领域研究的深入发展以更好地服务于乡村旅游业的可持续发展和乡村振兴战略的实施。

第二章
概念界定及研究述评

本章围绕"乡村旅游资源开发利益博弈及利益分享路径研究"这一研究主题进行相关概念界定，并展开文献研究述评。首先，对乡村旅游、乡村旅游资源开发、利益博弈以及利益分享等核心关键概念进行界定。其次，对已有相关的文献进行系统梳理，涵盖乡村旅游资源开发、乡村旅游资源开发利益主体、利益冲突、利益博弈以及利益分享路径等方面。最后，对乡村旅游资源开发利益博弈的研究现状、乡村旅游资源开发利益分享的研究现状进行述评，指出现有文献存在的不足，明确本研究对已有研究的贡献。

一、概念界定

（一）乡村旅游

乡村旅游的概念界定是乡村旅游研究的起点。乡村旅游作为一种重要的旅游形式，其内涵丰富，涉及多个层面，包括经济、社会、文化和环境等方面。随着研究的深入，学者们对乡村旅游的理解也在不断发展和完善。

国外对乡村旅游的研究较早，对乡村旅游概念的界定也比较全面。Gilbert 和 Tung[30] 认为乡村旅游是一种能够为游客解决基本餐饮，又能让其体验农场、牧场等典型农村生活的一种旅游形式。Bramwell 和 Lane[31] 将乡村旅游的概念进行了进一步拓展，指出乡村旅游不仅仅是涉及农业的一种旅游活动，而且还是包括深深扎根于"乡村性"这一本质特征的各种活动，如休闲放松、领略民俗文化、参与科普活动、体验农事劳作等。但在乡村旅游概念中难以对乡村地域进行范围界定，这是因为乡村旅游的地域范围并非一成不变，是一个不断演变的概念。因此，在探讨乡村旅游时，需要强调游客与乡村环境的互动体验，包括自然风光、田园景观、农业生产活动、民俗文化等[32]。伴随着可持续性发展深入人心，学者开始从经济、社会和环境三个维度的三重底线（Triple Bottom Line，TBL）的科学框架出发对乡村旅游进行定义[33]，认为乡村旅游应促进当地经济发展、增加就业机会、提高居民收入，同时确保旅游活动的经济可行性；应促进当地社区的文化传承，增强社区凝聚力，提高居民的生活质量，并确保旅游活动对当地社会结构和文化的影响是积极的；应保护和维护乡村的自然环境，减少旅游活动对生态系统的负面影响，实现资源的可持续利用。由此强调利用乡村地区的自然资源、文化遗产和当地社区的独特性来吸引游客，以及在促进当地经济发展的同时促进当地社区的可持续发展[34]。

"乡村旅游"的概念在国内的定义也较为广泛。早在 1992 年，我国学者杨旭[35] 立足于资源，从生物、经济、社会文化三个角度对乡村旅游内涵进行界定，指出乡村旅游是以农业生物资源、农业经济资源、乡村社会文化资源所构成的立体景观为对象的休闲旅游活动。在早期研究中，乡村旅游的概念较为模糊，往往与农业旅游、民俗旅游等概念相混淆。例如，李德明和程久苗[36] 在对乡村旅游与农村经济互动持续发展模式进行研究时，并未明确区分乡村旅游与其他旅游形式。随着研究的深入，学者们开始尝试对乡村旅游进行更为精确的界定。陈锦和尹传波[37] 指出乡村旅游的关键在于对游客的吸引力，以及乡村旅游的多功能性和可持续性。在研究我国乡村旅游可持续发展问题时，两作者提出了乡村旅游应注重生态保护和社区参与[38]。此外，乡村旅游的社区参与和居民旅游影响感知也成为研究的热点，强调了社区参与在乡村旅游发展中的重要性[39]。乡村旅游作为一种旅游形式，其概念随着时间的推移和社会的发展而不断演变。有学者通过回顾1992~2021年乡村旅游概念的发展，揭示了其在不同阶段的特点。其内涵从"掠影观光"逐渐转变为"驻足凝视"，再到"差异体验"，最终在"后现代之后"思潮的影响下，迈向了"感知求真"的新阶段[40]。这一演变过程不仅反映了乡村旅游实践的深化，也体现了旅游者对乡村文化和环境体验需求的提升。近些年，乡村旅游被视为推动共同富裕的重要途径，其发展中的区域不平衡性问题引起了广泛关注，因此强调乡村旅游在宏观区域空间正义、中微观个体权利正义以及新概念方向上的内涵剖析，为乡村旅游的可持续发展提供了理论支持[41]。

根据国内外学者对乡村旅游概念的界定，结合本书对乡村旅游资源开发利益分享议题的研究视角，将"乡村旅游"的概念进行以下界定：乡村旅游是一种以乡村地区为主要活动背景的旅游形式，它充分利用了乡村地区的自然风光、田园景观、传统农业生产、民俗文化、历史建筑以及当地村民的生活方式等独特资源，将其作为吸引游客的核心要素，不仅为游客提供了一种逃离城市喧嚣、亲近自然、体验乡村生活的机会，而且通过精心的规划设计，乡村旅游融合了观光、娱乐、休闲、体育、购物、度假等多种旅游活动，并形成了一系列丰富多样的旅游产品。其发展往往依托于城乡之间的差异性，以乡村地区特有的生产方式、生活形式、自然景观、农家住宿以及民俗文化等作为旅游吸引物，为乡村地区创造旅游价值，并给开发商、当地村民、地方政府、游客等带来各种利益。

（二）乡村旅游资源开发

我国作为农业大国，乡村地区在国家发展中占据着举足轻重的地位。

乡村旅游资源的开发不仅对促进乡村经济的多元化发展具有必要性，而且对于实现乡村振兴战略、保护和传承乡村文化、提升农村居民生活质量具有重要意义。随着城市化进程的加快，乡村旅游资源的开发能够有效缓解城乡发展不平衡的问题，为乡村地区注入新活力。因此，大量学者对乡村旅游资源开发概念进行了众多研究。

在国外乡村旅游资源开发的学术研究中，概念界定是理解该领域核心议题的基础。乡村旅游资源开发通常涉及将乡村地区的自然资源、文化遗产、社会习俗等转化为吸引游客的旅游产品和服务[42]。这一过程不仅关注资源的经济价值，也强调其在社会、文化和环境层面的可持续性[43]。首先，乡村旅游资源的开发被看作是一个动态过程，它要求对资源的自然演变和市场需求有深刻的理解[42]。在这个过程中需要平衡资源的保护与利用，以确保旅游业的长期发展不会损害乡村的生态环境和社会结构。例如，有学者在研究中国郊区村庄的乡村旅游发展时，强调了多元化旅游产品和改善市场营销覆盖的重要性，同时也指出了服务质量管理、住宿容量提升和集体旅游活动提供等方面的挑战[44]。其次，乡村旅游资源开发的概念也涉及社区参与和利益相关者的角色。有学者指出，当地社区的自我效能感与社会、文化、经济和环境的可持续性有正相关关系。这意味着社区居民的参与和能力对于实现乡村旅游的可持续发展至关重要。此外，乡村旅游资源开发的概念界定还应考虑到政策和规划层面的影响。Ezeuduji[45]的研究强调了在撒哈拉以南非洲地区，管理从传统生计活动向乡村旅游过渡的敏感性，并提出了风险和应急措施。这表明政策制定者在推动乡村旅游发展时，需要考虑到地区内部的优势和劣势，以及外部的威胁和机会。此外，Yu等[46]的研究进一步强调了在数字化转型中，社区居民赋权对于乡村旅游发展的重要性，并提出需要提升技术能力、实现性别平等、增强政治影响力以及构建社会网络。综上可知，国外学者对乡村旅游资源开发概念的研究是多维度、多层次的，它要求在资源保护、社区参与、政策支持和市场需求之间找到平衡点。

在国内乡村旅游资源开发的研究中，乡村旅游资源开发的实践困境及破解之道是研究的重要内容。例如，张金鸥[47]强调了红色旅游资源在教育中的重要意义，认为通过红色旅游资源的开发，可以促进经济发展，同时还能够凝聚民族精神。此外，臧昊和梁亚荣[48]探讨了乡村旅游点状供地的实践困境，并提出了赋予点状供地模式明确的法律地位等解决策略。在乡村旅游资源开发概念界定方面，学者们强调了资源的多样性和开发主体的多元性。例如，孙九霞等[49]指出，乡村旅游资源的开发应以乡土特色资源为导向，同时注重高标准服务的提供，以适应市场转型的需要。此外，乡村旅游资源的开发还涉及社区参与和利益相关者的角色，如企业、政府和社区居民等，他们共同构成了可持续的分配机制。随着研究的逐渐深入，学者们发现在资源开发的过程中创新性利用和创造性传承是关键，就此提出应重视乡村文化资源的传承和利用，形成"非遗"等资源的创造性传承发展路径[49]。总体而言，由国内相关研究可知，乡村旅游资源开发不仅仅是经济活动，还是一种促进乡村地区社会经济发展、保护文化遗产和环境可持续性的综合性策略。

综上所述，本书尝试提出乡村旅游资源开发的概念：乡村旅游资源开发是指在科学的规划下，将乡村旅游资源转化为具有市场竞争力的旅游产品，从而产生经济价值和其他多种价值的综合性过程，包括前期规划、建设、后期经营。目的是调整农村产业结构，提高当地村民的收入水平，促进乡村经济发展和文化遗产保护。开发乡村旅游资源需要遵循可持续发展原则，注重生态环境的保护和当地村民的利益，同时要提高旅游产品质量和服务水平，推动乡村旅游的健康发展。因此，本书将乡村旅游资源开发理解为一个过程。

（三）利益博弈

在乡村旅游资源开发的过程中，利益博弈是一个不可忽视的现象，它涉及多方利益相关者之间的互动与冲突。为了深入理解这一概念，本部分首先对利益相关者进行了梳理，然后分析了他们的利益诉求，探讨所产生的利益冲突，最终聚焦于利益博弈的问题。

在乡村旅游资源开发的利益博弈研究中，首先需要明确利益相关者的概念。利益相关者通常指的是那些在某一特定项目或活动中有直接或间接利益的个人或团体[50]。在乡村旅游的背景下，这些利益相关者可能包括当地村民、政府机构、开发商、非政府组织以及游客等[51][52][53]。各利益相关者的利益诉求往往存在差异，例如，当地村民可能更关注旅游开发带来的经济收益和生活质量的提升[54]，而政府可能更注重区域经济的整体发展和乡村旅游对环境的影响[55][56]，开发商追求的是商业利润最大化[57]，游客则关注旅游体验的质量。这可能与当地村民对环境保护和文化传承的需求发生冲突[58]。因此利益冲突在乡村旅游资源开发中尤为明显。当地村民可能希望旅游开发能够带来更多的就业机会和收入，但同时也担心过度商业化可能破坏乡村的传统文化和生态环境[44]。政府在推动经济发展的同时，也需要考虑到环境保护和社会责任，这可能导致与追求短期利益的开发商之间的矛盾。

为了解决以上这些利益冲突，利益博弈就成为关键。在乡村旅游资源开发的利益博弈研究中，资源环境经济学为理解这一复杂现象提供了重要的理论基础。早在 2008 年，就有学者强调了在资源开发过程中实现经济、社会和环境效益统一的重要性，这为后续研究奠定了基础[59]。从利益相关者理论的角度来看，利益博弈是指在乡村旅游资源开发过程中，各利益相关者之间为了实现自身利益诉求而进行的互动和协商[60]。这一理论框架为理解利益相关者在乡村旅游开发过程中的行为提供了新的视角。随后进一步从资源环境经济学的角度，探讨了资源利用与环境保护的平衡问题，为乡村旅游资源开发中的利益博弈概念研究提供了有益的视角[61]。随着研究的继续深入，强调利益冲突与合作的可能性，指出这种关系的变化对开发过程具有重要影响[62]，以及发现利益诉求可能涉及经济收益、社会地位、环境保护等多个方面[63]。近些年，从博弈论的角度对利益博弈再次进行了深入分析，认为这是各利益相关者为了实现自身利益最大化而进行的策略选择和利益争夺[23]。这一理论进一步揭示了在乡村旅游资源开发过程中，各方如何根据自身利益诉求和资源优势采取不同的策略，以及这些策略如何影响整个开发过程的走向。由于利益博弈涉及利益相关者之间的策略互动，旨在通过协商和谈判达成一种平衡，使得各方的利益得到最大限度的满足，因此有效的利益博弈需要建立在透明沟通、公平参与和共同目标的基础上，通过政策引导、利益协调和合作机制的建立来实现[43]。例如，通过参与式规划和利益相关者会议，可以促进不同利益诉求的理解和协调[43]。此外，政府可以通过制定政策和提供激励措施，引导开发商采取更加可持续的经营模式，同时保护当地村民的利益和环境资源[52]。总体而言，乡村旅游资源开发中的利益博弈是一个涉及多方利益相关者、利益诉求和利益冲突的复杂过程。通过有效的沟通和协商，以及合理的利益分配机制，可以实现乡村旅游的可持续发展，促进地方经济的繁荣，同时保护乡村的自然环境和文化遗产。

综上所述，从资源环境经济学到利益相关者理论，再到博弈论，这些理论的发展为我们理解乡村旅游资源开发中的利益博弈提供了多维度的视角。在这一过程中，各利益相关者的行为策略、利益诉求以及合作与冲突的关系共同塑造了乡村旅游资源开发的动态过程。就此，本书尝试提出利益博弈的概念：在乡村旅游资源开发的过程中，利益博弈是指各利益相关者基于各自的利益诉求和目标，通过策略选择、互动协商、竞争合作等方式，试图在资源分配、政策制定、项目实施等方面达成一种动态平衡，以实现自身利益最大化。利益博弈的核心在于理解和分析这些主体如何在乡村旅游资源的开发与利用中，通过各种策略和行动，影响决策过程，以及这些互动如何塑造乡村旅游的最终形态和发展路径。

（四）利益分享

乡村旅游资源开发中的利益分享概念受到当地经济发展水平、文化背景、政策导向和旅游发展阶段的影响，不同的学者有着不同的见解。早期的研究多关注乡村旅游资源的开发和利用，而对利益分享机制的研究则相对较晚起步。随着乡村旅游的快速发展，学者们开始意识到利益分享在乡村旅游可持续发展中的重要性，并逐渐形成了一系列关于利益分享的理论框架和实践模式。

早期国外研究强调了利益分享在促进社会正义和社区参与方面的作用[64]。Burtler[65]指出利益分享是乡村旅游发展中不可或缺的一环，它有助于推动当地经济增长，保护和传承乡村文化。随着对可持续发展理念的深入探讨，Bourlon等[66]指出在追求经济效益的同时，也应关注社会效益和环境效益。因此后续研究提出了利益分享的多维性，认为它不仅包括经济利益的分配，还涉及环境保护、文化遗产尊重以及社区发展的支持[67]。由于进一步的研究突出了利益分享的实践性和管理机制的重要性，学者开始关注于利益分享的具体实施策略，提出了合作社模式、社区参与模式等多种模式[68]，以确保当地村民能够直接参与决策过程，从而更有效地分享旅游带来的利益。在数字化时代背景下，最新的研究指出，利益分享需要适应信息技术的发展，考虑如何利用信息技术提高资源利用效率，促进信息透明和利益公平分配，以及通过教育和培训提升当地村民的参与能力。综上所述，利益分享在国外乡村旅游资源开发中是一个涵盖经济、社会、环境多个层面的复杂概念。它要求在确保经济效益的同时，也要考虑社会效益和环境效益，以及如何通过有效的管理机制和政策支持实现利益的公平分配。随着全球化和数字化的推进，利益分享的实践和研究将继续发展，以适应新的挑战和机遇。

在国内乡村旅游资源开发的研究领域，利益分享的概念界定是实现可持续发展的关键。利益分享指的是在乡村旅游发展过程中，确保所有利益相关者能够公平地参与到收益的分配中，从而促进资源的有效利用和社区的长期繁荣[28]。这一概念的核心在于平衡经济、社会和环境三者之间的关系，以实现共同的利益和目标。首先，利益分享强调的是公平性和参与性。在乡村旅游的背景下，这意味着当地村民、政府、开发商以及其他利益相关者应共同参与到决策过程中，确保旅游活动带来的经济利益能够惠及社区的每一个成员[69]。这种参与不仅包括经济利益的分配，还包括对文化遗产的保护、环境的维护以及社区发展的支持。其次，利益分享机制的建立需要政策和制度的支持。例如，周录静[70]提出应构建以产业融合为主导的乡村旅游发展机制，完善以政策创新为核心的旅游业发展支持体系。这表明政府在制定相关政策时，应考虑利益分享的原则，通过法律和规章制度来保障各方的权益。此外，利益分享还涉及利益相关者之间的协调和沟通。许欢科和滕俊磊[71]在研究广西边境地区旅游增收时，强调了完善利益分享机制的重要性，认为通过健全政策扶持体系、加快人才梯队建设等措施，可以促进利益的公平分配，从而实现旅游增收。在实践中，利益分享机制的实施也面临着诸多挑战。高璟等[72]在探讨乡村民宿旅游的社区参与与利益分享机制时，指出了在实际操作中存在的问题，如利益分配不均、社区参与度不高等。这些问题的存在，要求研究者和实践者不断探索和创新，以构建更加有效的利益分享模式[73]。综上所述，利益分享在国内乡村旅游资源开发中是一个多维度、动态发展的概念。它要求在确保经济效益的同时，也要考虑社会效益和环境效益，以及如何通过有效的管理机制和政策支持，实现利益的公平分配。随着乡村振兴战略的深入实施，利益分享的研究和实践将继续发展，以适应新的挑战和机遇。

综合国内外学者的研究，乡村旅游资源开发的利益分享概念可以界定为：在乡村旅游资源的开发过程中，通过合理的机制和政策，确保所有利益相关者，包括地方政府、开发商、当地村民等，能够公平地参与到资源开发的利益分配中。这种分享不仅体现在经济收益的分配上，还包括社会、文化和环境等方面的共同发展。利益分享的核心在于实现资源的可持续利用，促进当地社区的经济发展，提升居民生活质量，同时保障旅游活动的长期健康发展。通过这种机制，乡村旅游资源开发能够更好地服务于乡村振兴战略，实现经济、社会和环境的和谐发展。

二、研究述评

（一）乡村旅游资源开发研究述评

1. 乡村旅游资源开发研究的时空分布、脉络和热点

知识图谱，作为实体及其间关系的集合，是真实世界中各类实体（如人名、地名、机构名、产品名等）与它们之间语义关系的网络化表达。这些语义关系涵盖了出生地、成立时间等多样化内容，共同构建了一个揭示实体知识间深层联系的语义网络。依据内容的不同，知识图谱可划分为开放知识图谱与领域知识图谱；从展现方式上看，它涵盖了科学计算可视化、数据可视化、信息可视化、知识可视化和可视化分析学等多种形式。鉴于知识图谱在跨学科领域特征分析中具有独特优势，因此其对于研究乡村旅游资源开发这类涉及多领域的综合性学科非常有利。

目前，对于科学知识图谱的研究，主要依赖于一系列工具和数据库，如 Bibexcel 软件、SPSS 软件、Endnote 软件、CiteSpace 软件以及中国知网（CNKI）等。这些工具与数据库不仅提供了丰富的数据源，还具备强大的计量可视化分析功能。因此，本书在静态视角分析的基础上，进一步采用 CiteSpace6.2.R4 软件，通过知识图谱可视化分析的方法，从动态热点趋势的变化视角对乡村旅游资源开发的研究热点及文献进行了更加深入的量化分析，从时间和空间两个维度上，更加客观、全面地把握乡村旅游资源开发领域的研究发展动态。

（1）数据来源。

1）国外数据方面：基于 Web of Science 数据库 2023 年 11 月 8 日数据，在 Web of Science 核心合集中搜索"development of rural tourism resources"（乡村旅游资源开发）英文关键词，进行主题词文献检索，搜索的结果为 890 条，进一步去除语言非英文的文献得到 806 条数据，利用 CiteSpace6. 2. R4 软件绘制该知识领域的网络图谱。

2）国内数据方面：本书基于 CNKI 数据库 2023 年 11 月 5 日的数据，以"乡村旅游资源开发"为关键词进行搜索，发现国内学者在这一领域的研究相对不足，无法全面对该领域的研究现状及热点脉络进行分析。因此，本书扩大对乡村旅游资源开发相关文献的关键词搜索范围，将主题词设置为"乡村旅游开发""乡村资源开发""乡村旅游资源开发"对国内 CSSCI 期刊进行文献检索，得到有效文献数量为 215 条，采用 CiteSpace6. 2. R4 软件绘制该研究话题的知识网络图谱。

（2）时空分布。

1）发文量分布情况。根据 Web of Science 数据库中导出的数据，可绘制得到国外乡村旅游资源开发研究的发文量分布（见图 2-1）。从发表的年度和数量来看，"development of rural tourism resources"（乡村旅游资源开发）的研究可以分为探索和初步发展阶段（2001~2014 年）、初具规模和发展阶段（2015~2017 年）、快速发展阶段（2018~2023 年）三个阶段。从图 2-1 中可以明显看出，发文数量在 2018 年出现了较大幅度的增长，说明乡村旅游资源开发出现新的研究热点和话题。

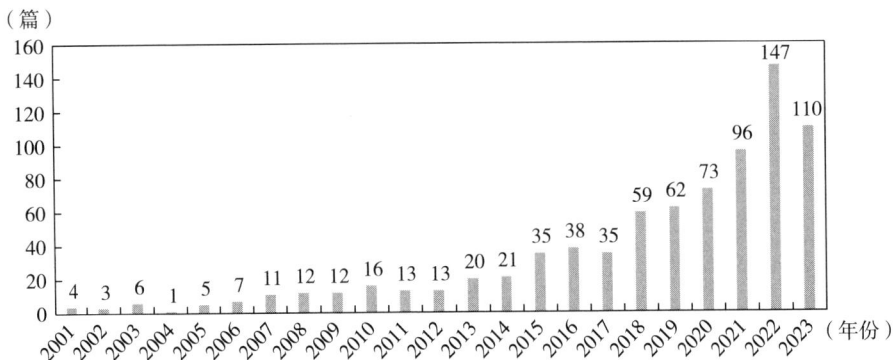

图 2-1　2001~2023 年国外乡村旅游资源开发研究的发文量分布

通过对研究文献的时间分布进行分析，可以清楚显示出这一领域所存在的文献数量，得到在每一个时期内所存在的趋势和发生的变化。因此根据 CNKI 数据库中导出的数据，可绘制我国乡村旅游资源开发研究的发文量分布，如图 2-2 所示。

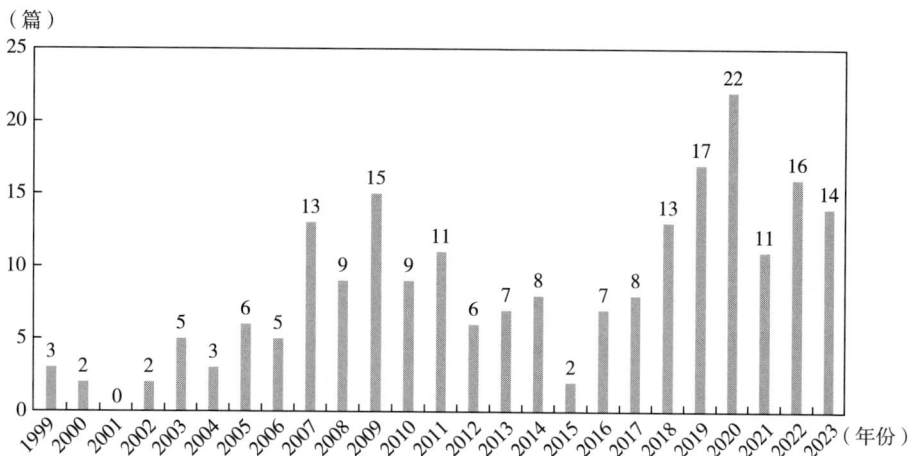

图 2-2　1999~2023 年国内乡村旅游资源开发研究的发文量分布

由图 2-2 可知，我国乡村旅游资源开发研究起源于 1999 年，大致可以分为三个阶段：第一阶段为初步探索阶段（1999~2006 年），发文量为 26 篇。第二阶段为缓慢发展阶段（2007~2015 年），发文量为 80 篇。随着国家政策的持续出台和关注，以及越来越多的学者和机构对乡村旅游资源开发进行新的解读、提出新的研究思路，研究进入了发展期，即第三阶段快速发展阶段（2016~2023 年），发文量为 108 篇。近年来，随着国家对乡村旅游的关注度不断提升，相关研究文献数量也呈现出快速增长的态势。这些研究内容紧密围绕国家战略发展趋势，及时跟进并贴合了当前乡村旅游发展的实际需求。

2）作者分布情况。对检索筛选后的 890 篇文献进行作者共现分析，得到国外研究作者分布图谱（见图 2-3）。

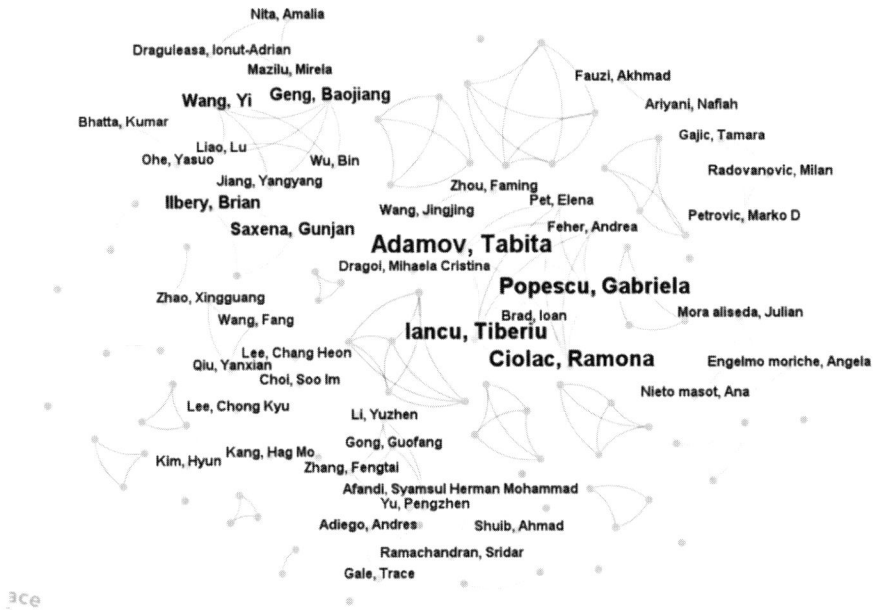

图 2-3　国外研究作者分布图谱

可以看出，Tabita、Tiberiu、Gabriela、Ramona、Yi、Brian 等学者在"development of rural tourism resources"（乡村旅游资源开发）研究中贡献相对较大。从作者之间合作的情况来看，在该领域主要形成了以 Adamov Tabita、Popescu Gabriela、Geng Baojiang 等为中心的研究团队，其他学者主要为个体研究的形式，具有相对独立性，与该领域其他学者之间的合作关系并不紧密。因此，在乡村旅游资源开发的研究上，未来应更加注重诸如地理学、社会学、生态学、经济学等不同学科间的深度融合以及不同研究学者间的协同合作。

通过在 CiteSpace 软件中导入文献数据源，将图谱节点设为"作者"（Author），可以得到国内乡村旅游资源开发研究作者及其合作情况，如图 2-4 所示。

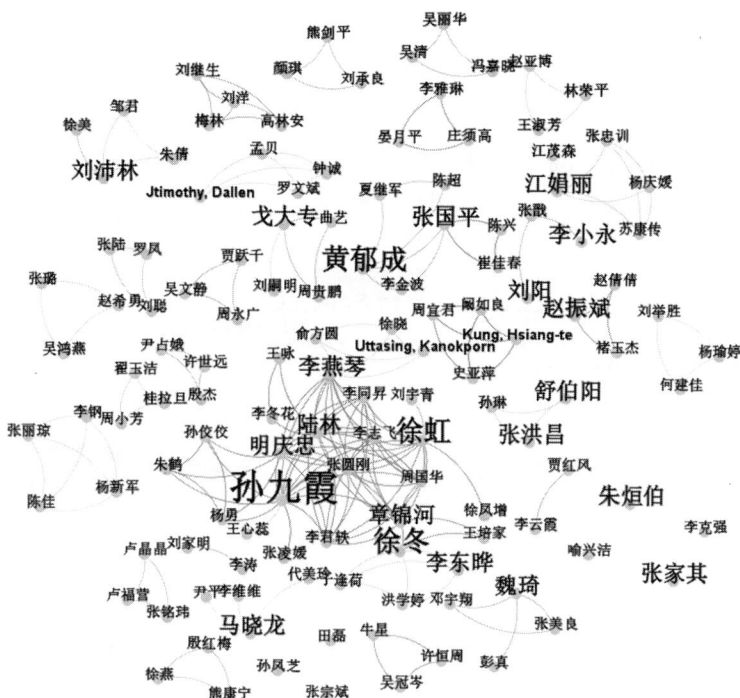

图 2-4 国内研究作者分布图谱

由研究作者共现图谱可知，孙九霞、黄郁成、徐虹、徐冬、明庆忠、章锦河等学者在乡村旅游资源开发的研究中贡献相对较大，其中，孙九霞的主要研究领域为社区旅游与社区参与、旅游人类学等方面的研究。从作者之间的合作情况来看，中国在该领域研究的学者之间存在着相对比较紧密的合作探究，以孙九霞团队合作规模较为庞大，但在跨学科融合上的研究也相对缺乏，未来的研究可以从与跨学科学者进行紧密合作入手，进而促进乡村旅游资源开发相关研究的多元化发展。

3）研究机构分布情况。根据 Web of Science 数据库中导出的数据，可绘制得到国外乡村旅游资源开发研究的研究机构合作图谱，如图 2-5所示。

图 2-5　国外研究机构合作图谱

对检索的 890 篇文献进行研究机构共现分析，发现关于乡村旅游资源开发的研究机构主要为高校和科研单位。其中，发文数量较多、影响程度较深的有 *Chinese Academy of Sciences*、*Institute of Geographic Sciences & Natural Resources Research*、*University of Botswana* 等机构，其中在合作研究团队上，多是以 *Chinese Academy of Sciences*、*Institute of Geographic Sciences & Natural Resources Research*、*Utah System of Higher Education*、*Ministry of Education & Science of Ukraine* 等研究机构为中心，其他研究机构尚未形成相互合作的网络关系。

研究机构共现分析能够将某一研究领域的核心机构和它们间的合作强度表现出来。导入知网数据后运行软件，得到国内研究机构合作图谱，如图 2-6 所示。

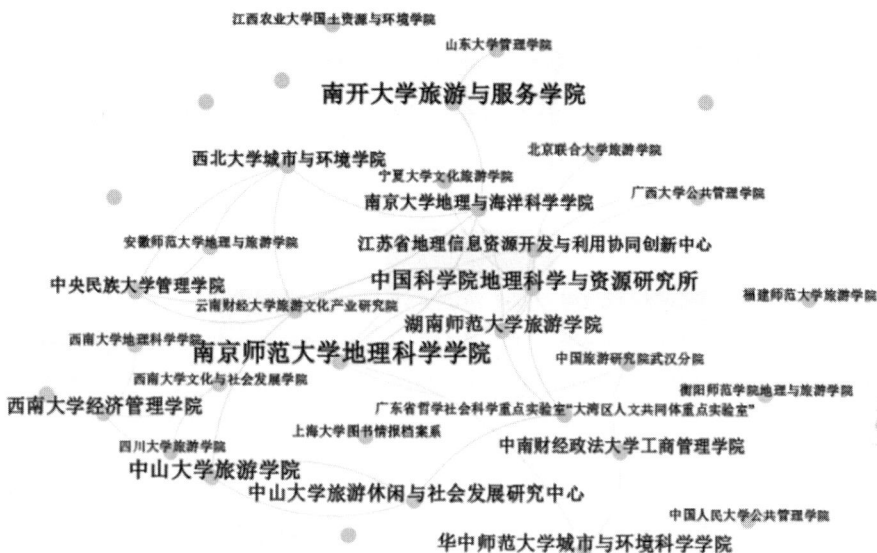

图 2-6　国内研究机构合作图谱

　　进行共现分析后,可知乡村旅游资源开发研究主要依托于高校和科研单位。南京师范大学地理科学学院、南开大学旅游与服务学院、中山大学旅游学院、中国科学院地理科学与资源研究所、华中师范大学城市与环境科学学院、湖南师范大学旅游学院、西南大学经济管理学院、中山大学旅游休闲与社会发展研究中心等机构,在发文数量上较多且社会影响较广。在研究机构合作上,南京师范大学地理科学学院、中国科学院地理科学与资源研究所、湖南师范大学旅游学院等机构呈现出相互合作的研究趋势。出现了局部聚集状态,说明研究机构分布较为集中,各机构之间有一些合作。从数量上来看,我国进行乡村旅游资源开发研究的机构较多。虽然这个领域已经受到了学术界的高度重视,但是当前各研究机构之间的合作力度还不够大,也没有形成一个跨地区的、大规模的、具有代表性的合作群体,这对研究领域中的信息交流和共享造成了不利影响。

（3）脉络分析。

1）国外研究脉络分析。将 Web of Science 数据库中的数据导入 CiteSpace 中，进行关键词突现分析，得到 Top25 的突现关键词，如图 2-7 所示。

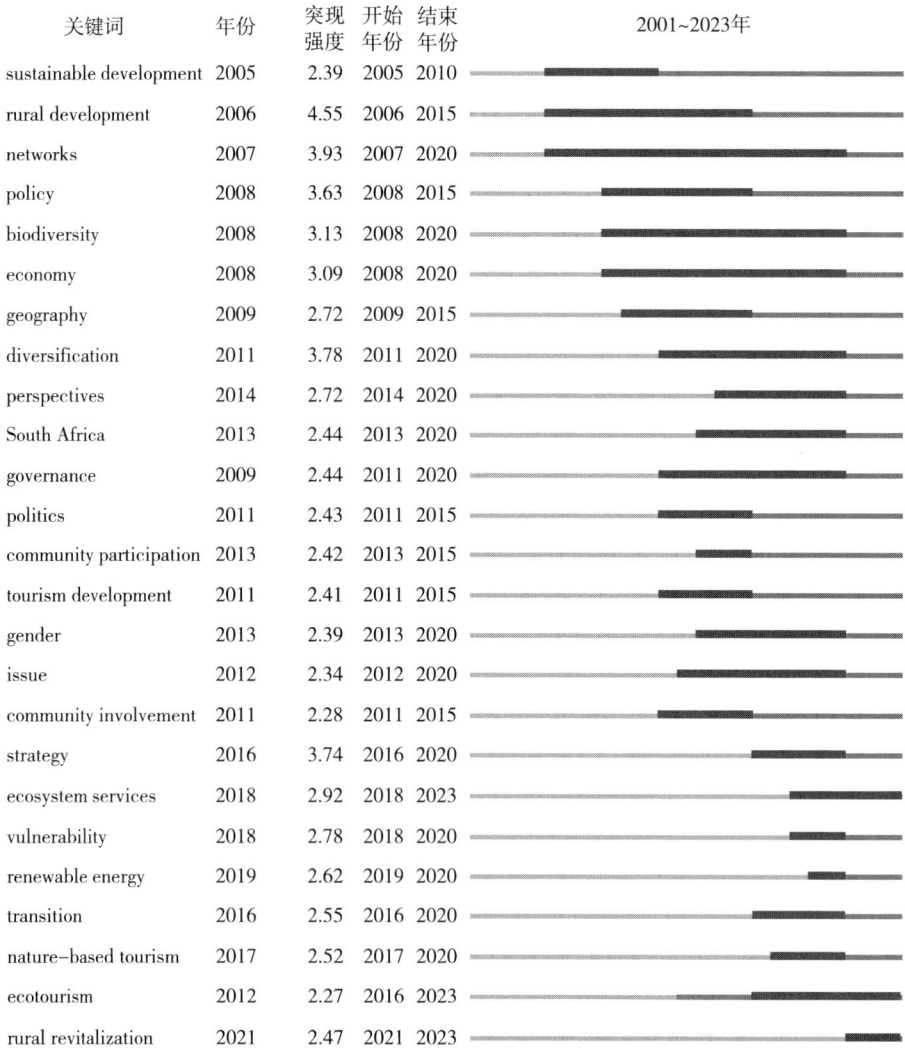

关键词	年份	突现强度	开始年份	结束年份	2001~2023年
sustainable development	2005	2.39	2005	2010	
rural development	2006	4.55	2006	2015	
networks	2007	3.93	2007	2020	
policy	2008	3.63	2008	2015	
biodiversity	2008	3.13	2008	2020	
economy	2008	3.09	2008	2020	
geography	2009	2.72	2009	2015	
diversification	2011	3.78	2011	2020	
perspectives	2014	2.72	2014	2020	
South Africa	2013	2.44	2013	2020	
governance	2009	2.44	2011	2020	
politics	2011	2.43	2011	2015	
community participation	2013	2.42	2013	2015	
tourism development	2011	2.41	2011	2015	
gender	2013	2.39	2013	2020	
issue	2012	2.34	2012	2020	
community involvement	2011	2.28	2011	2015	
strategy	2016	3.74	2016	2020	
ecosystem services	2018	2.92	2018	2023	
vulnerability	2018	2.78	2018	2020	
renewable energy	2019	2.62	2019	2020	
transition	2016	2.55	2016	2020	
nature-based tourism	2017	2.52	2017	2020	
ecotourism	2012	2.27	2016	2023	
rural revitalization	2021	2.47	2021	2023	

图 2-7　突现强度前 25 的关键词

由图 2-7 可知，最早突现的关键词是 "sustainable development"，而关键词 "networks" 从 2007 年持续到 2020 年，持续时间最长，近些年出现的新的关键词有 "ecosystem" "ecotourism" "rural revitalization" 等，至今仍然是研究的热点。本书依据 "development of rural tourism resources"（乡村旅游资源开发）的时间分布情况和本节研究热点分析情况，将国外乡村旅游资源开发研究的发展脉络归纳为以下三个阶段：①研究的探索和初步发展阶段（2001~2014 年）。在这一阶段，乡村旅游资源开发的研究主要集中在对基本概念和理论框架的探索。主要是涉及乡村旅游的初步模式和策略，以及对乡村旅游对当地经济和社会发展的潜在影响的评估。②缓慢发展阶段（2015~2017 年）。在这一阶段，研究的增长速度有所放缓，但研究内容开始更加深入和细化，主要关注于乡村旅游的管理和运营，以及如何通过建立有效的网络来提升乡村旅游的质量和效益。③高速发展阶段（2018 年至今）。在这一阶段，研究重点转向了乡村旅游与自然环境的和谐共生，以及如何通过乡村旅游促进乡村的全面复兴，更加注重实践和应用，探讨如何将理论应用于实际的乡村旅游开发项目中，以及如何通过政策支持和战略规划来推动乡村旅游的可持续发展。

2）国内研究脉络分析。关键词代表着每一段时间内的热门话题，利用 CiteSpace 的 "Citation Burst" 功能对乡村旅游资源开发的关键词（即突现词）进行分析。突现值（Bursts Strength）代表关键词的突现强度，是在某一时期文献增多的关键词。进行设置后共选取了突现强度 Top23 的关键词，图 2-8 中的突现关键词代表着该时期我国乡村旅游资源开发的研究热点。

由图 2-8 可知，最早突现的关键词是 "农村教育"，而关键词 "开发模式" 从 2003 年开始出现持续到 2012 年，持续时间较长，近些年出现的新的关键词为乡村振兴、旅游开发和数字乡村等，至今仍然是研究的热点。根据本书前文 "乡村旅游资源开发研究" 的时间分布情况和本节研究热点分析情况，将我国乡村旅游资源开发研究的发展脉络归纳为以下三个阶段：①研究起步阶段（1999~2006 年）。这个阶段的研究主要是对乡村

关键词	年份	突现强度	开始年份	结束年份	1999~2023年
农村教育	2000	1.71	2000	2006	
开发模式	2003	2.17	2003	2012	
乡村	2003	1.1	2003	2006	
对策	2007	1.89	2007	2010	
居民	2007	1.01	2007	2010	
旅游者	2007	0.9	2007	2012	
感知	2007	0.9	2007	2012	
民族地区	2008	0.86	2008	2010	
利益冲突	2008	0.78	2008	2016	
开发	1999	2.12	2009	2012	
乡村社区	2008	0.97	2011	2014	
世界遗产	2012	0.74	2012	2020	
土地流转	2013	1.24	2013	2014	
乡村性	2014	0.72	2014	2020	
乡村记忆	2016	0.84	2016	2020	
农户	2017	0.93	2017	2020	
城乡融合	2018	0.88	2018	2022	
传统村落	2020	1.46	2020	2023	
产业融合	2019	1.04	2019	2022	
河南省	2012	1.02	2019	2020	
乡村振兴	2018	8.08	2021	2023	
旅游开发	1999	2.75	2021	2023	
数字乡村	2021	0.94	2021	2023	

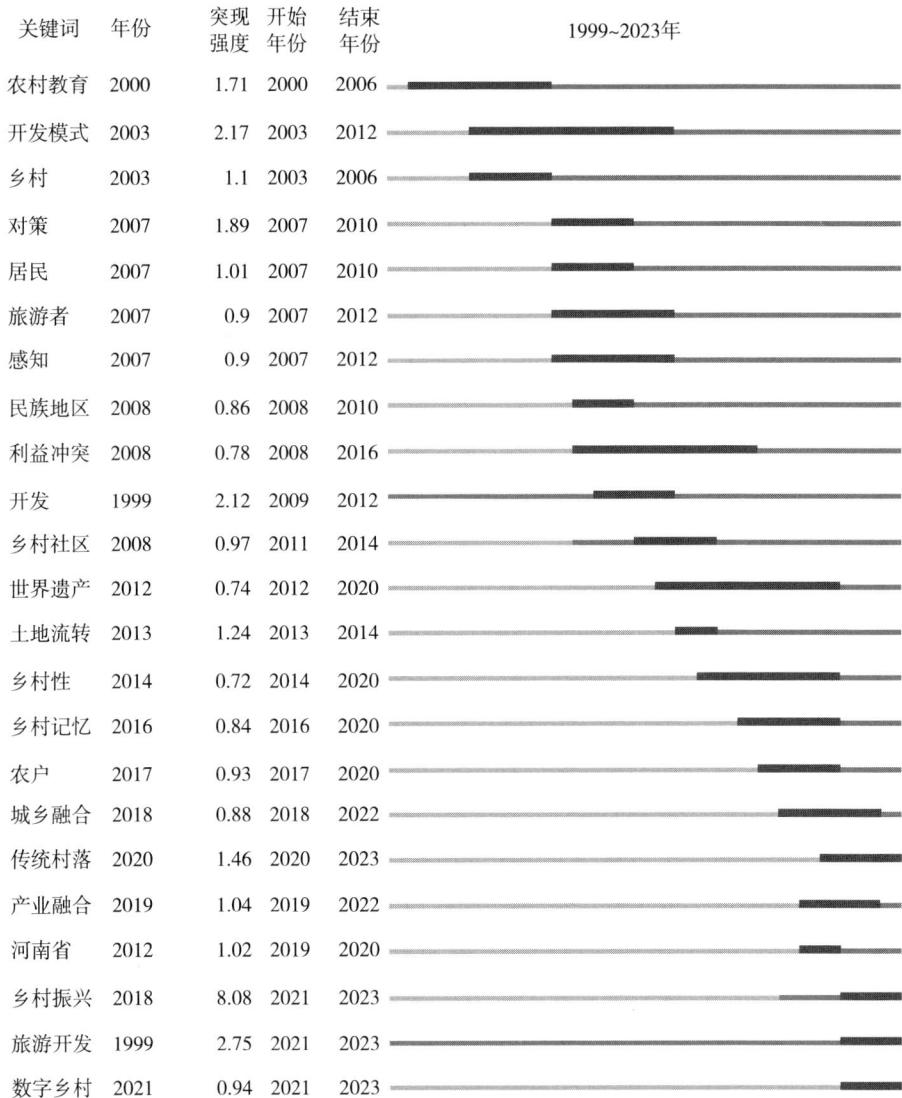

图 2-8 突现强度前 23 的关键词

旅游资源开发的初步探索，发文量相对较少，研究主要集中在乡村旅游资源的基本概念、开发模式以及对乡村旅游的初步认识和理解上，为后续的深入研究奠定了基础，但研究内容和方法可能相对简单，缺乏系统性和深度。②探索发展阶段（2007~2015年）。这个阶段乡村旅游资源开发的研究开始缓慢发展，研究重点转向了乡村旅游资源的开发效率、效果评价以及乡村旅游对当地经济和社会的影响上，开始关注乡村旅游资源开发的实践问题，如资源分类、开发评价等宏观视角的研究，同时也开始出现对乡村旅游资源开发效果的定量研究。③高质量发展阶段（2016年至今）。这个阶段的研究进入了快速发展期，发文量显著增加，研究重点转向了乡村振兴、旅游开发、开发模式等，特别是与国家战略发展趋势紧密结合的研究内容，如乡村振兴战略、新发展格局构建和高质量发展需求。此阶段的研究视角新颖、研究领域全面以及研究内容进一步深化，不再局限于资源的空间分布和分类，而是更加注重宏观与中观结合，以及微观层面的研究。同时，研究也开始关注乡村旅游资源开发与乡村社会整体性变革和可持续发展的关联。

（4）热点分析。

1）国外研究热点分析。对检索后的890篇文献"development of rural tourism resources"（乡村旅游资源开发）的关键词共现分析，如图2-9所示。从关键词频率来看，主要集中在"rural tourism""tourism""management""sustainable development""rural development""conservation""community""sustainable tourism"等方面的研究。从其中介中心性（表示一个网络中经过该节点的最短路径的数量，该值越大，则说明它在其他节点之间的通信中起到的作用越大）来看，大部分关键词的中介中心性均为0，因此此处统计中介中心性大于等于0.01（值不为0）的关键词有181个，包括"rural tourism""sustainable development""community""policy""strategy"等的研究；从关键词的突现率来看，"rural development""networks""strategy""diversification""vulnerability"等词汇的频率较高，说明其成为该领域研究的热点，受到众多学者的广泛关注。

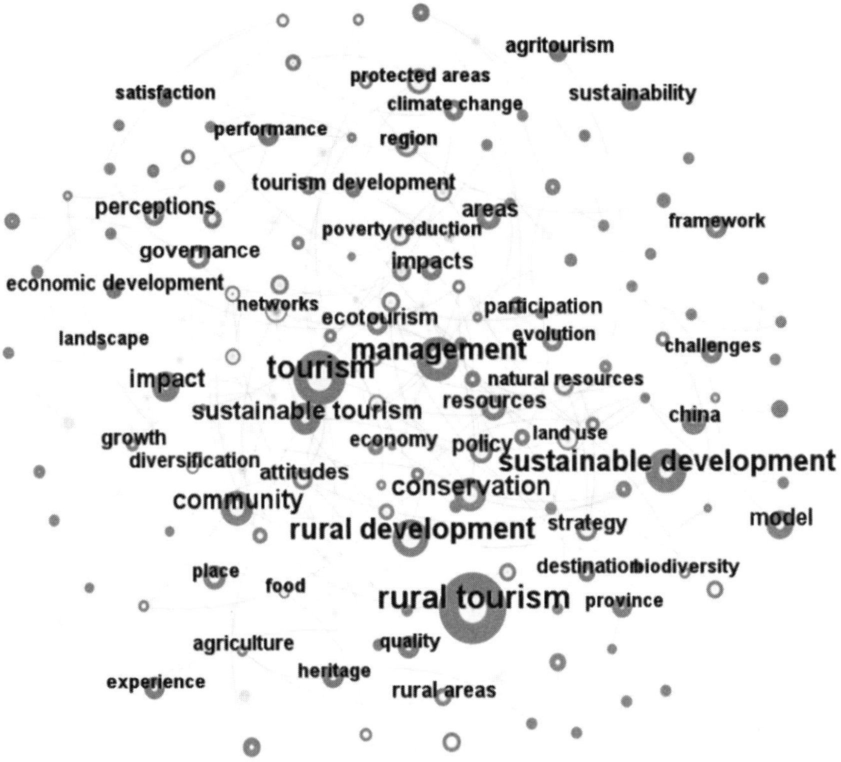

图 2-9　国外关键词共现图谱

2）国内研究热点分析。关键词是代表一篇文章或著作中心概念的词语，把节点类型设定为关键词（Keywords），运行 CiteSpace 软件，生成乡村旅游资源开发的关键词共现图谱，如图 2-10 所示。如果同一关键词在某一领域反复出现，则可认为其为该领域的热点。

对检索后的 215 篇文献进行乡村旅游资源开发研究的关键词共现分析。从关键词频率来看，主要集中在"乡村旅游""乡村振兴""旅游开发""开发""开发模式""共同富裕""社区参与"等方面的研究。从其中心性来看，中心性大于等于 0.01（同上）的关键词包括"乡村旅游""乡村振兴""旅游开发""开发模式""共同富裕""传统村落""战略选

图 2-10 国内关键词共现图谱

择""数字乡村"等 22 个词语；从关键词的突现率来看，主要表现在"乡村振兴""旅游开发""开发模式"等方面，说明这些话题已经成为该领域研究的热点，引起了众多学者的广泛关注。

2. 乡村旅游资源开发研究发展趋势

在发达国家，乡村旅游作为一种逃避城市喧嚣、寻求心灵宁静的休闲方式，早在 19 世纪初就已经兴起，并逐渐在欧洲、北美等地区风靡[74]。乡村旅游在德国、奥地利、英国、法国等欧洲国家的发展规模巨大，并且步入规范化、标准化、专业化的发展轨道，展现出巨大的发展潜力和旺盛的生命力[75]。伴随着全球化、城市化进程的推进，乡村地区正发生着翻天覆地的变化。我国的乡村旅游资源开发起步于 20 世纪八九十年代的一些富裕农村[76]，从 20 世纪 90 年代至今，乡村旅游实践及相关知识生产活动作为一种重要的社会现象已在我国存在并发展了 30 余年。当前我国的乡村旅游，其旅游人数、业态规模、从业人数、产生的经济效益等，都已占据了我国旅游事业的半壁江山。在未来，乡村旅游资源开发研究发展趋势可能会朝着研究视角新颖化、研究领域全面化、研究内容深度化的方向发展。

自20世纪90年代起，随着中国乡村地区与旅游业的迅猛崛起，乡村旅游逐渐崭露头角，成为旅游学和旅游地理学领域的研究焦点。随着研究的深入，相关成果不断涌现，研究议题日趋广泛，研究层次逐渐深化，为乡村建设与乡村旅游的蓬勃发展提供了坚实的理论基石[77]。在新时代背景下，乡村振兴战略、新发展格局的构建以及高质量发展的迫切需求，使乡村旅游的发展越发呈现出要素交织、空间布局复杂、演化过程多变、变化机制多元等特性，乡村旅游资源开发不再仅局限于资源的空间分布、资源分类以及资源开发评价等宏观视角的研究，逐渐转向宏观与中观结合以及微观层面的研究，如学者们开始对红色旅游资源[78][79]、民族旅游资源[80]、人文资源[81]、森林资源[82] 等进行研究，研究视角开始新颖化。

乡村资源开发作为乡村旅游研究的基础命题，研究者不仅要从经济层面对乡村旅游资源开发的意义进行研究，还需要从生态环境和社会效益角度出发，用可持续发展和高质量发展的视角对乡村旅游资源开发过程与结果进行审视[49]，即乡村旅游资源开发不能以牺牲环境效益为前提。前人对乡村旅游资源开发大部分关注乡村旅游资源的开发效率[83]、对乡村旅游资源开发的效果评价[84] 等定量研究领域，而随着研究的深入、时代的发展，对于乡村旅游资源开发的研究不仅仅局限于对其效率价值效果等领域的研究，越来越多的学者紧跟国家政策、战略，关注到其开发路径[85]、可持续化发展[86]、协调共生系统[87] 等领域，可见乡村旅游资源开发研究领域逐渐全面化，乡村旅游将与其他产业进行深度融合，如旅游业与农业、加工业、文化创意产业等，形成新的旅游产品，推动乡村经济的发展。

乡村旅游不仅涉及经济层面，也与乡村地区的全面变革与持久发展有着紧密联系。因此，在规划设计乡村旅游时，应更加注重全域化的理念，整合乡村的自然、历史、文化资源，打造完整的旅游产业链，提高乡村的整体旅游品质和效益。当前，关于乡村资源观、乡村旅游资源开发主体、市场监管机制建设、乡村旅游市场转型、文化价值体现和利益分配优化等方面，学术界尚未形成系统化的研究。因此，乡村旅游资源开发的研究内容需要进一步拓展，以国家政策为导向，紧密地结合乡村振兴等国家战略和乡村旅游发展的实际需求，综合运用多学科的理论和多种研究方法，推动乡村旅游资源开发的系统化研究[88]。

（二）乡村旅游资源开发博弈研究述评

1. 乡村旅游资源开发主体研究

利益主体理论最初萌芽于 19 世纪，随后斯坦福研究所（Stanford Research Institute）在 1963 年首次正式引入"利益主体"这一术语，并逐渐获得学界的广泛认可。Freeman 在其 1984 年出版的著作 *Strategic Management：A Stakeholder Approach* 中，对利益主体进行了明确定义，即利益主体是指那些能够影响组织目标实现，或受到组织目标实现影响的各类群体和个人[89]。这一定义为后续利益主体理论的研究和应用提供了重要基础。

在乡村旅游研究领域，利益主体的概念一直是学术讨论的焦点。利益主体通常指的是在某一特定领域内，对资源开发具有直接或间接利益的个体或集体[90]。在乡村旅游的背景下，这些利益主体不仅包括直接参与旅游活动的农民、企业、政府机构，还包括更广泛的社区成员、环境保护组织以及游客等[91][92]。随着乡村旅游的兴起，利益相关者的概念也逐渐被引入到该领域的研究中。在乡村旅游研究领域中，利益相关者指的是那些对乡村旅游资源开发有利益诉求的各方，他们的利益可能相互重叠，也可能存在冲突。例如，当地村民可能因旅游开发而获得经济收益，同时也可能面临文化和环境的冲击[93]。因此，如何在保护环境和促进经济发展之间找到平衡，成为乡村旅游资源开发中的一个重要议题。在旅游业利益相关者的研究中，利益相关者的行为和决策直接影响着乡村旅游的可持续发展[94]，这些利益相关者不仅包括开发商、服务提供者，还包括政策制定者、旅游规划者等，他们都在乡村旅游资源的开发中扮演着关键角色[95]。而乡村旅游利益相关者的研究则更加聚焦于乡村旅游这一特定领域。研究者们探讨了如何通过有效的利益相关者参与，促进乡村旅游资源的可持续利用，以及如何确保当地社区在旅游开发中获得公平的利益分配[96]。这些研究强调了社区参与和利益共享的重要性，认为这是实现乡村旅游长期发展的关键。乡村旅游资源开发利益相关者的研究进一步深化了对这一群体的理解。研究者们不仅关注他们的利益诉求，还关注他们在资源开发过程中的权力动态、决策参与以及与外部利益相关者的关系[97]，揭示了乡村旅游资源开发中存在的复杂利益关系，以及如何通过有效的利益协调机制，实现多方共赢。综上所述，乡村旅游资源开发利益主体的研究涵盖了从广泛的利益相关者到具体的乡村旅游资源开发者的多个层面。这些研究不仅为我们理解乡村旅游资源开发的复杂性提供了宝贵的视角，也为制定有效的乡村旅游发展策略提供了理论支持。随着乡村旅游的不断发展，对这些利益主体的深入研究将有助于实现更加公平、可持续的旅游发展模式。

虽然国内外对于利益相关主体都进行了大量的研究，但学术界对于乡村旅游利益相关主体构成有不同的理解。在学术研究中，从乡村旅游的角度来看，利益相关者通常被划分为直接相关者和间接相关者两大类。其中，直接利益相关者主要包括与乡村旅游资源开发存在直接关联和互动的地方政府、开发商、当地村民（涵盖个人与集体组织）以及游客等。相对而言，间接利益相关者则包括与乡村旅游资源开发有联系，但并非直接参与或影响开发过程的旅游服务提供者、交通运输企业、餐饮住宿业者以及行业协会等。鉴于间接利益相关者与乡村旅游资源开发之间的非直接性关系，本书的研究重点聚焦于直接利益相关者群体。由于本书研究视角是旅游资源开发利益分享，利益主体主要包括开发商、当地村民、地方政府，因此游客的利益不在本书讨论范畴。

2. 各主体的利益诉求研究

当前，随着乡村多元力量的涌现，利益主体功能需求成为推动乡村多功能转型的关键，以"自下而上"为主要特征的研究范式在乡村多功能研究中日益受到关注。国内外学者开始关注利益主体需求在多功能转型及多功能权衡中所扮演的重要角色，不同利益主体基于不同的目标或价值观认知，对乡村旅游的土地功能提出更多需求[98]，从而导致空间层面与社会层面冲突与矛盾的出现[99][100]。解决冲突的关键不在于避免冲突本身，而在于冲突的协调和管理[101][102]。通过关注不同主体多功能诉求[103][104]，寻求多功能协调机制[105]，找出调节冲突的方法以缓解空间冲突[99]。旅游开发是一项具有复杂性、系统性的社会工程，其成功实施离不开多元主体间的紧密协作与配合，特别是在乡村旅游资源开发的初期阶段，地方政府、旅游开发商和当地村民三大核心主体的积极参与和有效协作至关重要。

（1）地方政府诉求。

在乡村旅游资源开发过程中，地方政府扮演着多重角色，既是规则制定者与执行监督者，也是受益者之一。然而，作为利益主体，政府在乡村旅游资源开发中既代表着公共利益，又涉及私人利益，呈现双重身份的特点。特别是在监督机制不完善和监管不力的情况下，政府的利益诉求和行为策略可能变得相当复杂和不确定。首先，地方政府关注通过乡村旅游带动经济增长和就业机会的增加。其次，地方政府也着重于通过乡村旅游提升基础设施建设和公共服务水平，以改善当地居民的生活条件。此外，地方政府还关心乡村旅游对文化遗产的保护和利用。通过乡村旅游的发展，可以加强对当地文化和传统的保护，同时也为当地居民提供文化自豪感和身份认同。地方政府还注重乡村旅游对环境的可持续性。通过发展生态旅游和绿色基础设施，可以促进农村地区的环境保护和生态平衡。Ladu等[106]提出了一种方法论，用于评估萨丁岛（意大利）生物区域的采矿遗产的可达性，研究表明地方政府在推动绿色旅游和生态保护方面具有积极的利益诉求。地方政府也意识到乡村旅游在提升区域形象和吸引外来投资方面的潜力。通过有效的市场定位和品牌建设，乡村旅游可以成为吸引游客和投资的重要手段。Römer-Paakkane 和 Suonpää[107] 在其关于目的性创业教育的研究中，提出了为 50 岁以上人群设计创业培训项目的想法，以促进农村地区的可持续发展，并为乡村旅游提供服务，这进一步证实了地方政府在推动乡村旅游方面的积极作用。由此可见，在乡村旅游开发中，地方政府主要是存在两个关键诉求，首先是环境保护，其次是追求经济增长。乡村旅游作为推动地方经济发展的新动力，能够带动相关产业链的发展，如餐饮、住宿、交通等，从而增加地方税收和就业机会[108]。通过支持乡村旅游项目，地方政府期望实现区域经济的多元化发展，促进产业结构的优化升级。

（2）开发商诉求。

开发商作为乡村旅游产业市场化运营的主体，在乡村旅游发展中扮演着举足轻重的角色。它们不仅是联系地方政府、旅游市场和社区居民的桥梁，也是推动欠发达地区经济社会发展的关键力量[109]。开发商的战略目标十分明确，即以追求经济利润为导向。为实现这一目标，它们需要投入大量资金进行乡村旅游的开发与建设。在乡村旅游的运作体系上，旅游开发商主要以业主制、合作制和公司制等形式出现，旅游开发商不仅负责对乡村旅游资源的规划设计，还需要对乡村旅游景点进行广泛宣传，同时也参与到乡村旅游资源开发的利益分配中。然而，越来越多的开发商已经意识到，可持续发展对于其长期成功至关重要。因此，他们开始将可持续发展理念融入企业战略，通过采取环保措施、支持当地社区发展和保护文化遗产等方式，不仅提升了企业形象，还为长期发展奠定了坚实基础。此外，与当地社区的和谐共处对于旅游开发商也至关重要。开发商需要与当地村民建立稳固的关系，尊重当地文化，并确保旅游活动对当地社区产生积极而非负面的影响。通过参与社区发展项目，开发商不仅能够提升当地村民的生活水平，还能为自身的长期发展创造一个和谐、有利的社会环境[110]。当然，作为经济实体，旅游开发商的核心诉求仍然是实现投资回报和盈利能力的提升。在乡村旅游项目中，开发商通过精准的市场定位、不断的产品创新和严格的成本控制，努力追求收入增长和利润最大化[21]。这就要求开发商必须具备敏锐的市场洞察力，并能够根据市场变化灵活调整经营策略。在竞争激烈的市场环境中，开发商致力于开发独具特色的旅游产品、提升服务质量以及运用创新的数字营销策略，从而吸引并留住客户，确保在激烈的市场竞争中立于不败之地[108]。

（3）当地村民诉求。

乡村旅游开发的核心议题之一，就是如何有效地吸纳本地主体，特别是占比最大的当地村民参与其中。这些村民不仅是乡村旅游资源的原生拥有者和日常使用者，更是旅游资源开发所带来影响的直接体验者。村民最关切的利益诉求在于如何通过乡村旅游的发展提高自身收入、增加就业机会，并进一步完善乡村的基础设施。他们期望依托当地丰富的旅游资源，积极推动乡村旅游的蓬勃发展，促进农村特色经济的壮大，实现收入的实质性增长。同时，通过有效盘活地方资源，将原本地处偏远的村庄转变为环境宜人、设施完善、服务优质的特色民俗旅游目的地，为当地经济社会发展注入新的活力[28]。然而，受限于经济能力、劳动技能和文化水平等多重因素，当地村民在参与旅游开发时往往处于较低层次且多呈现被动状态，难以涉足规划、决策、管理等更高级别的活动[111]。尽管如此，他们在乡村旅游开发中的角色却不容忽视：既是资源的拥有者，又是服务的提供者，还是目的地的居住者。因此，协调好当地村民与其他利益主体间的关系，对于乡村旅游的健康稳定发展至关重要。值得关注的是，当地村民在乡村旅游中扮演着基层经营者的关键角色，他们的服务态度与质量直接关乎游客对当地乡村旅游的整体印象与体验。从这个角度来看，无论是当地村民的积极参与，还是当地旅游资源的有效利用，都是乡村旅游发展中不可或缺的要素。因此，必须高度重视并妥善处理当地村民的利益诉求，主要包括经济利益、文化利益和社会环境利益，其中经济利益尤为突出[63]——乡村旅游发展中必须优先考虑的关键问题。简而言之，当地村民期望能够公平分享旅游带来的经济利益，同时提升居住空间的整体品质[112]。这既是乡村旅游发展的挑战，也是其持续繁荣的机遇所在。

总的来说，地方政府主要诉求在于促进区域经济发展、提升公共服务水平、实现社会稳定和谐以及推动可持续发展目标，他们希望通过乡村旅游带动整个地区的经济增长和社会进步。开发商关注实现投资回报最大化，通过乡村旅游项目的合理开发和运营，获取经济利益并提升企业品牌价值。当地村民则是侧重于提高生活质量、增加就业机会以及保护和传承乡村文化，他们期望旅游发展能够带来直接的经济收益和社区福祉的提升。从现有文献研究来看，三方利益主体在推动乡村旅游发展、实现乡村振兴战略上有着较为一致的共同愿景。但是每一方的利益诉求也存在较大区别，这些区别引发了利益主体之间的利益博弈行为，不合理的博弈行为甚至会引发各方利益冲突。

3. 各主体间的博弈研究

在乡村旅游资源开发的过程中，利益冲突问题屡见不鲜。无论主导者是政府还是企业，社区居民往往与之产生尖锐的矛盾[113]。这些矛盾主要体现在社区居民与开发商之间、社区居民与旅游者之间、社区集体组织与政府之间、开发商与乡村旅游者之间，以及开发商与社区集体组织之间。这些矛盾源于各利益主体诉求能力的差异，导致他们在利益分配过程中采取各种博弈手段，以谋求自身利益的最大化[114]。

为了实现乡村旅游的长远与和谐发展，必须构建农村居民利益分享机制，特别要关注并保护那些处于谈判劣势、没有话语权群体的切身利益。通过旅游业的蓬勃发展，切实增强对这些弱势群体的权益保障，从而有效地缓解各方利益冲突，确保乡村旅游的健康发展[28]。已有研究构建混合博弈模型，深入剖析乡村旅游资源开发过程中的矛盾与冲突，并强烈呼吁政府、开发商和社区居民等利益相关方应加强沟通与合作，增进理解与信任，共同构建长期稳定的合作关系[115]。乡村产业发展中村集体经济组织普遍面临政府或资本单边主导引致村集体与村民之间利益关系失衡、难以形成发展合力等问题[116]。这些抵抗行为均源于对自身利益的坚决捍卫，进一步印证了在旅游开发过程中，不同的服务供给主体之间确实存在着复杂且微妙的利益博弈关系。乡村旅游作为推动乡村振兴战略实施的关键力量[117][118]，在促进农民就业增收、解决"三农"问题以及推动区域可持续发展方面发挥着举足轻重的作用[119]。但是，乡村旅游资源开发在推动乡村振兴的同时，也引发了政府、企业、村民等多方利益主体之间的博弈。从共生理论的角度来看，如果利益共同体的利益诉求得不到响应，矛盾可能会逐步加深，最终演变为不可逆转的严重后果。李华强等[23] 通过对乡村旅游资源开发主体的利益诉求进行分析，构建出"地方政府—开发商"和"开发商—当地村民"的演化博弈模型，揭示利益相关者之间的动态关系。此外，通过案例比较研究方法可以探讨不同旅游组织模式对民族地区乡村振兴的影响。研究发现，村集体主导模式、国有企业主导模式和外部帮扶主导模式各有优势和不足；这些模式在利益分配、民族文化保护、旅游开发能力等方面存在差异，从而对乡村振兴的整体效果产生影响[120]。还有研究进一步从行动者网络理论的视角出发，分析农村产业融合的过程与机制，揭示在产业融合过程中关键行动者（如石斛公司、村委会、乡村能人等）在不同阶段的利益意图变化以及这些变化如何影响产业融合的方向和效果[56]。

综上所述，乡村旅游资源开发中的利益博弈是一个多维度、动态变化的过程，涉及多方主体的互动和策略调整。为了实现乡村旅游的可持续发展，需要在政策制定、利益分配、文化保护等方面进行综合考虑，确保各主体能够在公平、协调的基础上共同推进乡村振兴。

4. 各主体间的利益冲突研究

在乡村旅游资源开发领域，各主体间的利益冲突是一个长期存在的挑战。早期的研究指出，乡村旅游开发涉及政府、企业、当地村民等多个利益主体，这些主体在资源利用、利益分配等方面存在显著差异，导致冲突频发[121]。伴随着乡村旅游的快速发展，这些冲突逐渐显现出其对可持续发展的潜在威胁。

近年来，学者们开始探索解决这些冲突的策略。为促进利益协调，强调了增强当地村民参与意识和深化开发商社会责任的重要性[122]；强调了完善乡村旅游开发利益补偿机制和利益分配机制的重要性[123]。而利益冲突的解决并非一蹴而就，需要持续的努力和创新，因此基于利益相关者理论，提出了通过协调合作寻求利益共同点，实现乡村旅游可持续发展的策略[124]。在具体实践中，环境保护与经济发展之间的矛盾是乡村旅游中的主要利益冲突之一[125]。为了缓解这些冲突，提出了建立多元主体共治机制、利益补偿机制以及废弃用地开发利用奖励机制等措施。为进一步探讨基于共生理论的乡村旅游利益相关者冲突及互惠型治理机制，学者提出通过地方政府的统筹协调，建立共生系统管理平台，构建利益沟通协调机制，可以有效解决利益相关者之间的冲突。在河北省文旅资源开发模式研究中，分析了社会资本开发过程中的利益冲突，并提出了调整利益分配模式、优化政策体系支撑和畅通利益联结反馈机制等对策[126]。这些研究不仅揭示了冲突的成因，也为解决冲突提供了具体的实践路径。

综上所述，乡村旅游资源开发中的利益冲突研究经历了从识别问题到提出解决策略的演变过程。随着研究的深入，学者们逐渐形成了一套较为完整的理论框架和实践指导，旨在通过政策调整、利益补偿、法律保障等方面的应用，实现乡村旅游的和谐与可持续发展。

（三）乡村旅游资源开发利益分享路径研究述评

1. 乡村旅游资源开发利益冲突的成因

在乡村旅游资源开发的过程中，利益冲突的成因是多方面的，涉及经济、社会、文化和环境等多个维度。这些冲突往往源于利益相关者之间的利益诉求不一致，以及资源分配和权力结构的不均衡[127]。随着乡村旅游的快速发展，这些冲突逐渐显现，成为乡村旅游可持续发展的重要障碍。

根据国内外已有的研究，乡村旅游资源开发利益冲突的成因可以从以下几个方面进行分析。首先，政策体系的不完善和执行力度的不足是导致利益冲突的原因之一[128]。在乡村旅游资源开发中，如果相关政策不能很好地平衡各方利益，或者政策执行不到位，都可能导致利益相关者之间的矛盾和冲突。此外，政府在旅游开发中的主导作用与当地村民的参与意愿和能力不匹配，也可能引发冲突[129]。其次，环境保护与经济发展之间的矛盾也是利益冲突的一个重要成因[130]。乡村旅游资源的开发往往对自然环境产生影响，如何在保护环境与促进旅游发展之间找到平衡点，是利益冲突的一个重要方面。例如，旅游活动可能对当地的生态系统造成破坏，而当地村民、环保组织和政府在环境保护的优先级和措施上可能存在分歧。再者，土地征用问题也是引发利益冲突的关键因素[125]。在乡村旅游资源开发过程中，土地资源的征用往往涉及当地村民的土地权益，而政府和企业在土地使用权的获取和补偿问题上可能存在分歧，这不仅影响居民的生计，也可能引发社会矛盾。此外，乡村旅游经营和利益分配的差异化是导致利益冲突的主要原因之一[126]。随着乡村旅游的兴起，当地村民、企业和政府等不同利益相关者对于旅游收益的分配存在分歧[131]。一方面，当地村民希望通过参与旅游活动获得经济收益，改善生活水平；另一方面，企业和政府可能更关注旅游开发带来的税收和经济增长，这可能导致资源开发与当地村民利益的不均衡[132]。随着乡村旅游业的发展，不同利益相关者，如政府、企业、当地村民和游客，对于资源的开发利用和收益分配有着不同的期望和要求。这种差异化的利益诉求在缺乏有效协调机制的情况下，容易引发冲突。同时，反馈沟通机制的匮乏也是导致利益冲突的一个重要原因[21]。在乡村旅游开发过程中，如果缺乏有效的沟通渠道和反馈机制，利益相关者之间的信息不对称和误解将难以避免，这会加剧利益冲突。最后，社会文化因素也是利益冲突的重要成因。乡村旅游资源的开发往往涉及当地文化的保护与传承，不同利益相关者对于文化资源的利用和保护持有不同观点[133]。例如，一些居民可能希望保持传统的乡村生活方式，而开发者可能倾向于通过现代化的旅游项目来吸引游客，这种差异可能导致文化保护与经济发展之间的矛盾[134]。

在乡村旅游资源开发的利益冲突研究中，"资本下乡"和"乡村产业"也是两个值得关注的概念，它们与乡村旅游的发展紧密相关。资本下乡往往伴随着乡村旅游项目的引入，这些项目可能会带来新的经济活力，但同时也可能引发利益冲突。例如，资本的介入可能会改变传统的乡村社会结构，导致土地使用权和资源分配的问题[135]。资本下乡可能会推动乡村旅游产业的发展，但如果没有妥善处理与当地村民的利益关系，可能会引发如土地征用、环境污染和文化冲突等问题[136]。在资本下乡和乡村产业发展的过程中，政府的角色尤为重要。政府需要制定合理的政策，引导资本流向乡村旅游产业，同时确保这些投资能够带动当地经济的全面发展，而不是仅集中在少数人手中。政府还需要通过监管机制，确保乡村旅游产业的发展不会破坏乡村的生态环境和文化遗产[123]。村民的参与权和表决权在乡村旅游产业的发展中同样关键。村民应有权参与到乡村旅游项目的规划和决策过程中，确保他们的利益得到充分考虑[137]。通过提升村民的参与程度，可以增强他们对旅游项目的认同感，减少因利益分配不均而产生的冲突[138]。

综上所述，乡村旅游资源开发中的利益冲突成因涉及多个层面，需要开发商、政府、村民等多方共同努力，而资本下乡和乡村产业的发展虽为乡村旅游带来了新的机遇，但同时也带来了利益冲突的挑战，均需要通过合理的经营策略、利益分配机制、政策规制和监管以及村民的有效参与，建立有效的沟通和协调机制，促进乡村旅游的和谐发展，实现利益相关者的共赢。

2. 乡村旅游资源开发利益分享影响因素

在乡村旅游资源开发中，利益分享机制的构建对于实现乡村振兴战略、促进社区经济发展以及保障旅游活动的可持续性具有重要意义。近年来，学者们对影响乡村旅游资源开发利益分享的因素进行了深入探讨，提出了一系列影响因素。

国外学者对这一领域的研究逐渐深入，探讨了影响乡村旅游资源开发利益分享的多种因素。首先，文化因素和游客行为不容忽视[139]。乡村旅游往往与特定的文化背景紧密相连，游客对当地文化的体验和认同程度可能会影响他们对旅游产品的价值评估，进而影响利益的分配。其次，社区参与和治理结构也是影响利益分享的关键因素[140]。社区成员的积极参与能够确保他们的声音被听到，利益被充分考虑。而一个透明且包容的治理结构则有助于确保利益分配的公正性和可持续性。技术进步和市场动态同样对利益分享产生影响[141]。随着信息技术的发展，乡村旅游的营销和分销渠道更加多样化，这为资源开发者和当地村民提供了新的收入来源。市场需求的变化也会影响乡村旅游产品的开发和利益的分配。此外，政策和法规框架对利益分享机制的建立至关重要[142]。有效的政策能够促进资源的合理分配，保障当地村民和旅游开发者之间的利益平衡。例如，通过税收优惠、补贴政策或利益分配协议，可以激励各方参与到乡村旅游的可持续发展中。最后，资源的可持续管理是利益分享的基础[143]。资源的保护和合理利用能够确保乡村旅游的长期发展，从而为当地社区带来持续的经济收益。然而，资源的过度开发或不当管理可能导致资源枯竭，进而影响利益的公平分配。

国内研究主要从以下几个方面进行：首先，政策和法规框架是构建利益分享机制的基础[144]。政策的制定和执行直接影响资源的合理分配和利益的公平分享。例如，通过提供财政支持、税收优惠和行业管理，可以激励社区成员积极参与乡村旅游开发，从而实现利益的共享。其次，社区参与程度是影响利益分享的关键因素[145]。社区居民的积极参与不仅能够确保他们的利益得到充分考虑，还能够促进乡村旅游的可持续发展。然而，社区参与意愿和实际参与度往往受到多种因素的影响，包括居民对旅游影响的感知、参与机会以及利益分享的透明度等。此外，文化因素和游客行为也不容忽视[146]。乡村旅游往往与特定的文化背景紧密相连，游客对当地文化的体验和认同程度可能会影响他们对旅游产品的价值评估，进而影响利益的分配。技术进步和市场动态同样也会对利益分享产生影响[147]。伴随着信息技术的发展，乡村旅游的营销和分销渠道更加多样化，为资源开发者和当地村民提供了新的收入来源。同时，市场需求的变化也会影响乡村旅游产品的开发和利益的分配。最后，利益相关者之间的协调与合作机制也是影响利益分享的重要因素[148]。乡村旅游开发过程涉及多方利益相关者，包括地方政府、开发商、社区居民等。有效的协调机制能够促进各方利益的平衡，避免利益冲突，实现共赢。

综上所述，乡村旅游资源开发利益分享的影响因素是多方面的，涉及资源管理、政策框架、社区参与、技术进步以及文化认同等多个层面。为了实现利益的公平和可持续分享，需要各方共同努力，建立一个综合性的治理体系，确保资源的长期利用和社区的共同繁荣。

3. 乡村旅游资源开发利益分享路径研究

路径在不同的领域有不同的含义，乡村旅游资源开发中的利益分享路径是实现可持续发展的重要环节，它涉及多方利益相关者的权益平衡，旨在确保各主体在资源开发中获得公平的利益回报[149]。这一概念的内涵丰富，涵盖了从理论框架到实践操作的多个层面。在乡村旅游资源开发中，利益分享路径的构建是实现可持续发展的关键。因此，近年来国内外学者们也对此展开了深入研究，提出了多种方法和策略。

在乡村旅游资源开发中，对利益分享路径内涵的研究是实现资源可持续利用和社区全面发展的关键。这一概念的核心在于确保旅游活动带来的经济、社会和环境效益能够在相关利益方之间公平分配。利益分享不仅涉及经济利益的分配，还包括对文化、环境和社会资本的保护与增值。首先，文化利益的分享强调了乡村旅游资源中文化元素的重要性。乡村旅游不仅提供了一种经济活动，也是保护和传承当地文化遗产的途径。通过参与旅游开发，当地社区有机会展示其独特的文化传统，从而增强文化自信和社区凝聚力[149][150]。文化分享也有助于提升游客的体验质量，促进文化交流和理解。其次，经济利益的分享是乡村旅游发展中最直接的利益分配形式。通过旅游活动，当地村民能够直接从旅游收入中获益，这包括提供住宿、餐饮、导游服务等[151][152]。为了实现长期可持续发展，必须确保这些经济利益能够惠及更广泛的社区成员，包括那些不直接参与旅游服务的居民。环境利益的分享则关注于乡村旅游资源的保护和可持续管理。旅游活动应当遵循生态友好的原则，确保自然资源不被过度开发，同时促进生态环境的恢复和保护[153][154]。这不仅有助于维护生物多样性和生态平衡，也为当地村民提供了一个宜居的环境，同时也为游客提供了自然美景。最后，社会资本的分享涉及社区内部以及社区与外部世界之间的互动。乡村旅游开发应当促进社区内部的团结合作，以及与外部投资者、政府机构和其他利益相关者的合作关系。这种合作不仅能够带来经济上的共赢，还能够促进知识和技能的交流，提升社区的整体发展水平[155][156]。综上所述，乡村旅游资源开发的利益分享路径内涵是一个多维度的概念，它要求在经济、文化、环境和社会资本等多个层面实现公平和可持续的利益分配。

在对利益分享路径构建的研究中，国外学者提出乡村旅游资源开发的利益分享路径构建是一个复杂的过程，需要多学科、多利益相关方的合作。通过聚类分析，识别绿色旅游市场的不同消费者群体，为开发商提供了市场细分的依据。从共享经济和民宿行业的重要性的角度，提出通过技术预测模型来改善行业绩效的方法。利益分享路径的构建还需要关注资源的可持续管理和利用，其中五个维度的乡村旅游目的地调查量表为管理者提供了改善游客体验和促进旅游吸引力的重要指标[157]。从生活方式迁移和乡村旅游地理的角度，探讨在动荡时期生活方式流动性对乡村旅游的影响，强调资源开发中人口流动和社区变化的重要性[158]。此外，系统建设和旅游赋能是构建利益分享路径的重要方面。从旅游赋能和社区参与的角度，探讨系统建设对乡村旅游发展的影响，通过建立利益联结机制，可以促进社区参与，并通过教育和信息支持加强社区能力[159]。乡村旅游资源的开发需要考虑当地社区的参与和利益分配。通过实证研究，强调了用户生成内容（UGC）在塑造感官印象、影响重游意愿中的作用，由此可知利益分享机制在提升游客满意度和忠诚度方面的重要性[160]。通过案例研究，提出结合传统活动与旅游活动的发展策略，强调在资源开发中平衡社区利益的必要性[161]。

我国学者在利益分享路径构建的研究中，较早的研究侧重于利益相关者理论在乡村旅游发展中的应用，提出了通过提供公共服务、行业管理、财政支持等措施，实现农村居民利益分享的路径[28]。这为乡村旅游资源开发中的利益分享提供了理论基础和实践指导。随着乡村旅游的快速发展，越来越多的学者开始关注乡村旅游资源开发利益分享路径的构建方法。他们从不同角度分析了乡村旅游资源开发中利益相关者的利益诉求和利益冲突，并提出了多种利益分享的策略和措施。例如，有的学者提出了"政府+企业+农户"的利益分享模式，通过政府引导、企业投资、农户参与的方式实现利益共享；有的学者提出了"社区参与"的利益分享模式[162][163]，强调社区居民在乡村旅游资源开发中的主体地位和参与权利。随后的研究中，分别从乡村民宿旅游和红色旅游的角度，探讨了社区参与和利益分享机制的构建[164]。邱凌[156] 通过崇义县的经验，展示了文化旅游在乡村振兴中的作用，强调了利益相关者理论在乡村旅游精准扶贫中的应用。张静等[165] 则从社区居民、旅游者、地方政府及开发商四个层面分析了利益诉求，并构建了相应的利益协调与分享机制。严九发[152] 从红色旅游扶贫的角度出发，提出应构建多元主体参与的利益分享和合作机制，以实现赣南革命老区的可持续脱贫。周录静[70] 则强调了产业融合在乡村旅游发展中的重要性，认为应构建以产业融合为主导的发展机制，并通过政策创新和利益分享机制优化治理体系。总的来说，乡村旅游资源开发利益分享路径的构建方法涉及社区参与、系统建设、技术创新、政策创新、产业融合等多个方面。

综上所述，乡村旅游资源开发利益分享路径的研究首先是对其内涵的研究，涉及经济、文化等多个方面；接着进一步对分享路径的构建进行研究，不仅关注资源的开发和利用，还强调了资源开发过程中的公平性、效率性和可持续性，以及如何通过乡村旅游促进乡村经济、社会和文化的全面发展，据此研究者提出了多种发展路径和策略，以期实现乡村旅游资源的最大化利用和利益的公平分配。

第三章
乡村旅游资源开发利益的理论解析

乡村旅游资源开发具有经济形式和文化活动的特征，是解决农村基础设施建设、居民就业、社会保障等问题的重要途径。但在实践中，由于缺乏公平性的利益分享路径指导，不少乡村旅游资源开发利益分享呈现对立的利益冲突，严重制约农村经济社会高质量发展。本章将结合相关理论，系统阐述乡村旅游资源开发的利益的内涵、相关主体、相关客体，并递进式地探讨利益相关主客体之间的结构与关系以及利益分享的理论机理，为探索乡村旅游资源开发利益分享的实现路径提供理论支撑。

一、理论基础

（一）利益相关者理论

利益相关者理论是乡村旅游资源开发利益博弈分析的核心理论基础，通过利益相关者理论，界定乡村旅游资源开发的关键利益主体，以及利益主体间的利益关系。利益相关者理论起源于企业管理领域，后逐渐拓展至更广泛的社会、经济和环境研究领域。该理论主张组织或项目的成功不仅仅取决于内部的运营和管理，更受到外部众多利益相关者的影响，这些利益相关者包括但不限于股东、员工、客户、供应商、政府、社区等[166]。每个利益相关者都有自己的利益诉求和期望，他们与组织或项目之间存在着复杂的关系网络。在利益相关者理论的框架下，组织或项目的目标不应仅仅是追求某一方的利益最大化，而应寻求所有利益相关者的利益平衡和共同发展。这就要求在决策过程中充分考虑和尊重各方利益相关者的意见和诉求，通过协商、合作和共赢的方式来实现整体利益的最大化[63]。

乡村旅游资源开发涉及多个利益相关者，包括地方政府、开发商、当地村民和游客等。这些利益相关者在乡村旅游资源开发中拥有各自的角色、权利、义务和利益诉求，乡村旅游资源开发阶段的利益博弈是本书主要关注点之一，因此本书重点研究能直接影响乡村旅游资源开发并直接受乡村旅游发展影响的关键利益相关者，即地方政府、开发商、当地村民三方，他们之间的复杂关系与博弈构成了乡村旅游资源开发的核心议题[167]。通过利益相关者理论，可以深入剖析各方在乡村旅游资源开发中的角色定位、权利分配以及利益诉求[168]，这种分析不仅有助于揭示各方之间的博弈关系和潜在冲突，还可以为制定合理的利益分享机制提供坚实的基础。

地方政府作为乡村旅游资源的监管者和政策制定者，其利益诉求主要集中在推动地方经济发展、提升地方品牌形象、增加税收和就业机会等方面，为了实现这些目标，地方政府往往会制定一系列优惠政策，吸引开发商投资开发乡村旅游资源。然而，在追求经济效益的同时，地方政府也面临着如何平衡资源开发与环境保护、文化传承之间的关系的挑战。开发商作为乡村旅游资源的直接开发者，其主要利益诉求是实现经济收益最大化。为了吸引更多游客，开发商可能会倾向于过度开发乡村旅游资源。然而，这种行为不仅可能损害当地村民的权益，还可能影响乡村旅游的可持续发展。当地村民作为乡村旅游资源的直接利益相关者，他们关心的是乡村旅游发展能否带来实质性的经济收益、改善生活环境以及保护当地文化和生态环境。然而，在乡村旅游发展过程中，当地村民往往处于相对弱势的地位，其利益诉求容易被忽视或牺牲。为了实现乡村旅游的可持续发展和共赢目标，必须建立公平、合理、透明的利益分享机制，利益分享机制应充分考虑各方利益相关者的权益和诉求，确保各方在乡村旅游发展中都能获得应有的利益分享。同时，还需要加强各方之间的沟通与协作，共同推动乡村旅游的可持续发展。只有这样，才能实现乡村旅游资源的有效开发、保护与利用，为当地经济和社会发展注入持久动力。

综上所述，地方政府、开发商和当地村民作为乡村旅游资源开发的关键利益相关者，各自拥有不同的角色、权力和利益诉求。利益相关者理论为本书提供了一个分析这些关系及其相互作用的框架，有助于更深入地理解乡村旅游资源开发中的利益博弈和利益分享路径[23]，以此加强合作与协商、平衡各方利益诉求、注重生态环境保护和文化传承等方面的工作，推动乡村旅游的健康和可持续发展。

（二）产权理论

产权的清晰界定是乡村旅游资源开发的重要前提。产权理论主要研究财产权利的分配、界定、保护和转让等问题，产权不仅是指对物质的拥有权，还包括了对资源的使用权、收益权和转让权[169]。产权理论强调产权的明晰化和私有化，明晰化是指产权的归属、权利和义务都应当清晰明确，避免出现产权模糊、重叠或冲突的情况，私有化则是指将产权分配给具体的个人或企业，使其享有排他性的控制权，从而激发其保护和有效利用资源的积极性[170]，清晰的产权界定是市场经济运行的基础，有助于减少不确定性，降低交易成本，提高资源配置效率。

产权理论在资源的归属、使用、收益和处分权等方面的结论，对明确乡村旅游资源开发中乡村资源的产权关系作用重大。在一些乡村旅游资源开发实践中，产权关系不明确往往出现资源被无序开发、利益分配不公等问题，这不仅损害了当地村民的权益，也制约了乡村旅游的健康发展[171]。还有一些乡村旅游资源开发实践由于产权关系不明确，出现资源重复建设、浪费性使用等问题，而通过明确产权关系，可以引入市场竞争机制，从而推动资源的优化配置和高效利用，提升乡村旅游的整体品质和市场竞争力[172]。乡村土地、自然景观、文化遗产等资源是乡村旅游的核心要素，这些资源的产权界定直接关系各方利益相关者的权益，明确乡村资源的产权关系不仅有助于提高资源配置效率，还可以确保各方在资源开发中的权益得到保障，避免出现无序竞争，是促进乡村旅游可持续发展的关键所在[173]。对于乡村土地、自然景观、文化遗产等资源的产权界定，需要综合考虑法律、政策、市场等多方面因素。在法律层面，需要完善相关法律法规，明确各方对资源的产权归属和权利义务。在政策层面，需要制定科学合理的政策措施，引导和支持各方在资源开发中的合作与共赢。在市场层面，需要充分发挥市场机制的作用，推动资源的优化配置和高效利用[174]。

另外，明确产权关系对于保障当地村民的权益具有重要意义。在乡村旅游开发中，当地村民往往处于弱势地位，他们的土地、房屋等资源可能被低价征收或强制拆迁。通过明确产权关系，可以确保当地村民在资源开发中的主体地位得到尊重，他们的合法权益得到有效保障，有助于激发当地村民参与乡村旅游开发的积极性，促进乡村旅游资源开发利益相关者实现利益分享[175]。

综上所述，产权理论在乡村旅游资源开发实践中具有重要的指导意义。通过明确各方对资源的产权关系，可以减少利益冲突、提高资源配置效率、保障当地村民权益、促进乡村旅游可持续发展。

（三）可持续发展理论

乡村旅游资源开发必须遵循可持续发展理论的要义[176]。可持续发展理论指在满足当前人类需求的同时，不损害未来世代满足自身需求的能力。这一理论包含三大支柱：经济增长、社会公正和环境保护，它们之间相互关联、相互影响。经济增长必须考虑生态环境的承载能力，社会公正需要确保资源分配的公平性，环境保护则是为了维护地球生态系统的稳定与健康[177]。

　　可持续发展理论强调经济、社会和环境之间的协调发展，不仅是乡村旅游资源开发的指导理论，也是乡村旅游资源开发实践的行动指南。实现经济效益、社会效益和环境效益的统一是乡村旅游资源开发的最终目标，经济效益是推动乡村旅游发展的动力，社会效益是确保乡村旅游健康发展的保障，环境效益则是乡村旅游可持续发展的基础。只有三者相辅相成、协调发展，乡村旅游才能真正成为推动地方经济发展的重要力量[178]。乡村旅游资源开发往往涉及生态环境的保护与利用，生态环境是乡村旅游的根基，也是其独特的魅力所在。因此，在开发过程中必须坚持生态优先的原则，注重保护生态环境，避免因过度开发而造成的生态破坏，否则不仅会阻碍乡村旅游产业的长远发展，还会对作为乡村主体的村民及其后代的生活环境造成恶劣影响[90]。除了生态环境，乡村文化也是乡村旅游的重要组成部分。乡村文化承载着当地的历史、传统和习俗，是乡村旅游的灵魂，游客在欣赏美景的同时，也能感受到当地的文化魅力，因此在开发过程中应尊重并传承乡村文化，实现乡村文化的可持续发展。当地村民作为乡村的主体和乡村资源的所有者，其对乡村旅游资源开发的支持和参与能决定乡村旅游资源开发事业的进程，因此开发过程中要注重与当地村民的沟通和协作，听取当地村民的意见和建议，确保他们的利益得到保障，通过提供就业机会、改善基础设施等方式，提高当地村民的生活质量，让他们真正感受到旅游发展带来的好处，避免产生利益冲突，阻碍乡村旅游产业的长远发展。

　　综上所述，可持续发展理论在乡村旅游资源开发中具有重要的应用价值。通过经济增长、社会公正和环境保护三大支柱的平衡发展，可以实现乡村旅游资源的可持续性开发，为各利益主体带来长久和深远的利益分享。

（四）博弈论

　　博弈论又称为对策论或游戏理论，是数学和经济学的一个重要分支[179]。在竞争或合作的环境中，理性的决策者如何根据他人的可能行动来选择自己的最优策略，其核心在于分析参与者之间的相互作用及其决策过程，以及这些决策如何影响最终的结果。博弈论作为研究决策主体在行为发生直接相互作用时的决策及其均衡问题的理论，为分析复杂多变的社会现象提供了独特的视角和方法。在乡村旅游资源开发利益分享研究中，博弈论的应用尤为重要，因为乡村旅游资源的开发涉及众多利益相关者，各利益相关者的利益诉求多样化，利益相关者之间的关系错综复杂，博弈论有助于厘清各利益相关者之间的利益关系，为找到乡村旅游资源开发利益分享的路径奠定基础[180]。

在乡村旅游资源开发中，各利益相关者之间的博弈关系不仅体现在经济利益上，还涉及环境、文化、社会等多个层面[181]。例如，地方政府可能希望通过旅游资源开发促进经济增长和就业[182]，而开发商则追求经济利润最大化[183]。当地村民不仅追求经济利益，还关注环境保护和文化传承[184]，这些不同的利益诉求和目标导向，使得各方在策略选择上产生博弈，在乡村旅游资源开发实践中，这些主体的利益冲突就是利益博弈的一种非均衡特殊状态。

通过构建博弈模型，可以清晰地看到各方利益主体在乡村旅游资源开发中的策略空间、收益函数以及均衡状态，帮助深入剖析这些主体的利益博弈关系，揭示各方行为的内在逻辑和动机，从而为解释实际开发中可能出现的利益分享问题和利益冲突现象提供有力支持[185]。通过博弈模型分析，还可以探索不同利益分享方案对各方策略选择和整体效益的影响，从而找出既能激励各方积极参与又能保障公平合理的利益分享路径[186]。进一步地，博弈论在乡村旅游资源开发中的应用还可以拓展到更广泛的领域，如通过博弈论的思想研究乡村旅游与生态环境保护之间的平衡关系，通过合理的制度设计和激励机制实现经济与环境的双赢[187]。

综上所述，博弈论在乡村旅游资源开发利益博弈及利益分享路径研究中具有广泛的应用前景和拓展空间。通过运用博弈论的方法和工具可以更加深入地理解各利益相关者之间的博弈关系和行为逻辑，为制定科学合理的开发策略和利益分享路径提供理论支持。

（五）公共管理理论

地方政府作为乡村旅游资源开发的利益主体，其对乡村旅游资源的引导和监管是一种公共管理行为，通过公共管理理论可以剖析地方政府在乡村旅游资源开发中的角色定位和行为逻辑，并为最后的政策建议提供理论依据。公共管理理论是研究公共部门如何有效管理公共资源、提供公共服务以及实现公共利益最大化的理论体系[188]。公共管理的主体涵盖政府、非营利组织以及其他公共机构，侧重分析这些机构如何运用权力、制定政策、配置资源以及与社会各界进行互动，可以达到社会的和谐、稳定与发展。

在乡村旅游资源开发中，地方政府不仅是参与者，也是规则的制定者和执行者。地方政府管理职能首先体现在政策制定上，其自身需要运用公共管理理论制定出既能推动经济增长又能保护生态环境，既能满足游客需求又能保障当地村民权益的旅游资源开发政策，这些政策不仅要有明确的目标和规划，还要有切实可行的实施步骤和评估机制，以确保政策的有效性和可持续性[186]。其次，地方政府需要通过建立健全的乡村旅游资源开发的监管机制，防止市场失灵和不正当竞争，维护开发秩序，确保开发商遵守法律法规，履行社会责任[23]。最后，地方政府还需要在乡村旅游资源开发中提供各类公共服务，包括基础设施建设、环境保护、文化传承等多个方面，通过投入资金和资源，改善乡村旅游目的地的交通、通信、卫生等基础设施条件[189]；在文化传承方面，地方政府需要积极引导和支持乡村文化的挖掘、传承和创新，发掘乡村人文资源[190]。

综上所述，公共管理理论在乡村旅游资源开发中的政府职能发挥具有重要的作用。通过公共管理理论的分析明确地方政府的角色定位和行为逻辑，可以为构建各主体的利益博弈分析理论框架及利益分享路径的框架提供支持。

二、乡村旅游资源开发利益及分享的内涵

（一）乡村旅游资源开发利益的内涵

从词源上，利益这一词最早出自《后汉书·循吏传·卫飒》，在此"利益"是指民众通过遵循卫飒的教导所获得的经济和生活上的实际好处。汉语大词典和《辞海》都将利益定义为好处，包括"利"与"益"。《牛津法律大辞典》中将利益（benefit）解释为个人或集团基于自身需求、愿望或要求，所寻求的得到满足和保护的权利、请求或需求。从法律条文上，利益指民事主体享有法律规定的其他民事权利和利益。学术界也对利益的概念做了大量的解读，使利益的内涵变得更加宽泛和全面。吕林和黄明理[192]认为利益与主观感受有直接的关系，利益就是主观欲望的满足。赵祖斌[191]认为利益本质上是主观与客观的统一，其内容是为了满足各种需求而客观存在的物质，但是在表现形式上却因个体的认知差异导致主观性较强。然而，部分学者对这种观点并不认同，他们认为利益不论是在外在的形式上还是在内在的表现上都是客观存在的物质[192]。尽管观点不一，但目前学界对利益的一般性定义基本达成了共识，即从社会关系的角度出发，将利益看作是各主体之间的一种社会关系。

综合上述观点，本书认为乡村旅游资源开发利益的本质是社会关系的一种体现。利益的核心在于满足开发主体所需的社会成果，并且该成果是主体间的社会互动与合作实现的，充分体现了社会关系的本质特征。乡村旅游资源开发主体的自然和社会需求是利益实现的前提条件，而主观欲望的满足则是利益的具体表现形式。在这种形式下，以特定的社会关系为媒介，乡村旅游资源开发主体之间能够建立分配关系，从而满足开发主体的

各种需求。乡村旅游资源开发中的利益可深入理解为开发主体针对客观需求对象所展开的更深层次的理性探索与认知，利益的核心在经济关系层面得到了显著体现，它映射出各主体之间在社会劳动成果分配上的关系，体现了对资源价值与社会价值的双重追求与理解。这种理解不仅涉及对乡村旅游资源的有效利用，也体现了开发主体在经济活动中对利益分配的深刻洞察与理性决策。简单地说，乡村旅游资源开发必须以社会关系为中介才能实现利益分享。社会关系是由一定历史阶段所决定的人的一切关系的总和，而经济利益是建构一切社会关系的核心[193][194]。因此，为了便于研究和讨论，本书分析乡村旅游资源开发利益时以开发农村旅游资源所形成的经济利益为主，以公共福利、生态利益、文化利益等为辅。

（二）乡村旅游资源开发利益分享的理论分析

学界最早将利益分享看成是一种与利益独占相对立的经济观。利益独占的经济观念认为经济个体之间是不存在差异的，因而通常会忽视个体的利益诉求。在改革开放之前，社会主义计划经济是我国主要的经济模式，其将公有制作为社会经济活动的基本制度，并且过多地强调集体利益的重要性，个体利益绝对服从集体利益。这种强调整体、忽视个体的利益结构模式抑制了经济个体的内在活力，致使经济社会可持续发展动力不足[195][196]。利益分享作为一种新的经济理念，它认识到经济个体的独立性与经济利益的多元性，强调经济个体对利益的诉求与权力，并进一步构建新的利益分配机制。

乡村旅游资源开发指以农村的特色景观为基础，根据市场需求来增强提升农村地区的旅游吸引力，并且实现旅游资源的有机整合与合理利用[197]。乡村旅游资源开发涉及的利益主体众多，在本书中主要包括地方政府、开发商、当地村民三大类，各类利益主体所追求的目标和投入的要素不一。地方政府作为旅游资源的所有者，追求经济和社会福利最大化，即要求在旅游资源高质量发展的基础上，在基础设施、居民就业、医疗卫生等项目上进行投入。开发商作为资金、管理与技术的主要投入者，通常在追求经济利益的同时兼顾社会效益。当地村民与旅游资源之间存在着天然的联系。旅游资源是农村居民长期以来生存与发展的物质基础，依靠其从事农业、林业、种植业来获得收入。因此，当地村民更加期望通过乡村旅游资源开发来获取相应的经济利益，还希望借此来改善生活环境和生态环境。

为了更好地构建乡村旅游资源开发利益博弈关系并探索乡村旅游资源开发利益分享路径，本书首先对乡村旅游资源开发利益相关主体与客体进行解析，在确定乡村旅游资源开发利益分享主体为开发商、地方政府、当地村民，利益分享客体在为各主体的利益诉求基础上，再对乡村旅游资源开发利益结构与关系进行分析，最后将利益相关者理论、产权理论、可持续发展理论、博弈论和公共管理理论作为本书的理论基础，并将这些理论融合进入乡村旅游资源开发利益分享的分析范畴，完成乡村旅游资源开发利益分享理论建构，为后文建立博弈分析理论框架和路径分析理论框架奠定理论基础，如图 3-1 所示。

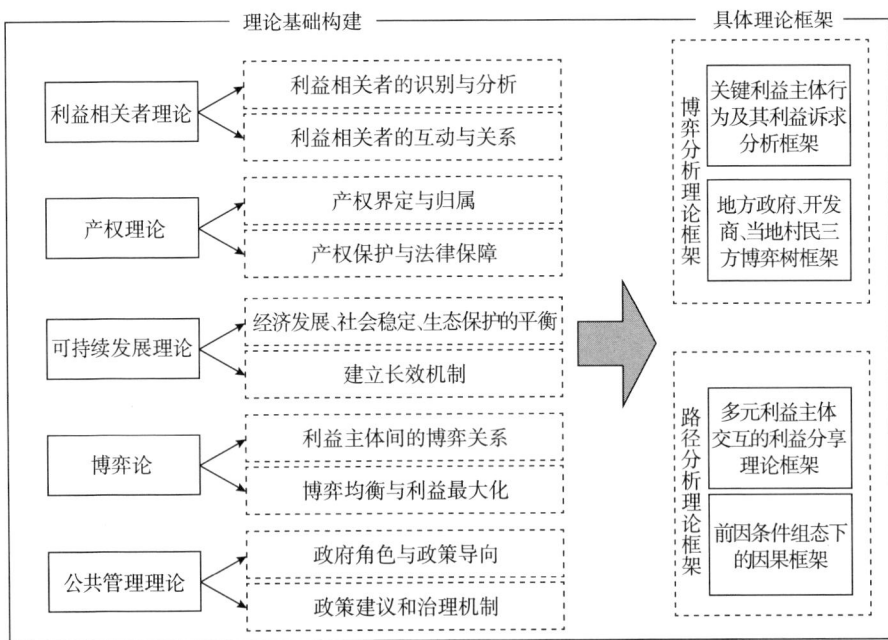

图 3-1　乡村旅游资源开发利益分享的理论建构

其中，利益相关者理论主要用于识别和分析乡村旅游资源开发中的所有利益相关者，探讨各利益相关者的角色定位、责任、利益诉求、影响力和参与度，分析各利益相关者之间的利益关系；产权理论主要用于明确乡村旅游资源的产权归属，探讨如何通过法律手段保护产权；可持续发展理论主要用于强调乡村旅游资源开发的可持续性，确保经济、社会和环境三者的协调发展，探讨如何建立长效的利益分享机制；博弈论主要用于研究不同利益主体之间的策略选择和互动结果，探讨如何通过博弈均衡实现各利益主体的利益最大化；公共管理理论主要用于研究地方政府在乡村旅游资源开发利益分享中的角色定位和政策导向，寻找有效的公共政策和治理机制。

三、乡村旅游资源开发利益相关主体与客体

（一）乡村旅游资源开发利益相关主体

利益主体是指在社会经济活动中通过某种行为获取收益的个体或者群体。任何社会都存在利益诉求不同的利益个体和利益群体，但可以通过制度对利益进行分配和确认，从而形成稳定的利益模式。乡村旅游资源开发过程涵盖众多利益主体，包括参与开发的开发商、地方政府、村委会、农村合作社等，而这些群体中的农村居民、社员、企业经营者等同样也可以被认为是乡村旅游资源开发的利益相关主体。由于乡村旅游资源开发涉及多个利益相关主体，这些主体在参与动机、行为逻辑、资源投入以及价值目标等方面存在显著的差异，这导致了原本就错综复杂的多元利益关系进一步变得难以辨析。然而，必须认识到，个体并非孤立存在，其利益实际上依存于更大的利益群体之中。因此，每个群体利益诉求的满足，不仅有

助于群体内部的和谐与发展，更能够促进个体利益的实现。这一认识对于理解和处理乡村旅游资源开发中的利益关系至关重要，它要求我们在推动资源开发的同时，充分考虑到不同相关主体的诉求和利益，以实现更加公正、合理的利益分配。因此，本书将乡村旅游资源开发利益相关主体界定为地方政府、开发商、当地村民。

1. 地方政府

乡村旅游资源开发中的地方政府主要指对乡村旅游项目具有管辖权的乡镇政府、县政府和市政府。乡村旅游凭借高关联性与强带动性对农村经济社会发展具有积极的作用，可以有效规避资源要素匮乏、经济基础薄弱、产业结构单一等不利因素。乡村旅游资源开发作为将独特的乡村资源转化为旅游吸引物的关键环节，地方政府对其重视程度越来越高，通过政策引导、规范管理、政府补贴等方式不断介入，同时也对其他利益相关者的策略选择产生影响。

地方政府作为相对独立的经济利益主体，拥有政绩和社会福利双重目标，是行政权力主导背景下乡村旅游资源开发的主导者以及核心利益相关者。地方政府是乡村旅游资源的管理者与公民权益的代理人，所以地方政府需要通过履行政府职能来协调各方利益以及保护乡村旅游资源。

2. 开发商

开发乡村旅游资源，加快农村旅游发展，需要激发多方主体的作用。开发商作为乡村振兴的主力军，较之于其他主体，在乡村旅游资源开发过程中的作用更加突出、功能更为明显，其不仅投入资金、技术、管理等直接参与，还有效推动当地村民、开发商与地方政府联结起来形成命运共同体。然而，开发商的逐利性本能极易造成短视行为，从而使其在乡村旅游资源开发过程中过于注重经济利益，而履行社会责任的内在动力不足。开发商在乡村旅游资源开发的规划设计、资金保障、商业运营环节扮演重要角色，它们不仅是乡村旅游资源的推广者和使用者，也是乡村旅游资源开发的受益者之一。开发商在考虑成本和收益的同时，还需要在其获得效益时承担相应的社会责任，可以通过自律、他律途径促进其承担社会责任，从而为农村经济社会发展提供系统性"造血"与内生发展动能。开发商作为外来主体在参与乡村旅游资源开发时，与地方政府、当地村民之间存在互动，这种互动本质上是开发商作为一个外来主体嵌入农村经济社会的过程。因此，开发商在乡村旅游开发过程中还应当考量农村社会治理（如增加农村就业、提高农民福利、完善基础设施等），而不是过度追求经济利益。

3. 当地村民

当地村民除了乡村旅游资源开发参与者身份，其本身就是乡村旅游资源的核心要素，民风民俗、语言风貌、饮食习惯等人文景观资源的重要载体。本书所讨论的当地村民属于一个群体，代表着与当地乡村旅游资源开发相关的每一个村民个人，以及承担着相关村民的权力表达以及利益分享责任的村级集体组织，包括农民合作社、村委会、村民小组等。不管是具有权威性的地方政府还是外来性的开发商，在乡村旅游资源开发中都需要妥善处理好与当地村民的关系，才能有效链接乡土社会，获取当地乡村的各类资源。乡村旅游资源开发可以让传统的农业生产者向"打工者"和"经营者"的身份转变，乡村旅游资源成为当地村民获取资源、提高福利、改善生活的对象。然而，由于人数众多且内部交易成本过高，当地村民很难达成统一意见，往往处于与地方政府、开发商的博弈中的弱势地位。在乡村旅游资源开发项目初始阶段，地方政府或村集体经济组织通常在征求农村民主意见的基础上，与开发商进行利益博弈，为当地村民争取更多利益。总之，当地村民是乡村旅游资源开发的重要利益相关者，在地方规范、社会认同、关系网络等方面具有先天优势。

（二）乡村旅游资源开发利益相关客体

作为利益主体所认知、追求、需求及创造的对象，利益客体与利益主体之间呈现出一种明确的对象性关系。在乡村旅游资源开发的语境下，利益相关客体具体表现为利益相关主体的利益诉求，这种利益诉求是社会集体、组织或个体为了满足自身在生存、发展及心理层面的需求，而对经济、社会地位及权力等方面所提出的期望和要求,这一过程体现了利益主体对利益客体的理性认知和积极追求,也揭示了利益主体与利益客体之间紧密而复杂的互动关系。乡村旅游资源开发作为利益相关主体之间相互关联的一项经济活动,不仅是利益相关主体在考量自身利益基础上做出的行为决策,也是它们之间的相互博弈的过程。结合上文分析,地方政府、开发商、当地村民这三者构成了乡村旅游资源开发利益相关主体。基于利益诉求的角度分析利益相关主体之间利益制衡失效的根源,更有利于探究乡村旅游资源开发利益分享路径。

1. 地方政府的利益诉求

地方政府作为公众权益的代理人,承担着发展区域经济和社会发展的双重任务。对乡村旅游资源开发而言,地方政府的利益诉求表现为:一是推进农村地区发展,实现乡村振兴。农村是国家现代化的重要基础,农村经济社会发展一直是地方政府关注的焦点。随着经济快速发展以及城乡一体化的辐射,我国农村地区经济社会发展取得巨大成就,但依然面临着农业基础薄弱、农民增收困难、农村发展滞后等一系列问题。因而通过开发乡村旅游资源,使乡村旅游成为农村经济社会发展的新动能,成为推进乡村振兴的重要抓手。二是实现农村闲置资源集约经营,促进农村现代化。传统乡村向现代化转型是一项极为紧迫的任务,但目前面临的最大掣肘是农村资源闲置,需要探索农村闲置资源集约经营新路径。乡村旅游资源开发可以有效推动农村闲置资源再利用和功能再发掘,对于促进乡村新产业新业态形成和农村现代化转型具有十分重要的作用。三是保护农村非物质文化遗产资源,传承传统文化。我国地方政府对区域资源拥有较高的自主权,决定了其在保护非物质文化遗产方面具有决定性的优势地位。开发乡村旅游资源既可以保护非物质文化遗产,又可以增加 GDP,为地方政府带来政绩。

2. 开发商的利益诉求

开发商在乡村旅游资源开发过程中负有主体责任,兼具保护和开发的双重重任,既能保护农村非物质文化遗产,也能增加当地村民收入。开发商可以为农村地区注入大量的资金、品牌、就业岗位、管理经验，但工商资本的逐利避害的本性决定了开发商有损害当地村民利益的可能。因此，开发商会利用资本在资源配置方面的优势，推动乡村旅游资源转化为经济效益转化，在获取经济利益的同时提高乡村发展水平。

开发商在农村经济社会发展中扮演重要角色，其在乡村旅游资源开发过程中的利益诉求主要表现为以下几个方面：一是获取高额的经济收益。由于农村地区获利空间有限，在"资本独大"逻辑惯性的支配下，开发商往往掌握着乡村旅游资源开发的主动权与话语权。因此，如果开发商将乡村旅游资源开发视为短期的经济行为，那么必将呈现出"理性人"的特征，即将经济利益视为其利益诉求之一。二是获得良好的社会声望。随着开发商嵌入到农村经济社会结构中，为了避免"破产"而与当地村民、地方政府进行良性互动的意愿越来越强烈。因而开发商愿意在达成自身利润目标的同时，推动当地村民增收与区域经济发展，以提升社会声望。三是建立良好的合作关系。地方政府拥有较大的权力空间支配乡村旅游资源开发的开发商，以及所能获取的优惠政策。因而开发商趋向于主动配合地方政府，以建立良好的合作关系。

3. 当地村民的利益诉求

当地村民作为农村社会和经济的重要单元，在乡村旅游资源开发中具有不可替代的作用，其在乡村旅游资源开发中的利益诉求主要表现为：一是壮大集体经济。发展壮大农村集体经济是实现当地村民共同富裕的关键路径，但我国农村地区集体经济主导性偏弱，个体经济、家庭经济和私营经济依然是乡村振兴的主要力量。通过开发乡村旅游资源，实现村庄集体资源开发、集体资本积累与集体资产增值来发展壮大集体经济是当地村民的利益诉求之一。二是提高农村资源利用效率。长期以来，受经济基础、地理区位、人口结构等因素的影响，我国农村地区的资源利用效率低下，这不但造成大量的资源闲置，也严重掣肘了村民增收。乡村旅游资源开发是一项系统性的工程，当地村民可以实现自有耕地、耕地、房屋等入股资源的最大效益。因此，通过乡村旅游资源开发，提高农村资源利用效率同样是当地村民的重要利益诉求。三是拓宽当地村民的致富渠道。一方面，当地村民通过对旅游资源进行整合，以特许经营权委托的形式实现其市场价值，不仅能带来租金收入，也能吸引社会资本下乡，在当地创造非农就业机会；另一方面，当地村民通过村集体经济组织承接乡村旅游资源开发工程项目，吸纳乡村非农劳动力，为当地村民创造本地化的非农就业机会。

四、乡村旅游资源开发的利益结构与关系

（一）乡村旅游资源开发的利益结构

旅游资源开发是乡村旅游的重要支撑，乡村旅游资源开发中的利益冲突也是乡村经济社会发展的主要矛盾之一[198]。乡村旅游资源开发问题产生的根本原因在于旅游资源的福利在各主体间分配方式的冲突。由于乡村旅游资源的空间分布性、资源财富的不平衡性、资源开发与消费的外部性衍生了农村居民、地方政府和开发商之间复杂的利益矛盾。利益结构是利益主体的各种社会需求的组合状态或关系模式，包括经济利益关系和非经济利益关系两方面[199]。乡村旅游资源开发的利益相关者所能够同时分享经济利益和非经济利益，经济利益作为物质层面的回报为利益相关者提供了直接的经济收益；而非经济利益则涵盖了文化、社会、环境等多方面的价值，为利益相关者带来了更为丰富和深远的收益。这两种利益在乡村旅游资源开发过程中相互交织、相互促进，共同构成了利益相关者之间的利益共享体系[200]。经济利益是各主体参与乡村旅游资源开发的首要目标，非经济利益相对处于次要地位，但在一定程度上影响经济利益的产生与获取。经济利益不但是乡村旅游资源开发的驱动力，也是开发商、政府

和当地村民建立合作关系的基础。然而，对于部分主体来说，社会声誉、个体责任、社会权益等非经济利益同样是乡村旅游资源开发的内在动力。现代管理理论认为，当人的物质需求得到满足之后，通常会追求更高层次的精神需求。在乡村旅游资源开发过程中，开发主体获取充足经济利益后通常会致力于提升社会效益来增强自身的社会声誉。良好的社会声誉不仅有助于巩固已获取的经济利益，还有助于彰显开发主体的实力和价值，并为利益分享主体在示范、辐射作用的发挥中奠定了坚实的基础，从而推动乡村旅游资源的可持续发展。

基于以上分析，多元利益结构迫使乡村旅游资源开发的主体充分考虑自身的真实利益诉求和兼顾其他主体的利益诉求，并动态调整利益分享结构，以谋求整个开发进程的进步。同时，乡村旅游资源开发的各个主体同时也需要重视乡村振兴的建设任务及责任，确保自身的发展目标与国家的整体战略相契合。此外，各利益主体的经济状况、文化素质、分享意识的差异，以及对各利益主体利益分享驱动力不足等问题，也会进一步激化利益冲突。因此，在完善乡村旅游资源开发利益分享机制的过程中需要深入剖析利益结构，确保经济利益与非经济利益在利益分配中能够相互作用、相互协调，为乡村旅游的可持续发展奠定坚实基础。

（二）乡村旅游资源开发的利益关系

我国乡村旅游资源在乡村振兴背景下不断开发，不但承载着农村增收，而且关乎农村产业兴旺、全面现代化等战略。利益关系作为乡村经济社会的纽带，使各主体在旅游资源开发过程中形成共同体。利益的本质是参与活动的主体对收益的追求[201]。由于乡村旅游资源的稀缺性与特殊性，导致开发主客体之间在利益分配过程中需要进行不断的调整与平衡，从而形成利益关系，主要包括利益分享主体间关系、利益分享客体间关系、利益分享主客体间关系，深入分析这些关系，有助于对利益结构的理解。

1. 乡村旅游资源开发利益主体及其关系

利益分享主体是指在社会经济活动中通过某种行为获取收益的个体或

者群体。乡村旅游资源开发过程中涵盖众多利益主体，包括参与开发的开发商、地方政府、村委会、农村合作社等，而这些群体中的农村居民、社员、企业经营者等同样也可以被认为是乡村旅游资源开发的利益主体。综合考虑乡村旅游资源开发利益相关者群体，以及在开发过程中的参与程度、重要性及受影响程度，本书将乡村旅游资源开发利益分享的主体限定为地方政府、开发商、当地村民。

基于利益最大化的目标，乡村旅游资源开发的各主体通过建立合作关系，提升资源开发效率。利益是可以分享的，无论利益相关者对现有资源支配与使用与否，利益分享均是存在与成立的，这一观点对完善乡村旅游资源开发利益分享机制起着关键性的作用。在乡村旅游资源开发的背景下，地方政府、开发商和当地村民三者之间的关系是一种相互依存、相互影响的动态关系，这种关系的核心在于利益的分配与协调，即无论资源是否被支配与使用，利益的分配都是存在并需要被重视的[202]。在利益分配中，地方政府需要确保资源开发的公平性和可持续性，同时平衡开发商的经济利益和当地村民的社会利益；开发商需要在追求经济利益的同时，积极履行社会责任，尊重地方政府的政策导向，与当地村民建立良好的合作关系，共同推动旅游资源的可持续利用；当地村民需要积极参与决策过程，表达自己的利益诉求，争取在开发中获得应有的权益。综上所述，乡村旅游资源开发中地方政府、开发商和当地村民之间的关系是一种基于利益分配的动态平衡关系，这种关系的协调与平衡是实现乡村旅游资源高质量开发和可持续利用的关键。

2. 乡村旅游资源开发利益客体及其关系

乡村旅游资源开发利益分享的客体是开发商、地方政府、当地村民在乡村旅游资源开发过程中的利益诉求。结合本书对利益类型的界定，明确乡村旅游资源开发分享主体所分享的利益包括经济利益和非经济利益。

在乡村旅游资源开发利益分享的过程中，开发商、地方政府和当地村民作为主要的参与主体，各自拥有不同的利益诉求，这些诉求涵盖了经济利益和非经济利益两大方面。经济利益主要指的是通过旅游资源开发获得的经济回报，如收入增加、就业机会等；而非经济利益则包括环境保护、文化传承、社会和谐等方面的收益。经济利益和非经济利益在乡村旅游资源开发利益分享中相互依存、相互促进。首先，经济利益是基础与驱动力，开发商希望通过投资开发获得经济回报，地方政府希望通过增加税收和创造就业机会促进地方经济发展，当地村民则期望通过参与旅游开发提高收入水平，改善生活条件。经济利益的存在使各方主体有动力参与到乡村旅游资源的开发中，推动项目顺利进行。其次，非经济利益是保障与支撑，虽然非经济利益不直接体现为经济效益，但却是可持续发展的重要保障，如环境保护可以确保旅游资源的永续利用；文化传承能够增强乡村旅游的独特性和吸引力；社会和谐则有助于营造良好的旅游氛围。这些非经济利益不仅有助于提升乡村旅游的品质和竞争力，还能够为经济利益的长远发展提供有力支撑。最后，经济利益和非经济利益在乡村旅游资源开发中并非孤立存在，而是相互依存、相互促进的。一方面，经济利益的实现为非经济利益的投入提供了物质基础，使开发商、地方政府和当地村民有能力关注并保护环境和文化等非经济利益。另一方面，非经济利益的实现又能够提升乡村旅游的品质和形象，吸引更多游客前来旅游消费，从而进一步推动经济利益的增长。因此，为了实现乡村旅游的可持续发展，需要平衡好这两方面的利益诉求，确保在推动经济发展的同时，也能够保护好环境和文化等非经济利益。

3. 乡村旅游资源开发利益分享主客体关系

在乡村旅游资源开发利益分享的过程中，主体与客体之间存在着密切而复杂的关系。作为主体的开发商、地方政府和当地村民是利益分享活动的参与者和行动者，主体们的利益诉求是利益分享活动的核心内容和目标。首先，主体通过自身的行为和决策来影响客体的实现。开发商通过投资开发乡村旅游项目，追求经济利益的同时也需要考虑环境保护和文化传承等非经济利益，以满足社会和市场的需求。地方政府则通过制定政策、提供服务和监管等方式，平衡各方利益，促进乡村旅游资源的可持续利用。当地村民则通过参与旅游活动、提供服务和分享资源等方式，实现自身的经济利益和社会利益。其次，客体的实现又反过来影响主体的行为和决策。当利益诉求得到满足时，主体会更加积极地参与到乡村旅游资源的开发中，形成良性循环。而当利益诉求无法得到满足或受到损害时，主体可能会产生不满和抵触情绪，对乡村旅游资源的开发造成负面影响。最后，主体与客体之间的关系还受政策环境、市场需求、资源状况的变化等影响。为了实现利益分享的最大化和可持续性，需要充分考虑主体与客体之间的关系，还要密切关注政策环境、市场需求、资源状况等变化，及时调整策略，确保主体与客体之间的关系能够保持和谐稳定。

（三）乡村旅游资源开发利益关系的特征

乡村旅游资源开发利益分享是一个系统性的复杂问题，但依然具有一些基本特征，阐释这些特征对探索乡村旅游资源开发利益分享路径具有重要的意义。

1. 利益主体的多元化

乡村旅游资源开发与社会经济活动中的其他利益主体相比具有独有的特征，其所涉及的利益相关主体众多，呈现出利益主体多元化。在乡村旅游资源开发利益分享的过程中，利益主体主要包括开发商、地方政府和当地村民等。由于资源分配的差异性和各自承担责任的独特性，各利益主体逐渐展现出了多元化的态势。开发商作为主要的投资与运营方，主要关注经济利益和短期回报，追求资本增值和项目盈利；地方政府则更注重经济发展、财政收入增长和社会形象的提升，同时平衡各方利益，确保开发的公平性和可持续性；而当地村民则期望通过旅游资源的开发提高生活水平，改善居住环境，同时希望自己的文化传统和利益得到保护。然而，正是这些不同利益主体所关注的利益点存在或大或小的差异，使乡村旅游资源开发利益分享工作变得复杂而具有挑战性。开发商追求的是经济利润和市场份额，可能更倾向于短期的经济回报；地方政府在追求经济效益的同时，需要兼顾社会效益和环境效益，考虑长期发展规划；而当地村民则更加关心自己的生活改善和文化传承。这些不同的利益诉求和关注点致使在乡村旅游资源开发过程中，产生利益冲突，只有充分考虑各方利益才能确保乡村旅游资源开发的可持续发展，实现经济效益、社会效益和环境效益的协调统一。

2. 利益诉求的多样化

利益诉求的多样化也是乡村旅游资源开发的显著的特征，这一特征主要体现在两个层次上。首先，由于利益主体具有多元化的特征，即开发商、地方政府和当地村民在资源开发中各自扮演着不同的角色，他们的利益诉求也呈现出多元化的特点。开发商追求的是经济效益和投资回报，他们期望通过旅游资源的开发获得可观的利润；地方政府则关注地方经济的增长、社会稳定的维护以及环境资源的保护，他们希望乡村旅游资源开发能够带来多方面的效益；而当地村民则期望通过参与旅游活动提高生活水平，改善居住环境，同时希望自己的文化传统和生活方式得到尊重和保护。这些不同的利益主体，由于角色定位、职责使命和利益关注点不同，自然会产生多样化的利益诉求。其次，利益主体的多元化诉求进一步影响了利益需求层次的改变。不同的利益主体在追求各自利益的过程中，会形成不同的需求层次。开发商可能更关注短期的经济回报和市场份额，而地方政府则可能更注重长期的社会效益和环境效益。当地村民的需求层次也可能随着开发进程的推进而发生变化，从最初的改善生活条件到后来的追求文化认同和社区发展。这些不同的需求层次反映了利益主体在乡村旅游资源开发过程中的动态变化，也增加了利益协调的难度。

3. 利益分配动态化

乡村旅游资源开发过程中，利益分配呈现出动态化的特征，这一特征主要源于以下三个方面的影响。首先，利益主体的多元化和利益诉求的多样化直接导致了利益分配的动态性。不同的利益主体，如开发商、地方政府和当地村民，拥有各自独特的利益诉求和关注点。这些不同的诉求和关注点随着开发进程的推进和外部环境的变化而不断调整和变化，使利益分配成为一个持续动态的过程。其次，乡村旅游资源开发本身是一个复杂而漫长的过程，涉及多个阶段和环节。从资源评估、规划设计、投资建设到运营管理等各个环节，都需要进行利益分配的考虑和调整。随着项目的不断推进，新的利益诉求和分配问题可能会不断出现，需要根据实际情况进行动态的调整和优化。最后，市场需求的变化、政策环境的调整以及利益相关者之间的博弈等因素也会对利益分配产生重要影响。市场需求的变化可能导致旅游资源的价值重新评估，进而影响利益分配格局；政策环境的调整可能带来新的机遇和挑战，需要各利益主体重新调整利益分配策略；而利益相关者之间的博弈则可能导致利益分配的调整和重新分配。

4. 利益来源丰富化

乡村旅游资源开发的利益来源丰富。首先，乡村旅游资源开发不仅直接带来了经济利益的增加，还间接促进了相关产业的发展，从而拓宽了利益来源的渠道，如住宿餐饮收入以及旅游商品销售等。其次，乡村旅游资源开发还带动了相关产业的协同发展，如农业、手工业、交通运输等。随着游客数量的增加，对当地农产品和手工艺品的需求也会相应提升，进而促进了这些产业的发展。同时，交通运输的改善也为乡村地区带来了更多的便利和机遇，进一步丰富了利益来源。再次，乡村旅游资源开发还促进了当地文化价值的提升和文化产业的兴起，这也成为一个新的利益增长点，通过挖掘和展示乡村地区的独特文化，可以吸引更多的游客前来体验，进而带动文化产业的繁荣，这不仅为当地村民提供了更多的就业机会和收入来源，还有助于保护和传承乡村文化。最后，随着乡村旅游的深入发展，其生态价值和社会价值也逐渐得到认可和重视，乡村地区的优美环境和独特生态为游客提供了休闲放松的好去处，同时也为当地村民提供了更好的生活环境。

五、本章小结

本章首先对乡村旅游资源开发主体博弈及利益分享路径研究的相关理

论进行梳理，包括利益相关者理论、产权理论、可持续发展理论、博弈论以及公共管理理论。其次，对乡村旅游资源开发利益内涵进行了界定与分析。乡村旅游资源开发必须以社会关系为中介才能实现利益分享。社会关系是由一定历史阶段所决定的人的一切关系的总和，而经济利益是建构一切社会关系的核心。因此，本书将乡村旅游资源开发利益定义为在开发农村旅游资源时所形成的经济利益。但实践中，由于缺乏公平性的利益分享机制而使乡村旅游资源开发利益分配呈现对立的利益冲突，因而十分有必要进一步探究利益分享路径。各利益相关者对乡村旅游资源开发的关联程度与重要性差异较大，通常需要经过多次博弈才能实现利益分享。在这一过程中，由于目标不一致和信息不对称，利益分享目标的实现取决于利益相关者的策略选择。因此，界定利益相关主体与客体是化解利益冲突，实现乡村旅游资源开发利益分享的前提和基础。乡村旅游资源开发过程中涵盖众多利益主体，包括开发商、地方政府、当地村民等，在界定这些利益主体的基础上进一步阐述利益主体的利益诉求。最后，基于利益相关者理论，深入阐释乡村旅游资源开发的利益结构和主体间的关系，并将其作为构建利益博弈和分享路径的切入点。

第四章

乡村旅游资源开发的主体博弈分析

　　第三章对乡村旅游资源开发利益分享的内涵、主客体及利益结构与关系进行了深入分析，揭示了各相关主体间复杂的利益关系以及相互间存在的利益博弈行为。随着乡村旅游产业的发展，乡村旅游在带动地区经济发展的同时也产生了不少的利益冲突。如何化解利益冲突，实现乡村旅游多方利益主体的利益分享与合作共赢对乡村旅游的长远发展至关重要。本章结合利益相关者理论、产权理论等相关理论，充分考虑乡村旅游资源开发中的利益主体关联性以及各方关键利益主体的利益诉求情况下，围绕地方政府、开发商与当地村民三个群体的竞争与合作关系，采用博弈论方法进行演化博弈分析，观察各关键主体的最终策略选择并寻找出影响其策略选择的关键因素，以探讨乡村旅游资源开发中各关键主体间的利益协调机制，并在实现各方利益最大化的基础上，进一步挖掘乡村旅游资源开发多方合作、优势互补的潜力，为乡村旅游资源开发利益分享路径研究提供相关参考。

一、乡村旅游资源开发的主体及关联性分析

（一）乡村旅游资源开发的关键主体界定与分析

乡村旅游关键利益主体的界定及有效管理对于乡村旅游发展具有十分重要的意义。对关键利益主体的界定，是确立利益协调机制、优化利益协调机制的基本前提。基于近年来我国学者对乡村旅游领域利益相关者的有关研究（见表 4-1），可见乡村旅游涉及的利益主体较为多元，主要有地方政府、开发商、当地村民、游客、非政府组织、研究机构、舆论媒体、社会资本投资者等。

表 4-1　乡村旅游领域利益相关者的有关研究

作者	旅游类型	关键利益主体
杨旭等[203]	非遗旅游	政府、企业、传承团体、村民、旅游者
王克岭和李刚[21]	乡村旅游	地方政府、旅游企业、当地居民（居民个人或集体组织）、乡村旅游者（游客）
史玉丁和卓丽娜[204]	民族地区乡村旅游	农户、乡村精英、外来资本主体、地方政府、村两委、游客
郑昌辉等[113]	乡村旅游开发	政府主体（县、镇政府）、外来主体（外来投资企业）、本地主体（当地社区以及合作社）
娄娜[205]	乡村旅游开发	游客、旅游企业、政府、村民
包乌兰托亚和高乐华[206]	乡村旅游	旅游企业、合作社、村集体、农户、行业协会、当地政府、社会化合作机构、旅游者
李华强等[23]	乡村旅游开发	地方政府、旅游企业、当地居民
丹巴等[63]	乡村旅游	农民、投资商、新居民

作者	旅游类型	关键利益主体
王东红[207]	乡村旅游	地方政府部门、当地居民、旅游企业、旅游者
郭献进和叶小青[208]	民族自治地方乡村旅游	社区居民、政府、企业

实现乡村旅游资源合理开发的关键在于厘清其中的利益关系，只有把问题落实到核心利益相关者上，才可能更加透彻地了解其中的利害关系，进而揭示各种导致矛盾冲突的问题所在。本书以乡村旅游资源开发阶段的利益博弈为主要关注点来审视和界定乡村旅游中的关键主体，重点研究能直接受到乡村旅游发展影响，或直接影响着乡村旅游发展的核心主体，即地方政府、开发商、当地村民三方。下面将对乡村旅游资源开发中的关键主体的利益影响因素及利益诉求进行分析：

1. 地方政府

地方政府作为乡村旅游资源开发的重要参与者和监管者，其利益博弈行为同样具有复杂性和多样性。首先，地方政府追求的是地方经济的增长、财政收入的增加以及社会形象的提升。乡村旅游资源开发作为一个具有潜力的经济增长点，对于地方政府来说具有重要的战略意义。因此，地方政府会积极推动旅游资源的开发，提供政策支持和资源保障，以吸引更多的投资者和游客。然而，在开发过程中，地方政府也面临着多方面的利益博弈。一方面，地方政府需要与开发商进行博弈，确保开发项目的质量和效益，同时保护当地村民的利益。他们需要通过制定合理的政策、规范开发行为、加强监管等方式，引导开发商实现可持续发展，防止过度开发和破坏环境。另一方面，地方政府还需要与当地村民进行博弈，平衡旅游资源开发带来的利益分配问题。当地村民作为旅游资源的直接拥有者和受益者，对于开发过程有着强烈的诉求和期望。地方政府需要充分听取村民的意见和建议，关注他们的利益诉求，通过有效的沟通和协调机制，确保村民能够分享到开发带来的利益，同时维护社会稳定与和谐。

2. 开发商

开发商作为乡村旅游资源开发的主要投资者和运营者，在整个开发过程中起着关键的作用。其利益诉求主要集中在通过旅游资源的开发获得经济利润，提升品牌影响力，以及实现企业的长远发展。首先，开发商具备专业的开发团队和丰富的管理经验，能够对乡村旅游资源进行科学的评估和规划，确保项目的可行性和营利性。在利益博弈中，开发商会积极争取更多的政策支持和资源倾斜，以降低投资风险，提高项目的成功率。其次，开发商注重市场营销和品牌建设，通过广告宣传、活动策划等手段，提升旅游资源的知名度和吸引力，在与其他主体的博弈中，开发商可能会通过合作与谈判，争取更多的市场份额和利益空间。然而，开发商也面临着诸多挑战和风险。一方面，乡村旅游资源开发需要投入大量的资金和时间，且回报周期较长，这增加了开发商的投资风险。另一方面，政策变化、市场需求波动以及当地村民的诉求等因素都可能对开发商的利益产生影响。因此，在利益博弈中，开发商需要密切关注市场动态和政策变化，灵活调整策略，以应对各种不确定性。此外，还需要关注开发商与当地村民的博弈关系，开发商和当地村民在资源占有和使用上存在直接的利益关系。乡村旅游资源作为当地村民生活的一部分，与他们的生计和文化紧密相关。而开发商则需要通过获取这些资源来实现项目的开发和运营。因此，在资源分配和利益分享上，两者之间的博弈关系尤为突出。

3. 当地村民

当地村民作为乡村旅游资源开发的直接利益相关者和受影响者，其利益诉求和博弈行为直接影响着旅游资源的开发效果和社会关系的和谐稳定。首先，当地村民关心自身的经济利益和生活条件的改善，旅游资源的开发为他们提供了新的就业机会和经济收入来源，如开设农家乐、销售手工艺品等。然而，在利益分配过程中，村民可能担心自身获得的利益不足以弥补因开发带来的负面影响，如环境破坏、生活改变等。因此，当地村民会积极争取更多的利益份额，确保自身在开发过程中得到合理的回报。

其次，当地村民还关注文化传统的保护和传承。乡村旅游资源往往蕴含着丰富的历史文化和民俗风情，这些文化元素是吸引游客的重要因素。然而，在开发过程中可能存在对文化的过度商业化或破坏现象，这些现象容易引起村民的担忧和反对，当地村民会努力维护自己的文化传统，寻求在开发中保护和传承文化的途径。此外，当地村民与开发商和地方政府之间的关系也是利益博弈的重要方面，开发商和地方政府在推进旅游资源开发时，需要得到当地村民的支持和合作，否则可能面临村民的反对和阻力，导致项目进展受阻。然而，当地村民在利益博弈中往往处于相对弱势的地位。一方面，当地村民相对开发商和地方政府而言缺乏专业的知识和技能，对旅游开发缺乏深入了解；另一方面，当地村民容易受到信息不对称和权力不对等的影响，导致在博弈过程中处于被动地位。因此，在乡村旅游资源开发中，需要加强对当地村民的培训和指导，提高当地村民的参与能力和博弈水平，也需要找寻公平合理的利益分配路径，确保村民能够分享到开发带来的利益。

（二）乡村旅游资源开发的利益主体关联性分析

在乡村旅游资源开发中，地方政府、开发商和当地村民作为主要的利益主体，对其进行关联性分析有助于进一步揭示各主体在乡村旅游资源开发中的角色和地位，更准确地把握他们之间的相互影响和依赖关系，为后续的利益博弈分析提供坚实的基础。

开发商与地方政府在乡村旅游资源开发中的关联性是多维度、深层次的互动过程，涵盖了政策、经济、资源配置以及风险共担等多个方面。首先，在政策与法规层面，地方政府通过制定一系列的政策措施和法规规范，为开发商提供了清晰的开发导向和行为准则。这些政策不仅为开发商指明了发展方向，还通过税收优惠、土地供应等方式为开发商提供了实质性的支持。同时，开发商在开发过程中也必须严格遵循地方政府的相关法规，确保项目的合规性和可持续性。这种政策与法规的相互关联，为开发商和地方政府之间的合作奠定了坚实的基础。其次，在经济利益方面，开发商与地方政府之间存在着紧密的共享与依赖关系。开发商通过投资开发乡村旅游资源，为地方政府带来了税收的增长和经济的繁荣。而地方政府则通过提供优质的公共服务、改善基础设施等方式，为开发商创造了良好的投资环境和运营条件。这种经济利益的共享与依赖，使开发商与地方政府在开发过程中形成了紧密的利益共同体。再次，在资源配置与优化方面，开发商与地方政府也展现出了高度的协同性。地方政府通过制定科学的规划方案，优化资源配置，确保乡村旅游资源的合理开发和高效利用。而开发商则根据地方政府的规划要求，结合自身实力和市场需求，进行具体的项目开发和运营。这种资源配置与优化的协同合作，有助于实现旅游资源的最大化利用和可持续发展。最后，在风险与责任共担方面，开发商与地方政府也展现出了高度的责任感。乡村旅游资源开发涉及多个领域和方面，存在一定的风险和挑战。在面对这些风险时，开发商和地方政府需要共同承担责任，采取有效的措施加以应对。例如，在环境保护、文化遗产保护等方面，双方需要共同遵守相关法规和政策，加大监管和执法力度，确保开发活动的合规性和可持续性。

开发商与当地村民在乡村旅游资源开发中的关联性，同样是一个复杂且关键的互动过程，涵盖了资源利用、经济利益、文化认同和社会稳定等多个方面。首先，在资源利用方面，开发商和当地村民共同依赖于乡村旅游资源。开发商通过投资开发，将这些资源转化为具有吸引力的旅游产品，吸引游客前来消费。而当地村民则依赖这些资源维持生计，如通过提供住宿、餐饮、导游等服务获得收入。因此，资源的可持续利用和保护对于双方都具有重要意义，需要共同努力完成。其次，经济利益是开发商与当地村民之间关联性的核心。开发商通过开发乡村旅游资源，获取经济收益。而当地村民则通过参与开发活动，获得就业机会和经济收入的增加。这种经济利益的共享使得双方形成了紧密的合作关系。然而，如何确保利益分配的公平性和合理性，避免利益冲突，是双方需要共同面对和解决的问题。此外，文化认同也是开发商与当地村民之间关联性的重要方面。乡村旅游资源往往蕴含着丰富的文化底蕴和历史传统，这是吸引游客的重要因素。开发商在开发过程中需要尊重当地的文化传统，保持文化的原真性和特色。而当地村民则通过参与开发活动，传承和弘扬自己的文化，增强文化认同感和自豪感。最后，社会稳定是开发商与当地村民之间关联性的重要保障。如果开发商在开发过程中忽视村民的利益诉求，可能导致社会矛盾和冲突，影响社会稳定。因此，开发商需要与当地村民建立良好的沟通机制，听取他们的意见和建议，确保开发活动符合村民的利益和期望。同时，政府也需要在其中发挥积极的调解和协调作用，促进双方的和谐共处。

地方政府与当地村民在乡村旅游资源开发中的关联性，体现在经济发展、文化传承与保护、社会稳定等多个方面。首先，地方政府作为公共权力的代表，在乡村旅游资源开发中扮演着政策制定者和监管者的角色。地方政府通过制定相关政策，为当地村民提供了参与旅游开发的机会和途径。这些政策往往包括提供培训、资金支持以及市场引导等，旨在帮助村民提升自身能力，更好地融入旅游产业链，实现增收致富。同时，地方政府还负责监管旅游市场的秩序，保障村民的合法权益不受侵害。其次，在经济发展层面，地方政府与当地村民的利益紧密相连。乡村旅游资源的开发不仅能够促进地方经济的增长，为政府带来税收和财政收入，还能够为当地村民创造就业机会，提高生活水平。因此，地方政府积极推动旅游开发，努力提升旅游资源的品质和服务水平，以吸引更多游客前来消费，从而带动地方经济的繁荣。再次，在文化传承与保护方面，地方政府与当地村民也存在着紧密的关联。乡村旅游资源往往承载着丰富的历史文化内涵，是当地村民的精神家园。地方政府在开发过程中需要充分尊重村民的文化传统和习俗，保护文化遗产，避免过度商业化对文化造成冲击。同时，地方政府还通过举办文化活动、推广文化产品等方式，促进文化的传承与发扬，提升村民的文化认同感和自豪感。最后，社会稳定是地方政府与当地村民关联性的重要体现。在旅游开发过程中，地方政府需要关注村民的利益诉求，确保他们的权益得到充分保障。如果开发过程中忽视了村民的利益，可能引发社会矛盾和冲突，影响社会稳定。因此，地方政府需要加强与村民的沟通与协商，建立有效的利益协调机制，共同维护社会的和谐稳定。

二、利益主体的权利、义务与策略选择

（一）地方政府的权利、义务与策略选择

在权利方面，地方政府作为地方行政管理的主体，拥有制定政策、规划布局、监管市场等权力。地方政府根据地方实际和国家法律法规，制定乡村旅游资源开发的政策框架和规划指导，确保开发活动的有序进行。同时，地方政府还拥有资源配置权，可以合理调配土地、水源、文化等资源，促进旅游项目的有序发展。这些权力为地方政府在开发过程中提供了决策和管理的依据，有助于实现旅游资源的合理利用和可持续发展。

在义务方面，地方政府承担着规划指导、公共服务提供、环境保护与文化传承等多重义务。地方政府需要制定科学合理的乡村旅游发展规划，为开发活动提供指导和支持。同时，地方政府还需完善基础设施、提供公共服务，为游客和当地村民创造良好的旅游环境。在开发过程中，地方政府应注重环境保护和文化传承，确保旅游资源的可持续利用和文化的传承发展。此外，地方政府还需积极协调各利益主体之间的关系，平衡各方利益诉求，维护社会稳定和公平正义。

在政府行为的策略选择方面，地方政府在乡村旅游资源开发中扮演着重要角色，在履行监督职能的同时，担当着地方利益的拥护者及规范的制定者角色。良性的乡村旅游资源开发能够带动地方经济的增长，增加地方政府的财政收入，为地方经济社会发展提供动力。同时，还能够提升当地的形象和知名度，吸引更多的游客和投资，进一步推动地方经济社会的发

展。但在多地乡村旅游开发过程中，各主体间的利益冲突与恶性竞争也时有发生，在一定程度上制约了乡村旅游资源开发的可持续发展。面对多样的现实情况，地方政府可能会出于对乡村旅游资源的保护与对经济效益的追求，加强对乡村旅游资源的引导，且这种引导不仅是政策的引导，如发布优惠政策进行招商引资等，还包括对各参与主体策略选择的引导，如鼓励当地村民支持参与乡村旅游资源开发，引导开发商优化利益分配形式等。同时，对其他乡村旅游资源开发参与方的行为进行监督，以实现多方利益的协调。但地方政府在具备高度的自治能力和组织管理能力，能够有效地进行旅游资源的开发和管理，或开发商在乡村旅游开发中占据主导地位，能够自行承担规划、开发、运营和管理的责任的旅游开发地区，可能不会对开发活动进行引导监管，因为这些地区即使是在没有政府引导监管的情况下，也能确保旅游活动的可持续性和各方主体的利益最大化。此外，受市场大环境的驱使，在旅游市场机制已经相对成熟的情况下，市场力量能够有效地调节旅游资源的开发和利用，此时，政府也可能更多地依靠市场机制来推动乡村旅游的发展，其作用更多是提供政策支持和监管框架，而不是直接进行引导监督。基于此，地方政府在乡村旅游资源开发情景的策略选择中，可能有两种情况，即"引导监管"或"不引导监管"。

（二）开发商的权利、义务与策略选择

在权利方面，开发商有权按照乡村旅游资源开发规划进行项目的投资和建设，包括土地使用、设施建设和运营管理等。开发商还有权利根据市场需求，自主确定旅游项目的开发规模、内容和定位，并在合法范围内自主经营和管理旅游项目，实现经济收益。此外，开发商还有权参与政府决策过程，提出意见和建议，为开发活动争取更有利的政策环境。

开发商在享有权利的同时，也承担着相应的义务。开发商必须遵守国家法律法规和地方政策，确保开发活动合法合规。开发商有责任按照规划要求进行项目建设，保证项目的质量和安全。在开发过程中，开发商还需注重环境保护，减少对自然资源的破坏和污染。此外，开发商还有义务尊

重当地村民的权益，与他们建立良好的合作关系，确保开发活动得到当地社区的支持和认可。

在开发商行为策略选择方面，由于开发商追求的开发利益主要包括经济收益和品牌影响力，通过投资和开发乡村旅游资源，开发商可以获得旅游项目的经营收入，实现资本增值，工商资本进入乡村旅游领域，其主要目的是为资本寻求出路，谋求综合收益最大化，如扩展旅游市场、延伸产业链、抢占市场份额等。成功的乡村旅游资源开发项目还能提升开发商的品牌形象和知名度，为企业的长期发展奠定坚实基础。开发商在乡村旅游开发过程中需要投入大量的资金、技术和人力资源，并且承担较高的风险，则开发商出于对自身利益最大化目标的追求，可能会期望获得更高的收益，独占开发收益，且在地方政府更注重吸引投资和促进经济发展的情况下，开发商也可能会获得更多的收益独占机会。然而，在乡村旅游资源开发过程中难免会涉及当地村民的土地、房屋或其他属于公众或集体所有的旅游资源，因此，为减少因其他利益相关方反抗而产生的损失，开发商独占收益的行为会引起其他利益相关方的不满。同时，若开发商希望获得当地村民的支持和合作，以便顺利推进开发项目，可能会通过与当地村民分享旅游开发收益的方式，增强村民对开发项目的认同感和归属感，减少潜在的冲突和阻力，实现可持续发展，在确保资源的可持续利用的同时，促进当地社区的经济发展和社会福祉，实现长期收益。因此，在资源的产权归属、开发模式、政府政策和社会期望等多个因素的影响下，开发商在乡村旅游资源开发情景中，可能会在"收益独占"或"收益共享"两种策略情况中进行选择。

（三）当地村民的权利、义务与策略选择

在权利方面，当地村民作为乡村土地和资源的所有者，拥有对土地和资源的使用权，这是他们生存和发展的基础。同时，当地村民也有权参与乡村旅游资源的开发决策过程，通过表达自己的意见和诉求，确保开发活动符合当地村民的利益。此外，当地村民还享有从旅游资源开发中分享经

济利益的权利，这既是对村民资源贡献的认可，也是实现共同富裕的重要途径。

在义务方面，当地村民承担着保护乡村自然环境和文化遗产的责任，这是维护旅游资源可持续利用的基础。当地村民应积极参与环境保护工作，防止过度开发和污染行为。同时，当地村民也有义务支持旅游资源的开发活动，通过提供必要的配合和协助，促进乡村旅游的健康发展。此外，村民还应遵守法律法规，维护社会稳定和谐，为开发活动提供良好的社会环境。

在当地村民行为策略选择方面，当地村民通过参与乡村旅游资源开发，获得了多种经济收益。村民可以从土地租赁、工资收入、商业经营等方面获得经济回报，改善了生活条件，提高了生活水平。旅游资源的开发还为当地村民提供了更多的就业创业机会，促进了当地经济的繁荣。随着开发活动的推进，乡村基础设施得到改善，公共服务水平提高，也进一步提升了村民的生活质量。出于经济利益的驱动、对开发项目的认同等原因，当地村民可能会支持并配合乡村旅游资源开发工作。此外，若开发商在开发过程中建立了有效沟通和参与机制，能够实质性地让村民参与到决策和管理过程，村民也会更愿意配合旅游资源开发。但乡村旅游资源开发在带来一定经济利益的同时，可能会对当地环境、文化和社会结构造成负面影响。开发商对乡村旅游资源进行开发过程中，若出现资源配置不均、经济利益分配不公平等问题，村民也很可能产生抵制情绪。若开发者在规划和实施过程中未能充分考虑和尊重村民的意见和需求，忽视村民的利益和关切，则村民可能通过多种形式表示抗议，并且不参与配合乡村旅游资源开发活动。综上所述，在乡村旅游资源开发的情景下，当地村民会根据实际情况进行策略选择，其策略选择主要有两种，即"参与配合"与"不参与配合"。

基于以上分析，本书将乡村旅游资源开发各关键利益主体的行为及其利益诉求进行归集，如图4-1所示。

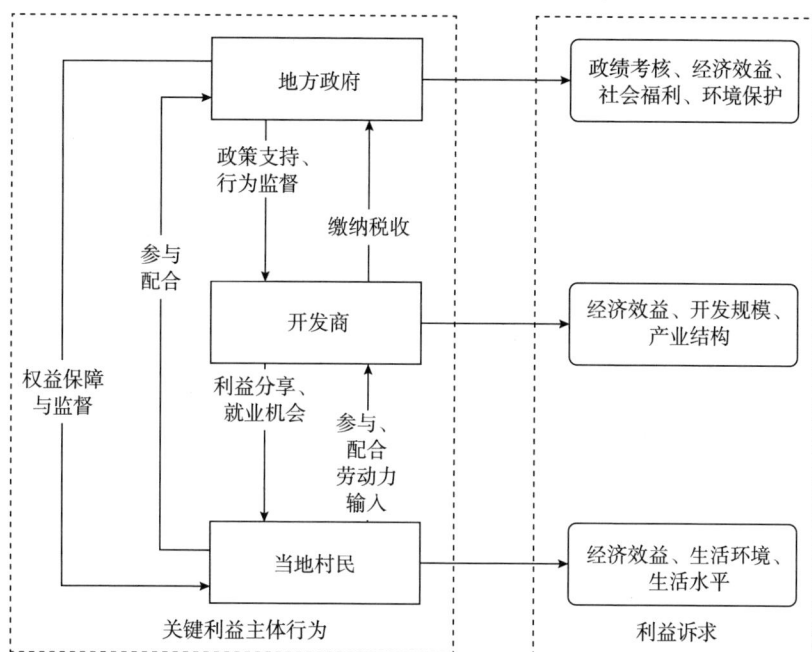

图 4-1　关键利益主体行为及其利益诉求

三、乡村旅游资源开发利益博弈
参数设置及模型构建

乡村旅游资源开发参与各方的反复多期博弈决策具有以下特征：①现实中的乡村旅游资源开发地区众多，且参与乡村旅游资源开发的政府、开发商和当地村民更是数不胜数，关键利益主体符合"大群体"特征。②当地政府是否扶持监管，开发商是否共享利益以及当地村民的参与意愿如何，都是一个渐进的演化过程，各方主体需要通过观察、模仿、试错等措施不断调整自身策略,在策略调整循环往复的过程中,最终实现均衡。③乡村旅游资源开发各关键主体的信息均不对称,且均为有限理性。由此,乡村旅游资源开发的利益均衡是由地方政府、开发商和当地村民三个大群体随机配对的反复博弈问题,适用于演化博弈分析。演化博弈通过仿真分析有限理性的博弈主体的决策行为,确定动态演化的稳定均衡状态,已被广泛用于分析许多旅游发展问题,如矿业遗迹旅游开发监管[209]、革命老区发展旅游[210] 等。基于此,本书通过构建地方政府、开发商、当地村民三方关系的动态演化模型,分析各决策主体的最终演化均衡策略。

(一) 三方博弈模型假设

乡村旅游资源开发是一个复杂的动态系统,涉及多个部门及利益相关主体。基于上文分析,本书结合乡村旅游资源开发过程中的实际情况,以地方政府、开发商和当地村民三大利益主体为研究对象,提出以下研究假设:

假设 4-3-1:乡村旅游资源开发环境下仅考虑以下三个主要的博弈方,分别为地方政府、开发商和当地村民。

假设 4-3-2:博弈三方的选择都是有限理性的,在演化博弈过程中,各方遵循惯性行为策略,仅对其他利益主体现有策略进行分析。各方博弈的目的都是使自身的利益最大化,且博弈三方可能不会在选择初始阶段就找到最优策略,在各方主体经过漫长而复杂的演化博弈过程中,调整策略并逐渐稳定于最优策略。

假设 4-3-3:根据前文分析,在乡村旅游资源开发三方演化博弈中,政府主要采取两种策略:一是"引导监管策略",记为 $G_{(1)}$,即地方政府通过发布相关招商引资政策,吸引旅游开发商,并对开发商的行为进行监督管理,以保证当地村民参与旅游开发的合法权益受到保护的策略。政府作为公众利益的代表,在乡村旅游资源开发过程中可以通过制定政策法规、对政策的实施进行监督考核、加大对财政资金投入、技术指导等行为,对开发商进行引导,获得经济、社会、文化和生态环境等综合收益，进而带来整个社会福利的增加。二是"不引导监管策略"，记为 $G_{(2)}$，即地方政府出于某种原因，不对乡村旅游资源开发采取相应措施，不通过政策规制，政府引导、政府监督等形式，加入乡村旅游资源的开发活动。地方政府会根据效益最大化原则比较收益与成本，在两种策略中进行选择，以一定的概率引导乡村旅游资源开发，地方政府选择引导监管的概率为 x，不引导监管的概率为 $1-x$，$(x \in [0, 1])$，地方政府对于乡村旅游资源开发的策略集合为 $\{G_{(1)}, G_{(2)}\}$。

假设 4-3-4：开发商的博弈策略。基于上文分析，旅游开发商在博弈中可能采取的策略有两种：一是"收益独占策略"，记为 $D_{(2)}$，即开发商在乡村旅游资源开发过程中获取的收益，归为自有，不对其他利益相关者分享收益的策略。开发商都是以营利为目的的企业组织，在乡村旅游开发进程中，开发商的主要目标即利用其资本、技术等优势，再以低价获取乡村旅游资源的经营权和土地使用权，从而实现自身的利益最大化。为此，一方面，旅游开发商常以不正当手段，从地方政府手中获得土地使用权、开发经营权、信贷资金等旅游发展所必需的基础性资源，并要求政府为其创造有利的政策环境。另一方面，开发商因为有着技术资源和资本优势，他们在保护与开发中处于强势地位，可能会充分利用这种优势在乡村旅游资源利益分配中占有极高的份额。而开发商的这种行为将严重损害其他相关利益主体的利益。二是"收益共享策略"，记为 $D_{(2)}$，收益共享是一种积极与乡村旅游其他利益相关者开展合作，并将开发商利益合理分享给其他关键利益主体，以获取政策的引导与支持、资源的共享与互补以及当地村民参与配合的策略。旅游开发商出于对政府监管处罚、当地村民反抗的忌惮，以及从自身长远利益考虑，在经营能力提升、产业结构优化的情况下，可能将优化其利益分享方式及分红形式，采取收益共享策略，以加强对旅游资源的保护和改善村民的生产生活条件，激发村民参与保护与开发的主动性和积极性，最终实现各相关利益主体的共赢。开发商也会根据效益最大化原则比较收益与风险，在两种策略中进行选择，以一定的概率分享开发利益，开发商选择利益独占的概率为 y，利益分享的概

率为 $1-y$，$(y \in [0, 1])$，开发商对于乡村旅游资源开发的策略集合为 $\{D_{(1)}, D_{(2)}\}$。

假设 4-3-5：村民的博弈策略。在上文分析的基础上，假设乡村旅游资源开发进程中，村民有两种策略选择：一是"参与配合策略"，记为 $V_{(1)}$，即当地村民通过提升自身旅游意识和技能、利用和改造自有资源、参与乡村旅游管理和监督、与旅游企业合作、保护乡村文化和环境以及参与乡村旅游的宣传和营销等行为，积极配合政府及开发商，开展乡村旅游资源开发的行为。村民是乡村的主人，如果能合理分享到乡村旅游发展的收益，得到相应的权益保障，则他们将支持并积极参与配合乡村旅游资源的保护与开发工作，村民的配合与积极参与也将有助于推动乡村旅游资源的有效保护并实现其旅游可持续发展。二是"不参与配合策略"，记为 $V_{(2)}$，当村民的正当利益得不到重视，甚至受到一定程度的损失，合理合法的权益得不到保障时，村民将不会支持乡村旅游资源的保护与旅游发展行为，或消极冷漠，或直接选择外出而导致村落空心化，导致各相关利益主体的利益都将受损，最终破坏乡村旅游资源的保护与可持续发展。当地村民会根据效益最大化原则比较成本与收益，在两种策略中进行选择，以一定的概率参与配合乡村旅游资源开发，当地村民选择参与配合的概率为 z，不参与配合的概率为 $1-z$，$(z \in [0, 1])$，地方政府对于乡村旅游资源开发的策略集合为 $\{V_{(1)}, V_{(2)}\}$。

（二）博弈模型相关参数设置

根据前述假设分析，地方政府的博弈策略为"引导监管"或"不引导监管"，开发商的博弈策略为"收益独占"或"收益共享"，当地村民的博弈策略选择为"参与配合"或"不参与配合"。为了研究各种博弈策略组合下地方政府、开发商与当地村民三者间的收益函数，根据乡村旅游资源开发过程中各利益相关者的实际情况，本书将博弈模型相关参数设置如表 4-2 所示。

表 4-2　模型参数及含义

博弈主体	参数	含义
地方政府	a	当开发商采取收益共享策略时，政府对开发商的引导监管成本
	b	当村民参与配合乡村旅游资源开发时，政府对村民的权益保障成本
	c	当政府引导监管乡村旅游资源开发时，政府获得的社会福利
	d	当政府不引导监管，但开发商或村民对乡村旅游资源进行开发时，政府获得的社会福利
	e	当政府不引导监管且开发商选择收益独占策略，而村民对乡村旅游资源自主进行开发和经营管理时，政府获得的收益
	f	当政府不引导监管，开发商采取收益独占策略时，政府受到的损失
开发商	g	当开发商采取收益独占策略时，开发商所获得的收益
	h	当开发商采取收益独占策略时，开发商所产生的运营成本
	i	当开发商采取收益共享策略时，开发商所获得的收益
	j	当开发商采取收益共享策略时，开发商所产生的运营成本
	k	当开发商采取收益独占策略时，开发商因村民对抗而产生的损失
当地村民	t	当村民参与配合乡村旅游资源开发时，村民的全部生产成本
	m	当村民参与配合乡村旅游资源开发时，村民获得的收益
	n	当村民不参与配合乡村旅游资源开发时，村民的全部生产成本
	s	当村民不参与配合乡村旅游资源开发时，村民获得的收益
	p	当开发商采取收益独占策略时，村民受到的损失
	q	当开发商采取收益独占策略时，村民进行对抗而产生的成本
	r	当开发商采取收益独占策略时，村民进行对抗获得的额外收益

假设地方政府选择引导监管策略的概率为 $x(0 \leqslant x \leqslant 1)$，地方政府通过制定相关政策等方式引导乡村旅游资源开发，其中当开发商采取收益共享策略时，政府对开发商的引导监管成本为 a，该成本主要表现为对企业的各项补贴，如税收优惠、资金支持，如果开发商采取利益独占策略，可能将使各方利益受损，政府则不予补贴；当村民参与配合乡村旅游资源开发时，政府对村民的权益保障成本为 b，保障形式包括帮助村民获取正当利益分享权益、资金补助、技术支持等，如果村民不参与配合，则不进行相应补贴。同时，假设 c 为地方政府扶持乡村旅游资源开发时获得的社会福

利，d 为地方政府不扶持但开发商或村民对乡村旅游资源开发时获得的社会福利。

假设开发商对乡村旅游资源收益独占的概率是 $y(0 \leqslant y \leqslant 1)$，当开发商采取利益独占策略时，其获取的收益为 g，运营成本为 h。当开发商选择利益共享策略的收益为 $i(g>i)$，开发商所产生的运营成本是 j（该运营成本为开发商正常经营的成本，故 $h>j$）。如果地方政府选择不引导监管，当地村民也不参与配合，则开发商将无法获得乡村旅游资源的经营权，此时其收益为 0。

假设当地村民参与配合乡村旅游资源开发的概率为 $z(0 \leqslant z \leqslant 1)$，此时，村民的全部生产成本为 t，村民获得的收益为 m。当村民不参与配合乡村旅游资源开发时，村民的全部生产成本为 n，村民获得的收益为 s。因村民参与乡村旅游资源开发，其他经营收入增加，最终总收入得到增加，故 $m>s$，若开发商采取的是收益共享策略，村民采取不参与配合策略，则村民在乡村旅游资源开发中的收益也为 0。

同时假设若没有地方政府的引导监管，并且开发商选择收益独占策略，此时，如果村民的策略为参与，表示当地村民将对乡村进行开发和管理，此时，地方政府获得的收益为 e，旅游开发商的收益为 0。如果当地村民的策略是不参与配合，则所有利益主体都没有参与乡村旅游资源开发活动，此时的收益均为 0。若开发商选择收益独占策略，则地方政府和当地村民的利益都将受到损害，假设其各自的损失分别为 f 和 p，同时由于利益受损可能引起多方的不满情绪，开发商将面临与村民利益对抗的风险，此时，假设开发商与村民对抗产生的各项损失为 k，村民进行对抗的成本为 q，村民反抗后获得的额外收益为 $r(r>q)$。

（三）博弈模型构建

根据以上的分析与假设，构建了地方政府、开发商与当地村民三方博弈过程的博弈树来直观表达博弈模型，三方参与的动态演化博弈树如图 4-2 所示。

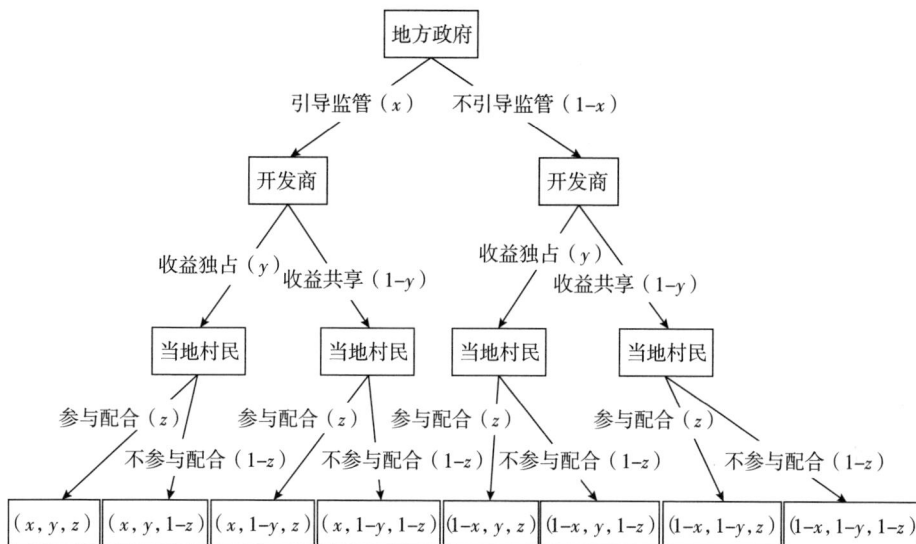

图4-2　地方政府、开发商、当地村民三方博弈树

　　根据博弈模型假设和博弈树的博弈过程可知，地方政府、开发商、当地村民三方博弈的过程中会形成以上八种不同的策略选择组合，通过分析博弈三方不同的策略组合，得出地方政府、开发商和当地村民三方的收益矩阵如表4-3所示。

表4-3　地方政府、开发商和当地村民三方的收益矩阵

当地村民	地方政府引导监管（x）		地方政府不引导监管（$1-x$）	
	开发商利益独占（y）	开发商利益共享（$1-y$）	开发商利益独占（y）	开发商利益共享（$1-y$）
参与配合（z）	$c-b-f$	$c-a-b$	e	e
	$g-h$	$i-j+a$	0	$i-j$
	$m-t+b-p$	$m-t+b$	$m-t$	$m-t$
不参与配合（$1-z$）	$c-f$	$c-a$	0	0
	$g-h-k$	$i-j+a$	0	0
	$r-q-p$	0	0	0

四、乡村旅游资源开发关键主体关系的动态演化博弈模型分析

（一）期望收益及平均收益分析

通过上文对地方政府、开发商和当地村民三个群体不同策略组合下的收益矩阵分析，可进一步得出博弈三方的期望效用函数，分别记为 $E_{(G)}$、$E_{(D)}$、$E_{(V)}$。设定 E_{ij} 为三者内第 i 参与者采取策略 j 时的期望收益，其中 $i = G$、D、V，分别表示地方政府、开发商、当地村民；$j = 1$、2，表示博弈各方不同的策略选择。

经计算可得：

1. 地方政府方面

（1）地方政府选择对乡村旅游资源开发引导监管的期望收益为：

$$E_{(G_1)} = yz(c-b-f) + y(1-z)(c-f) + (1-y)z(c-a-b) + (1-y)(1-z)(c-a) = (a-f)y + c - a - zb \tag{4-1}$$

（2）地方政府不引导监管时的期望收益为：

$$E_{(G_2)} = yze + (1-y)ze = ze \tag{4-2}$$

（3）地方政府的平均期望收益为：

$$\overline{E_{(G)}} = xE_{(G_1)} + (1-x)E_{(G_2)} \tag{4-3}$$

2. 开发商方面

（1）开发商选择对乡村旅游资源开发采取利益独占策略时的期望收益为：

$$E_{(D_1)} = xz(i-j+a) + x(1-z)(i-j+a) + (1-x)z(i-j) = (i-j)[(1-x)z+x] + ax \tag{4-4}$$

（2）开发商采取利益共享策略的期望收益为：

$$E_{(D_2)} = xz(g-h) + x(1-z)(g-h-k) = x[g-h+(z-1)k] \tag{4-5}$$

（3）开发商的平均期望收益为：

$$\overline{E_{(D)}} = yE_{(D_1)} - (1-y)E_{(D_2)} \tag{4-6}$$

3. 当地村民方面

（1）当地村民选择对乡村旅游资源开发采取参与配合策略时的期望收益为：

$$E_{(V_1)} = xy(m-t+b-p) + x(1-y)(m-t+b) + (1-x)y(m-t) +$$
$$(1-x)(1-y)(m-t) = x(b-yp) + m-t \tag{4-7}$$

（2）当地村民采取不参与配合策略时的期望收益为：

$$E_{(V_2)} = xy(r-q-p) \tag{4-8}$$

（3）当地村民的平均期望收益为：

$$\overline{E_{(V)}} = zE_{(V_1)} - (1-z)E_{(V_2)} \tag{4-9}$$

（二）基于复制动态方程的演化稳定策略分析

地方政府、开发商、当地村民之间的利益关系及策略选择是动态的，各方策略的选择会随着其他参与方策略的变化而调整，是一个从演化到稳定的动态过程。通过对复制动态方程式的计算与分析，可确定一个大于其他平均收益的策略。

1. 地方政府策略选择的复制动态方程式

$$F(x) = \frac{dx}{dt} = x(E_{(G_1)} - \overline{E_{(G)}}) = x(1-x)[E_{(G_1)} - E_{(G_2)}]$$
$$= x(1-x)[(a-f)y + c-a-(b+e)z] \tag{4-10}$$

由复制动态方程式（4-10）可知：

（1）若 $z = \dfrac{(a-f)y+c-a}{b-e}$ 时，无论 x 取值多少，都可得到 $F(x)=0$，x 在 $[0,1]$ 范围内取任何值，均为稳定状态。

（2）若 $z \neq \dfrac{(a-f)y+c-a}{b-e}$ 时，令 $F(x)=0$，求得 $x_1=0$ 或 $x_2=1$，两个稳

定点。

根据微分方程的稳定性定理，在 x^* 满足 $f(x)<0$ 时，x^* 即为演化稳定策略，为进一步分析微分方程稳定性，对 $F(x)$ 求导，可得：

$$\frac{\mathrm{d}F(x)}{\mathrm{d}x}=(1-2x)\left[(a-f)y+c-a-(b+e)z\right] \tag{4-11}$$

若 $(a-f)y+c-a-(b+e)z<0$，即 $\frac{(a-f)y+c-a}{b-e}<0$，恒有 $z>\frac{(a-f)y+c-a}{b-e}$，此时要满足 $F'(x)<0$，则 $x_1=0$ 为稳定点，地方政府会选择不引导监管乡村旅游资源开发的策略。

若 $(a-f)y+c-a-(b+e)z>0$，即 $\frac{(a-f)y+c-a}{b-e}>0$，z 则有两种情况需要考虑：

当 $z<\frac{(a-f)y+c-a}{b-e}$ 时，$F'(x)=\frac{\mathrm{d}F(x)}{\mathrm{d}x}\bigg|_{x=0}<0$、$F'(x)=\frac{\mathrm{d}F(x)}{\mathrm{d}x}\bigg|_{x=1}>0$，此时可得 $x_1=0$ 为稳定策略，经长时间的演化博弈，有限理性的地方政府将会选择不引导监管乡村旅游资源开发。

当 $z>\frac{(a-f)y+c-a}{b-e}$ 时，$F'(x)=\frac{\mathrm{d}F(x)}{\mathrm{d}x}\bigg|_{x=0}>0$、$F'(x)=\frac{\mathrm{d}F(x)}{\mathrm{d}x}\bigg|_{x=1}<0$，此时可得 $x_2=1$ 为稳定策略，经过长时间的演化博弈，地方政府会选择引导监管乡村旅游资源的开发活动。

根据以上分析可得，地方政府引导监管的概率 x 随着当地村民参与配合的概率 z 的增大而增大，即当村民参与配合乡村旅游资源开发的意愿越强，地方政府越倾向于对乡村旅游资源进行引导监管。同理可得，地方政府引导监管的概率 x 随着开发商利益独占的概率 y 的减小而增大，即在开发商积极将在乡村旅游资源开发过程中获取到的利益，与其他利益相关者进行共享时，地方政府引导监管的意愿就越强。

2. 开发商策略选择的复制动态方程式

$$F(y)=\frac{\mathrm{d}y}{\mathrm{d}t}=y(E_{(D_1)}-\overline{E_{(D)}})=y(1-y)\left[E_{(D_1)}-E_{(D_2)}\right]$$

$$= y(1-y)\{(i-j)[(1-x)z+x]-x[g-h+(z-1)k-a]\} \qquad (4-12)$$

由复制动态方程式（4-12）可知：

（1）若 $x = \dfrac{(j-i)z}{(i-j+k)(z-1)+g-h+a}$ 时，无论 y 取值多少，都可得到 $F(y)=0$，即 y 在 [0，1] 范围内取任何值，均为稳定状态。

（2）若 $x \neq \dfrac{(j-i)z}{(i-j+k)(z-1)+g-h+a}$ 时，令 $F(y)=0$，求 $y_1=0$ 或 $y_2=1$，两个稳定点。

根据微分方程的稳定性定理，在 y^* 满足 $f(y)<0$ 时，y^* 即为演化稳定策略，对 $F(y)$ 求导得：

$$\frac{dF(y)}{dy} = (1-2y)\{(i-j)[(1-x)z+x]-x[g-h+(z-1)k-a]\} \qquad (4-13)$$

若 $(i-j)[(1-x)z+x]-x[g-h+(z-1)k-a]<0$，即 $\dfrac{(j-i)z}{(i-j+k)(z-1)+g-h+a}<0$，恒有 $x > \dfrac{(j-i)z}{(i-j+k)(z-1)+g-h+a}$，此时要满足 $F'(y)<0$，则 $y_1=0$ 为稳定点，开发商会选择分享其利益。

若 $(i-j)[(1-x)z+x]-x[g-h+(z-1)k-a]>0$，即 $\dfrac{(j-i)z}{(i-j+k)(z-1)+g-h+a}>0$，则有两种情况需要考虑：

当 $x < \dfrac{(j-i)z}{(i-j+k)(z-1)+g-h+a}$ 时，得 $F'(y) = \dfrac{dF(y)}{dy}\Big|_{y=0}<0$、$F'(y) = \dfrac{dF(y)}{dy}\Big|_{y=1}>0$，可得 $y_1=0$ 为稳定策略，开发商会选择利益分享策略。

当 $x > \dfrac{(j-i)z}{(i-j+k)(z-1)+g-h+a}$ 时，得 $F'(y) = \dfrac{dF(y)}{dy}\Big|_{y=0}>0$、$F'(y) = \dfrac{dF(y)}{dy}\Big|_{y=1}<0$，可得 $y_2=1$ 为稳定策略，此时，开发商会选择利益独占策略。

根据以上分析可得，开发商收益独占的概率 y 随着地方政府引导监管的概率 x 的增大而减小，即地方政府对乡村旅游资源开发进行引导监管的意愿越强时，开发商将越倾向于与其他关键利益主体共享收益。同理可得，开发商收益独占的概率 y 随着村民参与配合的概率 z 的增大而减小，即当地村民参与配合乡村旅游资源开发的意愿越强，开发商将越倾向于选择收益共享策略。

3. 当地村民策略选择的复制动态方程式

$$F(z) = \frac{dz}{dt} = z\left(E_{(V_1)} - \overline{E_{(V)}}\right) = z(1-z)\left[E_{(V_1)} - E_{(V_2)}\right]$$

$$= z(1-z)\left\{[b+(q-r)y]x+m-t\right\} \tag{4-14}$$

由复制动态方程式（4-14）可知：

（1）若 $y = \dfrac{t-m-bx}{(q-r)x}$ 时，无论 z 取值多少，都可得到 $F(z)=0$，即 z 在 $[0，1]$ 范围内取任何值，均为稳定状态。

（2）若 $y \neq \dfrac{t-m-bx}{(q-r)x}$ 时，令 $F(z)=0$，求 $z_1=0$ 或 $z_2=1$，两个稳定点。

根据微分方程的稳定性定理，在 z^* 满足 $f(z)<0$ 时，z^* 即为演化稳定策略，对 $F(z)$ 求导得：

$$\frac{dF(z)}{dz} = (1-2z)\left\{[b+(q-r)y]x+m-t\right\} \tag{4-15}$$

若 $[b+(q-r)y]x+m-t<0$，即 $\dfrac{t-m-bx}{(q-r)x}<0$，恒有 $z>\dfrac{t-m-bx}{(q-r)x}$，此时要满足 $F'(z)<0$，则 $z_1=0$ 为稳定点，此时当地村民会选择不参与配合乡村旅游资源开发。

若 $[b+(q-r)y]x+m-t>0$，即 $\dfrac{t-m-bx}{(q-r)x}>0$，则考虑以下两种情况：

当 $y < \dfrac{t-m-bx}{(q-r)x}$ 时，得 $F'(z) = \dfrac{dF(z)}{dz}\bigg|_{z=0}<0$、$F'(z) = \dfrac{dF(z)}{dz}\bigg|_{z=1}>0$，可得 $z_1=0$ 为稳定策略，当地村民会选择不参与配合。

当 $x > \dfrac{t-m-bx}{(q-r)x}$ 时，得 $F'(z) = \dfrac{dF(z)}{dz}\bigg|_{z=0}>0$、$F'(z) = \dfrac{dF(z)}{dz}\bigg|_{z=1}<0$，可得 $z_2=1$ 为稳定策略，当地村民将参与配合乡村旅游资源开发工作。

根据以上分析可得，当地村民参与配合的概率 z 随着地方政府扶持监管的概率 x 的增大而增大，即地方政府对乡村旅游资源开发进行引导监管的意愿越强，当地村民将越倾向于参与配合乡村旅游资源开发工作。同理可得，当地村民参与配合的概率 z 随着开发商收益独占的概率 y 的减小而增大，即当开发商积极分享其收益时，当地村民参与配合乡村旅游资源开发的意愿越强。

（三）均衡点分析

由演化博弈原理，通过计算可知，地方政府、开发商、当地村民的系统演化复制动态方程分别为：

$$
\left.\begin{aligned}
F(x) &= \frac{\mathrm{d}x}{\mathrm{d}t} = x\left(E_{(G_1)} - \overline{E_{(G)}}\right) = x(1-x)\left[E_{(G_1)} - E_{(G_2)}\right] \\
&= x(1-x)\left[(a-f)y + c - a - (b+e)z\right] \\
F(y) &= \frac{\mathrm{d}y}{\mathrm{d}t} = y\left(E_{(D_1)} - \overline{E_{(D)}}\right) = y(1-y)\left[E_{(D_1)} - E_{(D_2)}\right] \\
&= y(1-y)\left\{(i-j)\left[(1-x)z+x\right] - x\left[g-h+(z-1)k-a\right]\right\} \\
F(z) &= \frac{\mathrm{d}z}{\mathrm{d}t} = z\left(E_{(V_1)} - \overline{E_{(V)}}\right) = z(1-z)\left[E_{(V_1)} - E_{(V_2)}\right] \\
&= z(1-z)\left\{\left[b+(q-r)y\right]x + m - t\right\}
\end{aligned}\right\}
\qquad (4-16)
$$

结合上述地方政府、开发商、当地村民三方博弈的复制动态方程组（4-16），令 $X = \left(\dfrac{\mathrm{d}F(x)}{\mathrm{d}t}, \dfrac{\mathrm{d}F(y)}{\mathrm{d}t}, \dfrac{\mathrm{d}F(z)}{\mathrm{d}t}\right)T = f(X, t) = 0$，此时求得系统的局部均衡点分别为：$X_1 = (0, 0, 0)$、$X_2 = (0, 1, 0)$、$X_3 = (0, 0, 1)$、$X_4 = (0, 1, 1)$、$X_5 = (1, 0, 0)$、$X_6 = (1, 0, 1)$、$X_7 = (1, 1, 0)$、$X_8 = (1, 1, 1)$、$X_9 = (x^*, y^*, z^*)$，且 $x, y, z \in [0, 1]$。通过对系统的雅克比矩阵的局部稳定性分析可以得到系统的演化稳定策略（ESS），通过计算以上复制动态方程可得该系统的雅克比矩阵如下：

$$J=\begin{bmatrix} (1-2x)\left[(a-f)y+c-a-(b+e)z\right] & x(1-x)(a-f) & x(1-x)(b+e) \\ y(1-y)\left\{\begin{array}{c}(1-z)(i-j)\\ -\left[g-h+(z-1)k-a\right]\end{array}\right\} & (1-2y)\left\{\begin{array}{c}(i-j)\left[(1-x)z+x\right]\\ -x\left[g-h+(z-1)k-a\right]\end{array}\right\} & y(1-y)\left[\begin{array}{c}(1-x)(i-j)\\ +kx\end{array}\right] \\ z(1-z)\left[b+(q-r)y\right] & xz(1-z)(q-r) & (1-2z)\left[\begin{array}{c}b+(q-r)y\right]x\\ +m-t\end{array}\right] \end{bmatrix}$$

由上述分析可求得其对应的矩阵行列式的值 $det(j)$ 及矩阵迹的值 $tr(j)$，如表4-4所示。

表4-4　均衡点稳定性分析

均衡点	$det(j)$	$tr(j)$
$X_1=(0,0,0)$	0	$c-a+m-t$
$X_2=(0,1,0)$	0	$c-f+m-t$
$X_3=(0,0,1)$	$(c-a-b-e)(i-j)(t-m)$	$c-a-b-e+i-j+t-m$
$X_4=(0,1,1)$	$(c-j-b-e)(i-j)(t-m)$	$c-f-b-e+i-j+t-m$
$X_5=(1,0,0)$	$(a-c)(i-j-g+h+k+a)(b+m-t)$	$2a-c+i-j-g+h+k+m-t+b$
$X_6=(1,0,1)$	$(a+b+e-c)(i-j-g+h+a)(t-m-b)$	$2a-c+i-j+t-m$
$X_7=(1,1,0)$	$(f-c)(g-h-a-i+j)(b+q-r+m-t)$	$f-c+g-h-a-i+j+b+q-r+m-t$
$X_8=(1,1,1)$	$(b+f+e-c)(g-h-a-i+j)(r+t-b-q-m)$	$f+e-c+g-h-a-i+j-q+r-m+t$

其中，当且仅当 $det(j)>0$，$tr(j)<0$ 时，上述演化均衡点就会达到稳定状态（ESS），但根据上表分析结果可知：地方政府、开发商、当地村民群体间的演化均衡状态会受到如地方政府的引导监督力度、政策执行情况，开发商的经营能力、利益分享形式，当地村民的收益获取情况以及村民参与情况等众多因素的共同影响，无法确定上述均衡点中是否存在稳定点，因此，接下来结合计算机仿真，对博弈三方演化稳定情况进行具体分析。

五、博弈三方协同运作演化仿真分析

复制动态方程式能够反映各方博弈主体策略选择的速度和方向，令复制动态方程组（4-16）中的方程都等于0，通过计算推导可得到乡村旅游资源开发各方主体的演化稳定策略。然而，一方面，参与乡村旅游资源开发的开发商和当地村民主体数量众多，且各主体之间又是相互影响的，这种错综复杂的关系导致满足均衡条件的均衡点求解十分困难。另一方面，参与乡村旅游资源开发的各主体都是有限理性的，各参与方必须经过长时间、多次、重复博弈才能形成最终的稳定均衡状态，且若再考虑延迟因素，则分析更为复杂。而采用系统动力学，能够反映系统内部、外部因素之间的相互关系，随着调整控制参数，可实时观测变化趋势。且系统动力学模型是一种因果关系机理性模型，强调系统与环境相互联系、相互作用，系统中的含量随时间而变化，可用来模拟长期性和周期性系统问题。因此，本书尝试将博弈模型与系统动力学仿真进行结合，基于系统动力学原理，构建地方政府、开发商与当地村民的三个群体策略选择的演化博弈模型，借助 Vensim 软件对三方主体的演化过程进行仿真分析，模拟各主体的策略行为，找出影响各主体策略选择趋于稳定的关键因素，以及一方策略的选择如何对其他主体策略选择产生影响。

（一）仿真模型的建立

本书根据系统动力学解决问题的主要步骤，在上述演化博弈系统分析的基础上，借助 Vensim 软件作为分析工具，构建出科学规范的乡村旅游资源开发的系统动力学模型，如图4-3所示。模型的主要变量根据三方博弈的收益函数进行设定，其中包含三个速率变量、三个水平变量、14个辅助

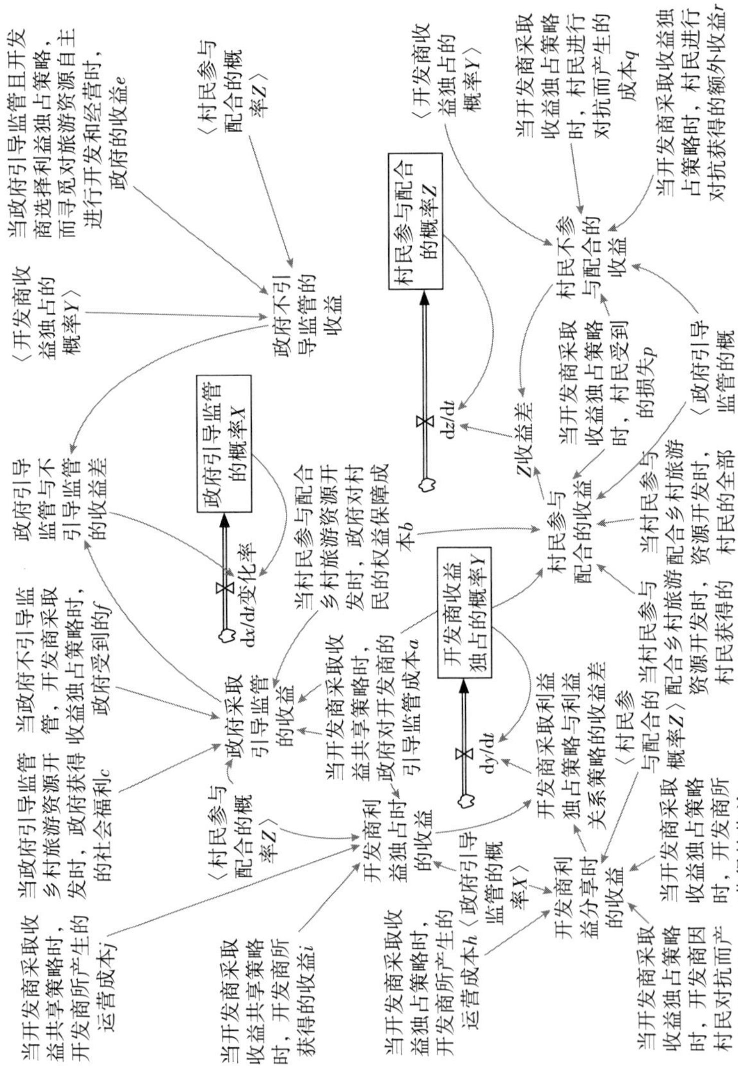

图 4-3　博弈三方仿真模型

变量。模型中各变量之间的主要公式由博弈三方的期望效用函数得出。

在对仿真初始条件进行设置时，考虑到近年来乡村旅游资源的开发进程较快，将初始时间设置为 0，模拟仿真周期设置为 30 个月，步长为 0.125。根据本书中不同参数的具体定义，假设影响三方主体策略演化的相关变量初始赋值如表 4-5 所示。

表 4-5　各博弈主体变量初始赋值

变量	a	b	c	e	f	g	h	i	j	k	m	p	q	r	t
赋值	0.3	0.5	5	1	1	6	4	4	1.5	6	3	1	2.8	2.9	1.7

（二）演化模型仿真分析

1. 纯策略下的演化稳定分析

乡村旅游资源博弈三方采取纯策略时共有八种策略组合，即 $X_1 = (0, 0, 0)$、$X_2 = (0, 1, 0)$、$X_3 = (0, 0, 1)$、$X_4 = (0, 1, 1)$、$X_5 = (1, 0, 0)$、$X_6 = (1, 0, 1)$、$X_7 = (1, 1, 0)$、$X_8 = (1, 1, 1)$。通过对上述策略的模拟仿真可知，当各参与者均采取纯策略时，其后续博弈没有一方主动改变其最初策略，三者也会稳定在平衡状态，但该状态只是相对稳定的，若有任意一方参与者策略发生微小调整，系统演化的稳定状态将会被打破。以 $X_7 = (1, 1, 0)$ 为例，其仿真结果如图 4-4 所示，该结果显示为各方参与者都不愿调整其策略来改变现有系统的均衡状态。

但当政府、村民的策略不变，开发商以很小概率（$y = 0.99$）对其策略进行调整，会发现系统均衡策略会很快从 $X_7 = (1, 1, 0)$ 演化至 $X_5 = (1, 0, 0)$ 状态，如图 4-5 所示。

而当开发商和村民均以微小概率（$y = 0.99$，$z = 0.01$）对其策略进行调整时，系统均衡策略又会逐渐地从 $X_7 = (1, 1, 0)$ 演化至 $X_6 = (1, 0, 1)$ 状态，如图 4-6 所示。

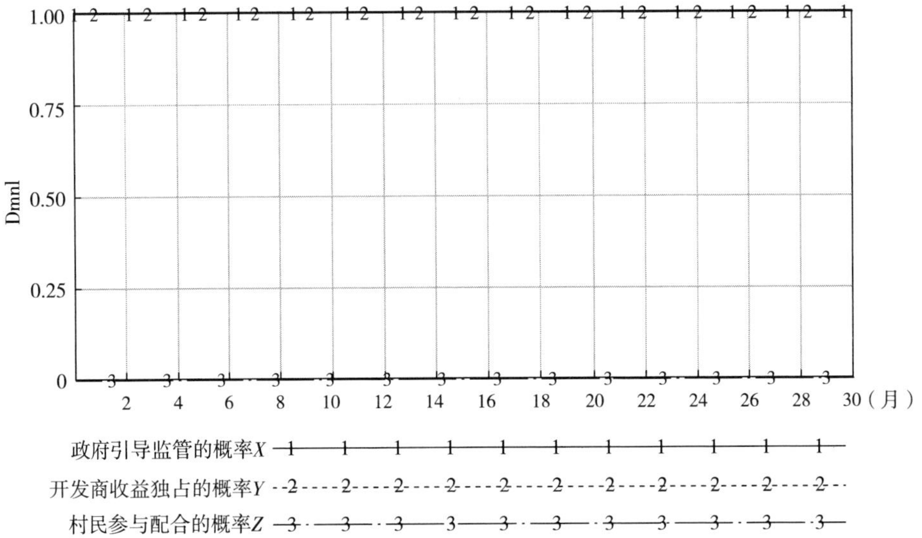

政府引导监管的概率X ―1――1――1――1――1――1――1――1――1――1―

开发商收益独占的概率Y -2----2----2----2----2----2----2----2----2----2-

村民参与配合的概率Z ―3·―3·―3――3――3――3――3――3――3―·―3―

图 4-4 *x*=1 *y*=1 *z*=0 时的演化博弈路径

政府引导监管的概率X ―1――1――1――1――1――1――1――1――1――1―

开发商收益独占的概率Y -2----2----2----2----2----2----2----2----2----2-

村民参与配合的概率Z ―3·―3·―3――3――3――3――3――3――3―·―3―

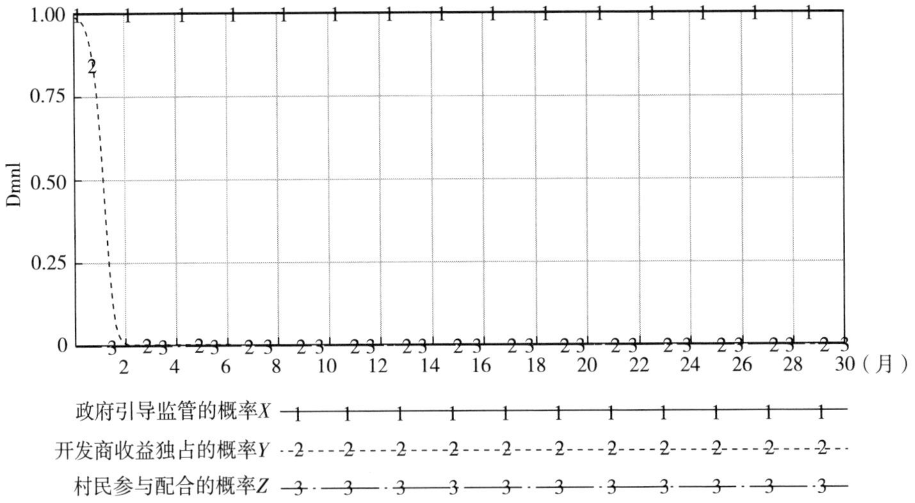

图 4-5 *x*=1 *y*=0.99 *z*=0 时的演化博弈路径

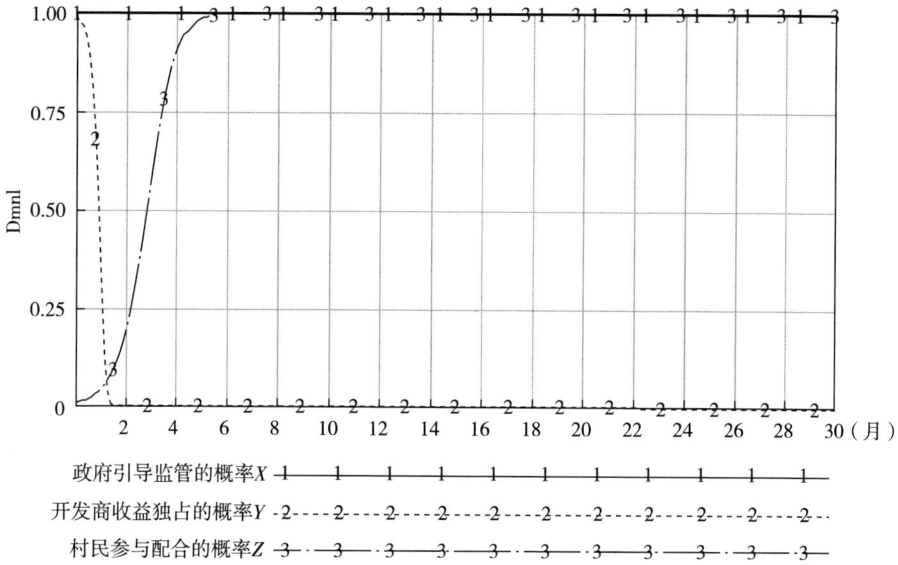

图 4-6　$x=1$　$y=0.99$　$z=0.01$ 时的演化博弈路径

当开发商积极分享利益，即以较大幅度（$y=0.5$）进行策略调整，同时，村民以微小概率（$z=0.01$）对策略进行调整时，系统则也会快速演变为 $X_6(1, 0, 1)$ 的稳定状态，如图 4-7 所示。

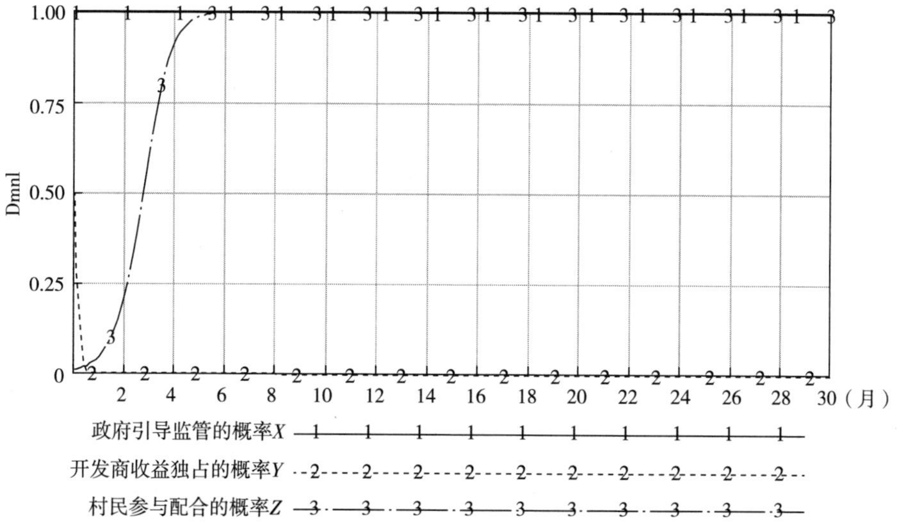

图 4-7　$x=1$　$y=0.5$　$z=0.01$ 时的演化博弈路径

111

同理进行模拟，并对比仿真结果可知，在地方政府主动选择引导监管策略，且当地村民选择不参与配合的情况下（见图4-2），开发商仅需有意愿在乡村旅游资源开发过程中进行利益分享，即使是较少的意愿，其策略也会在较短的时间内，演化为收益分享的稳定策略。在政府引导监管的作用下，开发商能够在开发和运营过程中得到优惠政策和相关引导补贴，同时开发商也忌惮政府对其利益独占行为的惩罚，最终将选择利益共享，由此可见，政府策略的选择在较大程度上会影响开发商的利益分享行为。此外，在地方政府主动选择扶持监管策略，且开发商利益分享意愿较强的情况下（见图4-4），村民只需要有较少意愿参与到乡村旅游资源开发活动中，其演化结果最终都将趋向于1，演化为"参与配合"的稳定策略。因此，政府和开发商必须对当地村民加强引导，鼓励村民加入乡村旅游资源的开发并保护其利益分享等的合理权益。在政府积极地引导监管，开发商优化其利益分享机制的情况下，当地村民也终将选择参与配合乡村旅游资源开发的策略，博弈系统最终会演化到$X_6(1, 0, 1)$，即"政府引导监管、开发商收益共享、村民参与配合"的稳定状态。从总体博弈情况中可以看出，政府是系统趋向于稳定的推动者，开发商的策略选择是系统趋向于稳定的关键。

2. 参数灵敏度分析

由于三方演化博弈模型中涉及的相关变量较多，且各变量间又存在着直接或间接的关系，参数的选取将决定各策略组合是否能够达到均衡稳定状态。因此，本节选择在特定策略集 {0.5, 0.2, 0.3} 的基础上，对相关参数进行灵敏度测试，以观察有关参数的变化对博弈主体策略选择的影响是否明显。

（1）影响地方政府行为策略的参数灵敏度分析。

政府引导作为政府为促使合作各方合作共识的快速达成、合作关系的快速建立的重要措施，对博弈状态趋于稳定具有重要作用。本书在保持其他变量不变的情况下，通过调整变量 a（当开发商采取利益共享策略时，政府给予开发商的引导监管成本）的取值和变量 b（当村民支持并参与乡村旅游资源开发时，政府对村民的权益保障成本）的取值，将其依次增大为（1→3→5），如图4-8和图4-9所示，以观察在不同引导监管成本下，政府策略的演化情况。

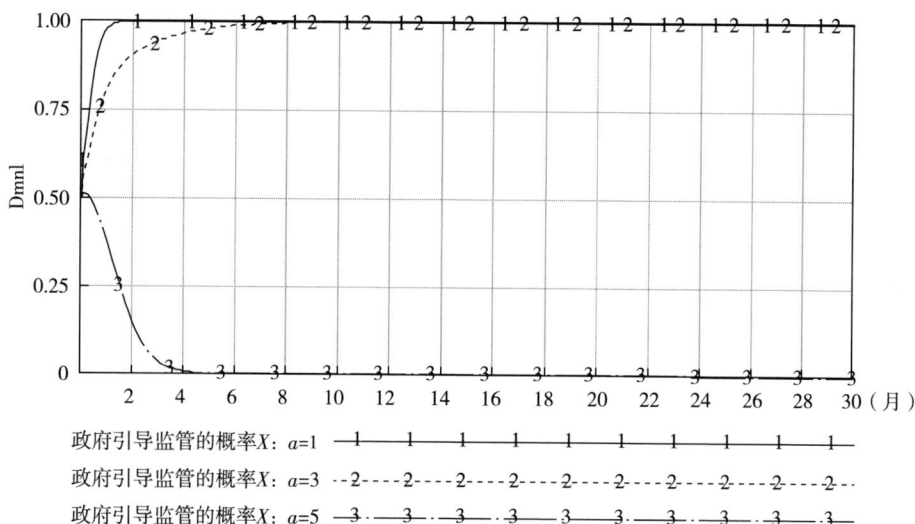

政府引导监管的概率 X：$a=1$ ——1——1——1——1——1——1——1——1——1——1

政府引导监管的概率 X：$a=3$ --2----2----2----2----2----2----2----2--

政府引导监管的概率 X：$a=5$ —·3—·3—·3—·3—·3—·3—·3—·3—·3

图 4-8 a 对地方政府策略选择的影响

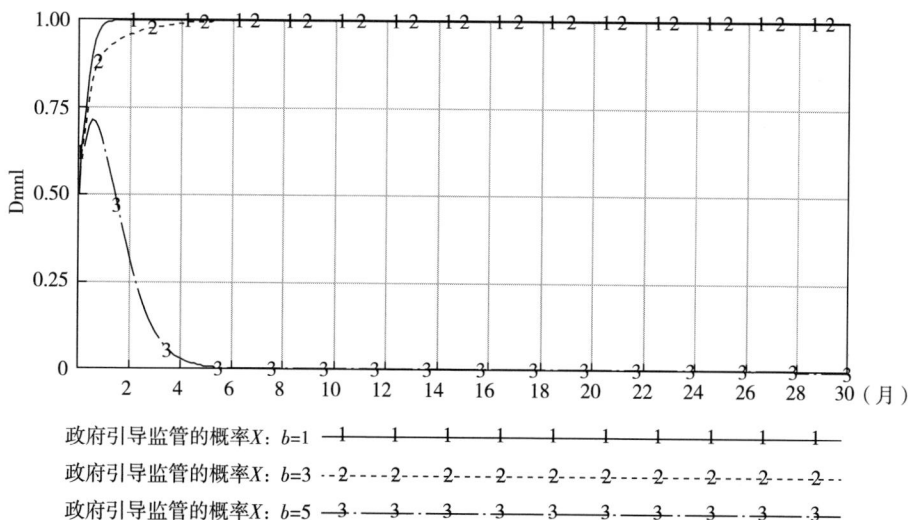

政府引导监管的概率 X：$b=1$ ——1——1——1——1——1——1——1——1——1——1

政府引导监管的概率 X：$b=3$ --2----2----2----2----2----2----2----2--

政府引导监管的概率 X：$b=5$ —·3—·3—·3—·3—·3—·3—·3—·3—·3

图 4-9 b 对地方政府策略选择的影响

从图4-8、图4-9中可以看出，a和b对政府监管策略选择的演化趋势影响较为相似，当政府对乡村旅游资源开发商的引导监管成本以及对村民的权益保障成本，低于其所能获取的社会福利时，基于成本效益原则，政府将采取积极引导监管策略，但若政府支持开发的各项成本高于其所能获取的社会福利时，政府在进行综合考虑的基础上，最终转变策略为扶持不监管，如图4-8、图4-9中$a=5$、$b=5$时的情况，最终的演化结果趋向于0。

社会福利是政府参与乡村旅游资源开发成效显著与否最重要的评价指标，通过改变变量c（当政府扶持并监管乡村旅游资源开发时，政府获得的社会福利）的取值，将c依次增大为（$1 \rightarrow 5 \rightarrow 9$），得到图4-10，观察社会福利变化对地方政府的策略选择影响是否灵敏。

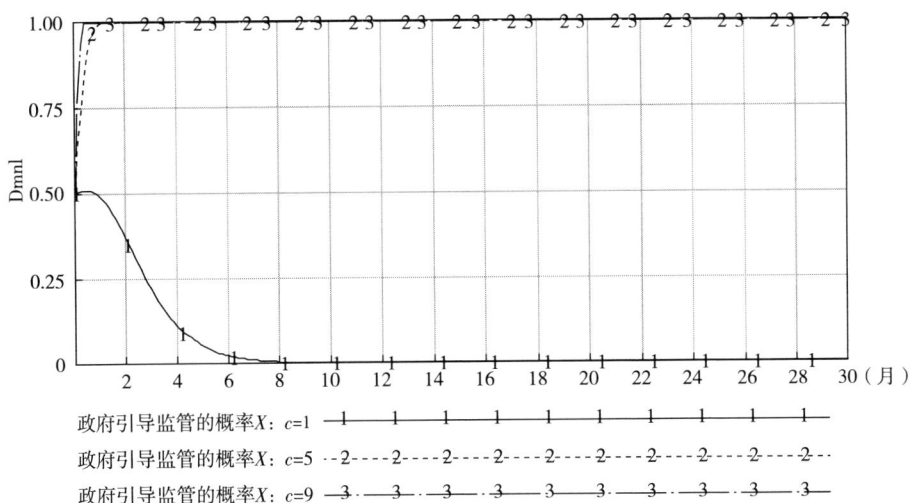

图4-10 c对地方政府策略选择的影响

由图4-10可知，社会福利参数的调整，对政府策略选择的影响较大。当政府引导监管乡村旅游资源开发所获取的社会福利较多时，政府将更加倾向于积极作为，同时，观察$c=5$和$c=9$时的演化博弈路径可知，政府支持乡村旅游资源开发获取到的社会福利越多时，政府倾向于引导监管策略的速度也就越快。但当政府投入的支持成本较高，获得的社会福利较少时，政府也会阶段性地调整其策略，逐渐转为 $c=1$ 时"不引导监管"的状态。

（2）影响开发商行为策略的参数灵敏度分析。

政府补贴将有助于博弈各方积极响应有关政策，达成合作。通过调节变量 a（当开发商采取利益共享策略时，政府给予开发商的引导监管成本）的取值和变量 b（当开发商采取利益共享策略时，政府给予村民的权益保障成本）的取值，将其分别设置为 $a=1$；$b=1$、$a=3$；$b=3$、$a=5$；$b=5$ 三种情况，得到图 4-11。

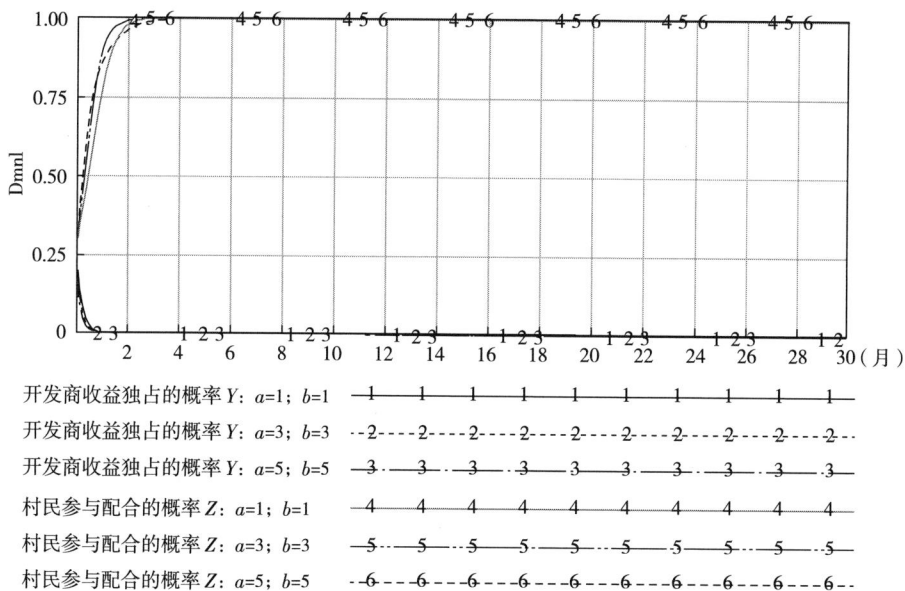

图 4-11　a、b 对开发商和村民策略选择的影响

由图 4-11 可知，在有限理性的前提下，开发商和村民为了既得利益，将积极开展合作活动，这种合作关系表现在开发商分享收益，当地村民参与配合。增大政府补贴，开发商和村民的策略选择趋于稳定状态的时间将会缩短，有利于开发商和村民为获取既得利益而相互采取合作策略，同时合作也会深化政府、开发商以及村民间的联系，促进乡村旅游资源的稳定和谐发展，实现共赢多赢的局面。

调节变量 g（开发商采取收益独占策略时，开发商可获得的收益）的取值，将 g 的值依次增大为（3→6→9），观察收益变化对开发商的策略演化的影响是否明显，得到图 4-12。

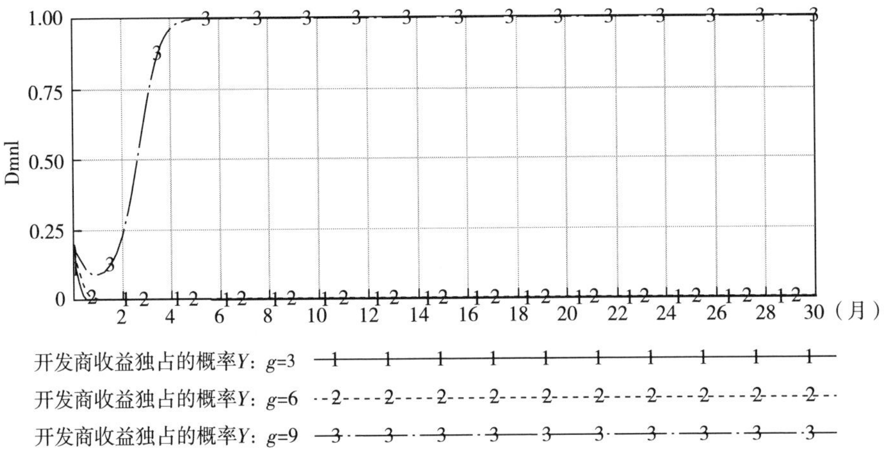

图 4-12　g 对开发商策略选择的影响

基于上文假设，开发商采取利益独占策略时的收益将大于其采取利益共享策略时的收益。因此，由图 4-12 可知，在没有其他约束的情况下，当开发商采取利益独占策略所获得的收益远大于采取收益共享策略时，开发商出于自身利益最大化的目标，将选择收益独占策略。但在开发商收益独占的情况下，村民的合法权益将受到侵害，因此，村民可能与开发商展开对抗，增加开发商的开发成本和损失。

接下来，本书通过调节变量 j（当开发商采取利益独占策略时，开发商的运营成本）的取值，将开发商的运营成本 j 的值依此调整为（1→3→

5)，得到图 4-13，和变量 k（开发商采取收益独占策略时，开发商因与村民对抗而产生的损失）的取值，依此增大为（1→5→9），如图 4-14 所示，以观察对开发商的策略的选择是否对其成本和损失参数的变化敏感。

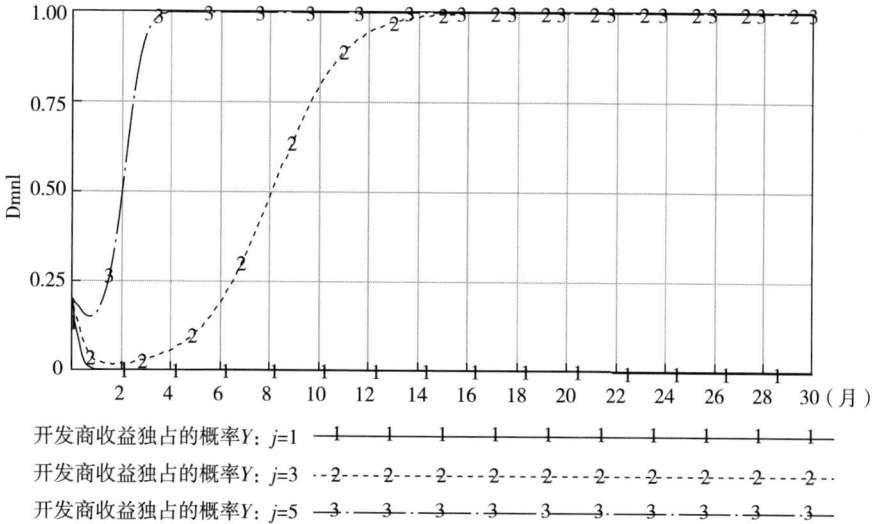

图 4-13　j 对开发商策略选择的影响

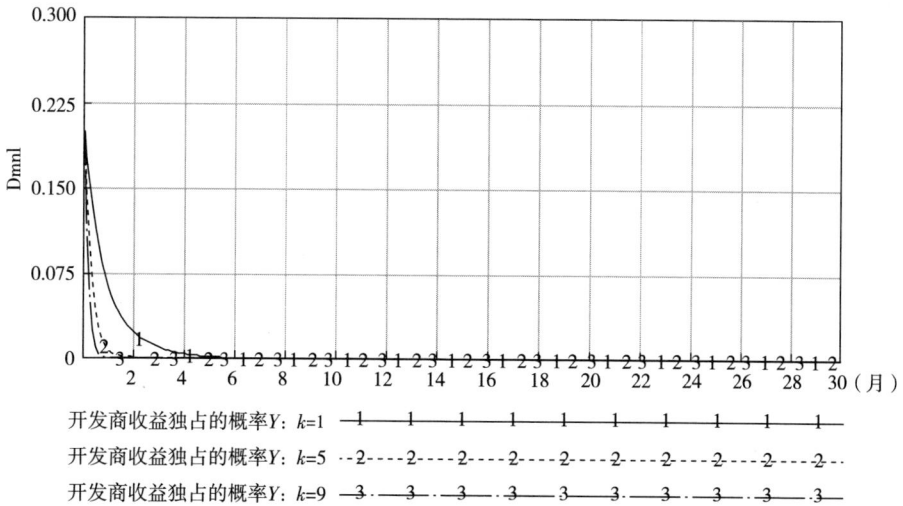

图 4-14　k 对开发商策略选择的影响

如图4-13所示，从策略演化速度来看，开发商对运营成本的变化值较为敏感，当运营成本超过一定数值时，开发商将逐渐稳定于利益独占策略，以维护自身利益。从图4-14中可知，当开发商与村民对抗产生的损失越大时，开发商采取利益共享策略的速度也就越快。因此，由上图演化博弈路径分析可知，首先，地方政府应加强对开发商的扶持监管，在政府的扶持下，开发商在一定程度上能够降低其运营成本，并驱使开发商分享其收益。其次，在地方政府的组织引导下，开发商应积极与当地村民合作，减少或彻底化解与当地村民的利益冲突，控制因与村民对抗而产生的损失，实现各方的利益最大化。

（3）影响当地村民行为策略的参数灵敏度分析。

成本是影响当地村民是否参与乡村旅游资源的关键因素，收益是影响合作各方进行合作的重要因素。当地村民和开发商在合作开发的过程中，不合理的收益分配将影响合作的稳定性，合理的收益分配将促使合作双方共享合作成果、巩固合作关系。因此，本书通过调节变量 t（当村民支持并参与乡村旅游资源开发时，村民的全部生产成本）和变量 m（当村民支持并参与乡村旅游资源开发时，村民获得的收益）的取值，将 t 和 m 的值分别设置为1、3、5，得到图4-15和图4-16。观察成本和收益对当地村民策略选择的影响。

从图4-15、图4-16可得出，对当地村民而言，当其参与乡村旅游资源开发所付出的全部生产成本越低，所获得的收益越高时，当地村民支持参与乡村旅游资源开发的积极性也就越高。但若村民参与乡村旅游资源开发付出的成本大于其所能获取或分配到的利益，则村民将在一段时间的尝试后放弃参与旅游资源开发活动。但当地村民又是乡村旅游资源开发过程中不可或缺的一部分，因此，基于当地村民对自身利益保护的诉求，政府应加强对当地村民的引导，加大对开发商利益分配行为的监管，同时，开发商也应主动承担社会责任，主动分享乡村旅游资源开发利益，积极与当地村民合作，实现各方利益的最大化。

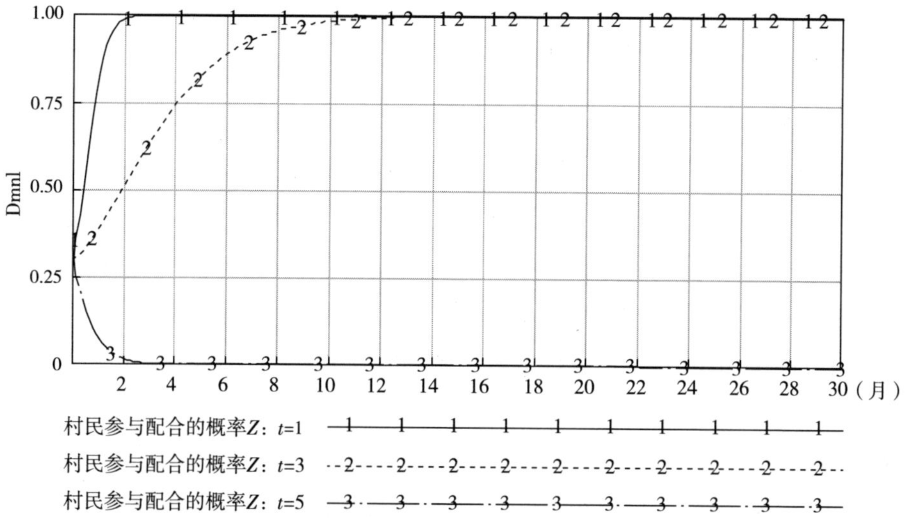

图 4-15　*t* 对当地村民策略选择的影响

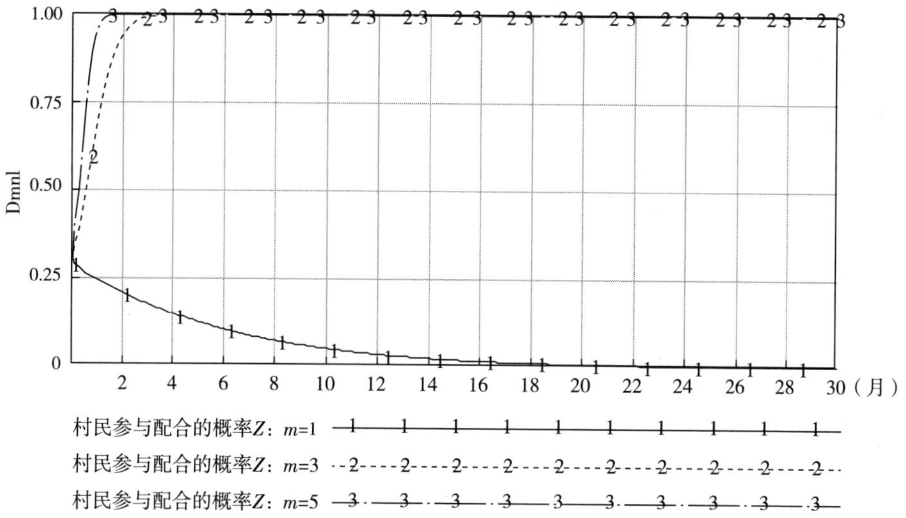

图 4-16　*m* 对当地村民策略选择的影响

（三） 影响博弈均衡状态的关键因素分析

乡村旅游资源开发是一项系统性的社会工程，多元主体的参与可以有效地促进乡村旅游的发展，但在发展的同时，多元主体间又存在着利益的交织与碰撞，影响着各方博弈策略的选择。本书在利益主体关联性分析的基础上建立了三方演化博弈模型，探讨地方政府、开发商和当地村民三者之间行为策略的影响关系，结合上文利益主体关联性分析以及博弈分析，本书提取出以下影响乡村旅游资源开发过程中各关键利益主体策略趋于稳定的关键因素。

1. 地方政府

从上文灵敏性分析可以看出，地方政府策略的选择受引导监管成本、权益保障成本以及其所能获取的社会福利等参数调整的影响较为明显，当政府采取措施对乡村旅游资源开发进行引导监管获取的社会福利高于其所付出的成本时，基于成本效益原则，政府会选择引导监管策略。而从纯策略分析中可知，在整个开发过程中，地方政府策略的初始状态，对其他关键利益主体策略的选择具有重要影响，由此可见，政府积极的引导与监管对整个乡村旅游系统趋于稳定具有积极作用，是影响其他关键利益主体策略趋于稳定的关键因素。

（1） 政府引导。

政府在乡村旅游资源开发中的引导作用是全方位的，一方面，政府积极引导开发商，对开发商的合理开发、提供就业、慈善公益、环境保护等行为给予激励、表彰或相应补贴，为开发商开展各项旅游活动提供强有力的保障；另一方面，政府积极引导村民参与，通过在开发过程中的冲突调解，维护村民合法权益，在各方利益得到合理分配的前提下，提高社会福利与政府的公信度，实现多方共赢。

（2） 政府监管。

政府监管是助力乡村旅游长远发展必不可少的一环。首先，在乡村发展旅游过程，政府相关部门能对各种损害开发商、村民等利益的行为进行有力监督；其次，在开发过程中，开发商对当地农田、河流、山林等生态环境造成破坏时政府及时监督与管理，在保障利益村民经济利益的同时，保护生态环境。对于其他关键利益主体而言，地方政府的引导监管是旅游企业遵守秩序，优化利益分享以及支持当地村民积极参与的重要动力。

2. 开发商

从上文分析可知，开发商策略的选择受地方政府的引导监管程度、开发商在开发过程中的收益及其运营成本等参数调整的影响较为明显。此外，旅游开发商作为嵌入主体，当与村民发生冲突时，其发生的损失也会影响旅游企业行为策略。基于前文假设，开发商采取收益独占策略时所获取的收益将大于利益共享的收益，但收益独占也将引起当地村民的不满，进而产生抵触情绪，阻碍乡村旅游的良性发展，在社会福利受到损害的情况下，地方政府也将采取措施，监督开发商的利益分享行为。由此可见，开发商策略的选择主要受到政府引导监管，开发商开发所获利益及开发成本等关键因素影响，而其成本效益是否匹配，主要表现为开发商的开发能力是否足够强大，是否能在开发规模及资源整合中占据优势，是否能在多方主体博弈的情况下实现自身利益的最大化。

3. 当地村民

通过上文分析可知，当地村民作为乡村的主人，其博弈策略的选择主要受到村民参与乡村旅游的成本、收益以及是否有足够的权力保障等因素的影响。

（1）参与权力。

当地村民享有乡村旅游资源开发的选择权、参与权、决策权等权利，但参与权力的保障需要政府和开发商的共同努力。政府对开发商的引导监管，对当地村民参与乡村旅游资源开发的权益保障，实质上也是对当地村民参与权力的一种维护，若村民的参与权力没有维护好，则容易发生利益冲突，造成政府社会福利以及开发商利益的损失。

（2）参与收益。

参与收益是当地村民参与乡村旅游资源开发，影响与开发商的合作关系最为关键的因素，收益是村民获得感最直观的体现，从灵敏度分析可知，不合理的收益系数将增加村民与开发商合作的不稳定性，而合理的收益分配比将会促使合作双方共享合作成果、巩固合作关系。同时，当村民参与乡村旅游资源开发时所获得的收益越高时，村民会在越短的时间内选择参与配合战略，积极投身于乡村旅游资源开发事业。

六、本章小结

本章主要分析乡村旅游资源开发中各个核心利益主体的利益诉求及其具体博弈行为，通过对上文的分析得出以下主要结论：

第一，在乡村旅游资源开发中主要涉及地方政府、开发商、当地村民三方核心主体。在对各方的利益诉求进行分析后可知，地方政府是乡村旅游资源整合的调配者，扮演协调者、管理者、监督者等多重角色，需要考虑经济利益、社会福利、生态保护等多重因素，同时，推动乡村旅游资源的可持续发展。开发商在乡村旅游发展中享有运营和管理权，是推动整个乡村旅游发展的重要支撑。当地居民则是乡村旅游开发经营的重要参与者与主要受益者。

第二，从地方政府、开发商、当地村民、旅游者博弈的角度来看，各利益主体最主要的博弈目标就是达成一定的利益诉求，各利益相关者都是有限理性的主体，相互之间的博弈是一个动态调整的过程。在演化博弈过程中，各博弈主体通过不断演进与博弈，最终博弈三方将会选择一个稳定的演化策略，即演化稳定策略，作为自己的最终策略。从上文纯策略博弈情况分析可知，乡村旅游资源开发利益博弈系统最终会演化为"地方政府扶持监管，开发商利益共享，当地村民支持参与"的稳定状态。在该演化系统中，政府是系统趋向于稳定的推动者，开发商的策略选择是系统趋向于稳定的关键。

第三，通过灵敏度分析对各核心利益相关者策略选择的影响可知：①地方政府在博弈中起到至关重要的作用，是实现各利益相关者均衡的有力保障，社会福利的提高是激发地方政府扶持监管积极性的重要因素，若政府采取引导监管策略，但其付出与收益不成正比，则地方政府将根据实际情况调整其策略。地方政府的主要职能是协调各利益主体间的关系，出台相关政策，加强与开发商的沟通与合作，促进开发商持续发展。同时监管开发商行为，避免政府经济漏损情况的发生，保护当地村民的合法权益。②开发商在乡村旅游中相对村民拥有更多的信息，占据利润分配的主导地位，在开发商与当地村民的博弈过程中，旅游开发商若选择不合理分配收益、不与当地村民开展合作，则容易与村民发生对抗，甚至会受到村民的打击、抵制，进而付出相应的对抗成本，造成经济损失。因此，从长远利益来看，开发商应积极履行社会责任，与村民友好相处，利益共享，才能获得更好的口碑与更高的收益，最终进入各方利益相关者利益最大化的良性循环。③对于当地村民而言，当地村民在与开发商的博弈中处于相对被动的一方，需要政府对开发商进行合理的监管与协调，保障村民参与的权力，促进当地村民与开发商的合作。在当地村民与政府的博弈中，政府在制定利益分配与利益补偿政策过程中，要充分考虑村民的利益，从村民的角度出发，制定合理的利益分配制度，健全土地利益补偿机制，保障村民的权益，得到村民的拥护和支持，进而提高村民的参与积极性，实现乡村旅游可持续发展。

第四，乡村旅游资源开发利益分享是实现乡村旅游高质量发展的关键，而如何分配好各方利益，就需要各方通过博弈、协商和合作来找到一个平衡点，这个平衡点的寻找过程，就是乡村旅游发展中多元主体之间利益交织与碰撞的体现。基于以上分析，本书将乡村旅游资源开发中各利益主体策略选择趋于平衡、稳定的关键因素归集如下：①政府在乡村旅游开发中的作用是全方位的，从规划、引导、保障到监督都需要政府的积极参与和推动，其中，政府引导和政府监督是影响整个博弈系统趋于稳定的关键因素。②开发商的加入为乡村旅游资源的开发注入新鲜血液，在一定程度上能够助力乡村基础设施的完善、资源环境的改善，并为农村发展提供资金支持，为当地村民提供就业机会。但出于开发商逐利的本性，当开发商采取利益独占策略时所获取的利益远大于其采取利益分享策略时，开发商将选择利益独占，此时将损害其他关键利益主体的利益。开发商策略选择趋于稳定的关键在于其开发能力，即开发商是否具有足够强大的能力控制其开发规模、资源整合力度、利益分配方式等，使其降低成本、提高效益，减少可能的冲突与损失，最终实现利益分享的共赢。③对村民而言，参与权力与参与收益是影响其策略选择最为关键的因素。参与乡村旅游资源的开发可以拓宽村民的收入来源，提高其生活水平，为村民带来直接的经济收益。同时，村民作为乡村的主人，通常对自己的家乡有着深厚的情感纽带和归属感，因此，当村民能够有足够的选择权、决定权等权力时，他们将有更加强烈的意愿积极参与配合乡村旅游资源开发工作，为乡村发展贡献力量。那么，乡村旅游资源开发利益分享路径是什么呢？该如何构建呢？本书将在下一章中进行探究。

第五章
乡村旅游资源开发的利益分享路径分析

第四章对各利益主体在乡村旅游资源开发中的角色定位、权力、义务与利益诉求等进行梳理，发现各利益主体既存在共同的利益愿景，在具体利益诉求方面又存在较大不同。通过演化博弈分析进一步发现地方政府、开发商、当地村民之间利益博弈是一个动态调整的过程，最终可以演化为"地方政府扶持监管，开发商利益共享，当地村民支持参与"的均衡状态，并且演化过程受到众多因素的共同影响。目前，中国的乡村旅游已经步入可持续开发阶段，然而各地乡村旅游资源开发实践是否已经达到了"地方政府扶持监管，开发商利益共享，当地村民支持参与"的理想均衡状态？从该均衡状态中是否能找到促进乡村旅游资源开发利益分享的有效路径？进一步回答这些问题具有重要的实践价值和创新意义。因此，本章采用 fsQCA 方法对"乡村旅游资源开发利益分享路径"进行研究。首先基于国家政策和地方实践选取 20 个典型案例；其次根据第四章博弈分析框架与组态理论构建多元利益主体交互的利益分享理论框架，据此分析开发商开发能力、地方政府引导、地方政府监管、村民参与权力、村民参与收益五个要素对乡村旅游资源开发利益分享的组态效应；最后通过问卷调研等形式收集样本村数据，并对数据进行预处理和校准以进行研究分析，探索多种相互联系、共同作用的因素在组合状态下对利益分享产生的影响，得出多种因素共同作用的利益分享有效路径，以期产生联农带农、促进农村共同富裕的乡村旅游可持续发展模式。

一、研究方法与前因条件

（一）QCA 研究法

QCA（Qualitative Comparative Analysis）研究法又称定性比较分析方法，由美国社会学家查尔斯·拉金于 1987 年提出，是一种介于统计分析与单案例分析之间的多案例比较研究方法。该方法旨在超越传统的个案研究局限，系统地考察事件发生的成因及其内部生成因子之间的互动关系，以此解答"多重并发因果"问题，在研究复杂社会现象和涉及多案例比较的情况下具有重要作用[211]。该方法在社会科学领域得到了广泛应用，近些年国内学者也开始借此方法解决农村经济[212]、旅游管理[213]、公共管理[214]、战略管理[215] 等方面的管理学问题。

QCA 研究法运用基于布尔代数的集合论思想，将所有可能的因素条件组合作为分析的基础，并根据布尔代数算法简化这些条件组合，布尔代数最基本的运算逻辑是寻找不同组合的共同点，以揭示哪些条件组合能够导致特定的结果，因此能较好地分析多因素并发的因果复杂问题[216]。该方法结合具有丰富情境信息的定性方法以及能处理中小数量案例的定量方法，通过考察前因条件和结果之间的充分与必要子集关系，从整体上探寻多重并发因果诱致的复杂社会问题"如何"发生[215]。由于 QCA 对样本量的标准不高（通常只需 10~20 个样本），学者可以在研究过程中对总样本进行多次细分化，产生不同的子样本级，从而得到更加细致的结果，这也使得 QCA 的剖析结果更为符合实际情况，并使后续的科学研究更具针对性。QCA 研究法通常可以分为清晰集（csQCA）和模糊集（fsQCA）两种类别，csQCA 研究变量值仅为"0"或"1"的二分变量，而 fsQCA 可以研究"0"或"1"之间的部分隶属分数。本章采用 fsQCA 进行分析，原因之一是 csQCA 存在二进制变量无法完全捕捉随级别或程度变化的案例复杂性这一局限，使用 fsQCA 研究本书变量有助于获得更深入和更丰富的数据洞察力；原因之二是在乡村旅游资源开发的实践中，很多概念和现象都具有模糊性，例如，乡村旅游资源开发可能会产生多种利益，使得利益主体难以简单地用"是"或"否"来判断自己分享到了应得的利益，使用 fsQCA 分析可以在采集数据时将各种利益进行分类，针对不同人群采用多种衡量级别的问题进行调研，最后借助赋权工具确定权重以及通过隶属函数校准数据集的隶属度，使得数据采集和分析更灵活也更贴近现实。

（二）前因条件

进行 fsQCA 研究首先需要确定前因条件，前因条件是路径的构建要素，以利益相关者理论为基础，结合第四章对利益主体之间利益博弈关系的分析，进一步构建多元利益主体交互利益分享理论框架。利益相关者理论来源于管理学，较有影响的是弗里曼所下的定义：利益相关者是指能够影响一个组织目标的实现或者能够被组织实现目标过程形成影响的群体或个人[217]。乡村旅游资源开发可以概括为以乡村各类资源为核心，围绕这些资源进行开发产生旅游价值。因此，乡村旅游资源开发的主要利益相关者为开发商、地方政府以及当地村民，这三类利益相关者既存在共同利益愿景，又有不同利益诉求，在这种复杂利益关系下，只有明确各利益相关者的角色定位，合理分工形成良好的互动关系，才能实现乡村资源的旅游价值转换，创造经济利益、公共福利、政绩税收等，并使参与开发的各利益主体获得公平的利益分享[218]。

从各主体的主要角色定位分析，开发商是乡村旅游资源的开发者，运用专业知识和市场洞察力，对乡村地区的自然资源、文化资源、社区活动等进行全面评估，在规划与设计的基础上，整合和优化各类乡村资源，通过创新组合和合理配置，创造具有吸引力和市场竞争力的旅游产品、活动和项目，实现乡村资源向旅游产品的价值转化，同时也提升了当地经济的活力和乡村居民的生活水平。在整个开发过程中，开发商需关注可持续发展的策略，确保乡村旅游业的长远繁荣与生态、文化、村民的和谐共生。

作为乡村资源的所有者，当地村民不仅是乡村人文关系的主体，更是乡村土地资源、风景资源、人文资源等的重要持有者。开发商下乡寻求合作与开发机会时，当地村民们积极响应，通过土地流转、参与开发等方式，将拥有的各类资源提供给开发商，使农村资源特别是农村闲置资源在旅游开发中焕发新的活力与价值。当地村民的切身参与不仅为乡村旅游提供了地道的乡村文化体验，增加了乡村旅游的吸引力和竞争力，还为乡村旅游提供了人力资源与人文资源。当地村民的参与行为为开发商提供了开发空间，使更多的旅游项目和产品得以落地，确保乡村旅游开发的顺利进行，当地村民也可以从参与中获得收益。当地村民不仅可以通过流转土地获得租金和分红，还可以在旅游项目中获得就业和创业机会。随着乡村旅游的发展，乡村的面貌得到改善，从而为当地村民创造一个更加美好的生活环境。

地方政府作为开发的监管者，不同于开发商与当地村民对经济利益的诉求，其参与乡村旅游资源开发旨在推动乡村旅游的可持续发展，确保资源的合理利用，并保障当地村民、开发商以及公众的利益不受侵害。通过制定相关政策、规划和发展战略，地方政府积极引导和鼓励开发商下乡进行旅游资源开发。在开发前期，通过招商引资等手段为开发商提供必要的政策支持和优惠条件，促进乡村旅游项目的落地实施，积极参与乡村旅游资源的前期调研和评估工作，为开发商提供准确的市场信息和资源数据，帮助开发商更好地了解乡村旅游市场的需求和潜力。作为监管者，地方政府在乡村旅游资源开发过程中为开发项目制定严格的开发标准和规范，对开发商的开发行为进行监管和约束，确保乡村旅游的开发建设符合环保、文化和社会可持续发展的要求，防范打击不正当的利益侵占行为，维护市场秩序和当地村民权益。地方政府在当地村民与开发商的合作过程中对各方进行沟通和协商，确保当地村民能够参与到乡村旅游的开发和管理中来。当发生利益纠纷与利益冲突事件时，地方政府会及时介入并进行调解，化解利益矛盾，维护双方的合法权益。

进一步分析，利益主体的共同愿景可以概括为从乡村旅游资源开发中获得可持续性利益。从具体诉求来看，开发商的利益诉求主要包括获取资源、挖掘价值以及开发利润最大化，地方政府利益诉求主要包括乡村发展、经济拉动、形象提升等[219]，当地村民利益诉求主要包括获取就业和创业机会、经济补贴等[220]。因此，地方政府需要做好规制、引导、监管、惩罚和激励工作，完善乡村地区政策环境、生态环境、基础设施，一方面，通过招商引资吸引优质开发商下乡，引导和约束开发商的行为；另一方面，对整个开发过程进行监管以保障乡村旅游资源的可持续性开发，对当地村民参与乡村旅游产业进行指导与帮扶以保护当地村民合法利益不受侵占。开发商应积极响应，发挥自身开发能力，整合来自当地村民的旅游资源进行乡村旅游开发，挖掘闲置资源的潜力与价值，并向当地村民提供就业、创业机会，带动地方经济发展。当地村民应积极参与，获取多种经济机会，实现增收致富。最终，形成以开发旅游资源为基础，以实现利益分享为核心，多元利益主体互动的开发模式，如图 5-1 所示。

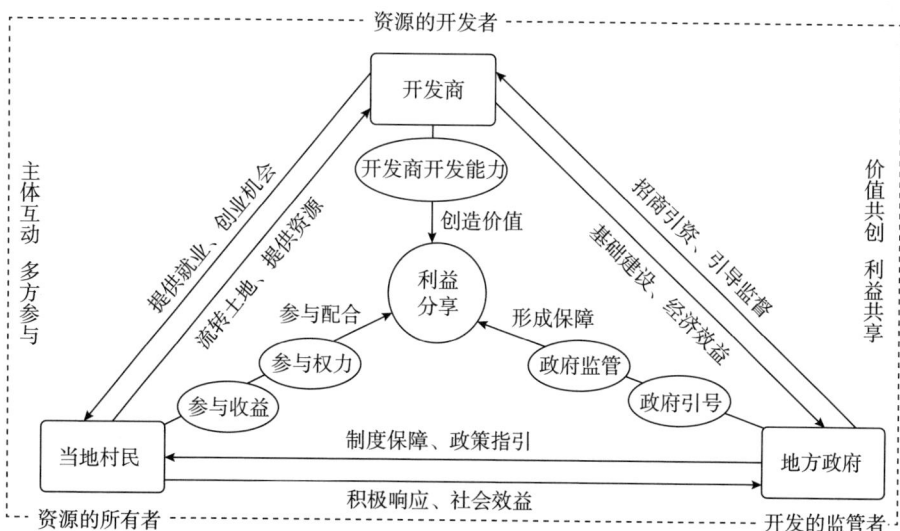

图 5-1　多元利益主体交互利益分享理论框架

基于此框架，本书确定开发商开发能力（在 QCA 实验中将该前因条件定义为 $X1$）、地方政府引导（$X2$）、地方政府监管（$X3$）、村民参与权力（$X4$）、村民参与收益（$X5$）五个前因条件变量，并将结果变量用利益分享（Y）表示，分析五种要素对乡村旅游资源开发利益分享的组态效应，据此对中国乡村旅游实践案例进行调研。对调研结果的分析能为一些乡村旅游资源开发实践是否达到"地方政府扶持监管，开发商利益共享，当地村民支持参与"的均衡状态找到证据，更重要的是能从五种因素的组合搭配中探寻促进乡村旅游资源开发利益分享的有效路径。同时，本书将"非"利益分享结果变量（$\sim Y$）纳入考量，"$\sim$"指 QCA 研究中因素的"非集"，例如"Y"代表实现利益分享，"$\sim Y$"则表示未能实现利益分享，以此分析未实现利益分享的乡村是受何种因素的限制。将上述变量重点纳入考量也与中国的乡村振兴战略、乡村旅游产业发展政策目标一致。

（1）开发商开发能力。

开发商是以乡村旅游资源开发经营为主体的企业，主要包括乡村旅游企业总体、旅游用品生产企业总体、旅游中介公司总体以及其他关联企业[221]。由于中国农村地区资源过度分散、基础设施落后、开发与保护背离、农业旅游人才短缺等原因造成现阶段乡村资源仍没有得到充分的整合与利用[222]。开发商通常具备丰富的旅游开发经验和专业知识，也拥有较强的资金实力和资源整合能力，通过开发商对农村分散的资源进行整合和开发，可以发掘闲置资源的旅游潜力，为乡村创造新价值[223]。开发商与地方政府为实现景区长远发展，对农村土地利用进行统一规划，对农村环境风貌和商户等关键问题进行规范化管理，其对土地的开发和利用能力是乡村旅游发展的主导力量[90]。开发商开发乡村旅游项目时，其自身的社会资本、创业经验、创业警觉性对项目发展和项目收益具有双重影响[85]。在开发商主导的旅游发展模式中，开发商通过统一的规划、建设、管理、运营等将村民的生活空间打造成景区空间，其开发经营影响着当地经济收入、就业机会和社会关系等[224]。开发商在乡村地区的旅游开发与经营能力关乎乡村旅游产业发展、乡村地区三产融合，以及经济发展等[225]。

（2）地方政府引导。

地方政府是乡村旅游开发所在地的政府相关主管部门，政府政策的积极引导和扶持、基础设施的投资建设等，为乡村旅游开发提供了资源条件[23]。政府在乡村旅游资源开发过程中激励各利益主体参与组织决策，是实现组织战略资源充分利用的重要手段。政府择优选择符合生态标准的旅游企业入驻、对相关商家与机构进行环保整治、建立农业生态品牌、对农民进行生态教育等举措起到生态管理和生态教育作用[226]。在全能型的行政治理结构中，地方政府在乡村旅游发展中发挥着全面而关键的作用，特别是在乡村振兴战略等背景下，地方政府的一个重大使命就是引进外部资本，推动乡村旅游产业的发展。

（3）地方政府监管。

地方政府在乡村旅游资源开发中既是监管者也是地方税收、就业的受益者，通过统筹实施监管规制与宣传激励等方式，提高村民组织化程度，鼓励开发商利益分享行为，严控开发商利益侵占行为[227]。政府在乡村旅游资源开发过程中的重要作用，不只局限于对开发行为的引导，更体现在对整个开发流程的严格监督和管理上，以确保旅游资源的可持续利用和乡村发展的长远利益。地方政府从政策制度层面形成对旅游企业在规划、开发、运营全流程的严格监管，借助管理创新、监控技术和公众参与监督等方法，降低监管成本，提高监管效率，促使旅游企业采取保护性开发行为。政府监管的目的是在不同的制度关系中运用权力引导、控制和规范行为主体的各种活动，以实现公共利益最大化[228]。

（4）村民参与权力。

农村居民是旅游活动的受影响者与受益者，对旅游资源开发活动起着至关重要的作用，实现农民利益分享需要处理好农民参与问题[229]。但我国现阶段乡村旅游大多由企业主导或政府主导，农村居民参与问题被忽视，导致农民所得利益与其真正利益诉求脱节，一定程度上违背了我国乡村旅游的惠农性要求。当地村民作为重要利益群体，是乡村旅游发展的重要依托，只有村民认为自身在当地开发乡村旅游过程中具有一定的权力，且参与乡村旅游开发带来的收益远超成本时，才会表现出支持参与态度与行为。在乡村旅游发展过程中，政府和精英利益群体往往拥有更多的话语权。赋予当地村民参与旅游资源开发、旅游事务管理与决策的权力以及从中获得更多利益的机会，能极大地提高村民在当地乡村旅游资源开发中的支持和参与程度[230]。为了构建开发商和农民的利益联结机制，需要支持和规范农民合作社发展以提高农民组织化程度，还要增强农民在乡村旅游开发事务中谈判地位和能力，鼓励开发商与村民建立紧密型合作关系，提高对农户的利益分配份额[227]。

（5）村民参与收益。

乡村旅游发展要做好联农带农，通过培训、指导等方式给予村民就业及创业机会，实现乡村旅游开发的有序推进和整体效益的提升[231]。在乡村旅游开发过程中，村民属于经济文化的弱势群体，通过村集体股份合作制的经营模式进行开发，将本地村民甚至周边村民都吸纳进了集体经济组织，形成个人与集体之间新的利益关联[232]。此外，村民还可通过土地流转与折价入股的方式参与开发商或村股份公司的分红，由此重塑当地村民在乡村旅游资源开发中的经济地位和身份认同[233]。在乡村旅游产业建设中，通过土地流转、规模经营，盘活撂荒耕地，增加村民收入，形成了基于地租的租赁型利益共享机制；村民将土地、资金、劳动力等要素资源入股企业或合作社，由此形成股份型利益共享机制；通过企业提供的就业机会和工作岗位赚取劳务工资，使村民的工资与企业收益相挂钩，由此形成了基于工资的劳务型利益共享机制[234]。

五种因素联动匹配产生组态效应，打破开发商、当地村民、地方政府等共生体的利益分享壁垒，实现多元利益主体共同开发、利益分享，创造经济福利、绿色福利和公共福利。此外，考虑到 QCA 研究的非对称性，本书将非利益分享结果纳入分析，"非利益分享"可以理解为利益分享的反面，即探索五种要素在负面或缺失的状况时的组态是否会导致利益冲突、利益攫取、利益侵占等非利益分享情况，得出利益分享实践检验的前因条件组态下的因果框架，如图 5-2 所示。

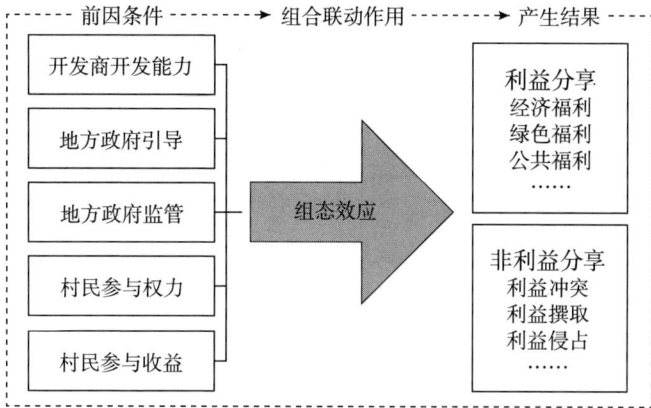

图 5-2　前因条件组态下的因果框架

二、样本选取与数据采集

（一）样本选取

为了满足 QCA 研究对样本相似性、异质性的要求，对中国文旅部遴选的全国乡村旅游重点村和 2021 年发布的《全国乡村旅游扶贫示范案例选编》、各省文旅厅发布的《乡村旅游示范村》，以及携程网、去哪儿旅行等旅游网站热门景点进行数据挖掘，选取位于浙江省、江西省、湖南省、云南省、贵州省 5 个省份的 20 个行政村作为研究样本，如表 5-1 所示。研究对象分布于中国东、中、西部地区，包括经济发达地区、经济欠发达地区等，涵盖全国乡村旅游重点村和非重点村。通过新华网、搜狐旅游网、腾讯新闻网等旅游新闻网对 20 个样本的"冲突""矛盾"等利益冲突相关关键词检索，检索结果中过半样本旅游村存在利益冲突事件报道。

表 5-1　研究样本详情

省份	行政村	乡村旅游资源开发特征
浙江 (5)	嘉兴市西塘古镇	全省古城名镇名村
	嘉兴市桐乡市横港村	艺术介入乡村实践
	嘉兴市石门镇春丽桥村	党建引领模式
	嘉兴市石门镇殷家漾村	浙江省善治示范村
	嘉兴市丁桥镇新仓村	第二批全国乡村旅游重点村
江西 (5)	上饶市婺源县江湾镇栗木坑村	第一批全国乡村旅游重点村、脱贫县
	上饶市婺源县紫阳镇考水村	第二批全国乡村旅游重点村
	上饶市婺源县上梅洲村	第二批全国乡村旅游重点村
	上饶市横峰县莲荷乡蔡家村	红色文化乡村旅游、脱贫县
	上饶市横峰县司铺乡刘家村	"党建+产业扶贫"模式、脱贫县
湖南 (4)	衡阳市梅花村	"党建驱动乡村振兴示范村"
	衡阳市南岳镇红星村	第二批全国乡村旅游重点村、脱贫县
	衡阳市西渡镇新桥村	第一批全国乡村旅游重点村
	衡阳市洪市镇明翰村	"乡村旅游+村集体经济"模式
云南 (4)	昆明市河湾村	第一批全国乡村旅游重点村
	昆明市富民县赤鹫镇永富村	第四批全国乡村旅游重点村
	昆明市马鹿塘乡马鹿塘村	生态旅游示范村、脱贫乡
	昆明市嵩明县滇源镇麦地冲村	第二批全国乡村旅游重点村
贵州 (2)	贵阳市开阳县南江乡龙广村	第一批全国乡村旅游重点村、脱贫县
	贵阳市花溪区青岩镇龙井村	第二批全国乡村旅游重点村

注：以乡村旅游资源开发特征为例举，仅挑选该村最具代表性的特征的一项或两项进行展示。

之所以选择上述村庄作为研究对象，一是本书研究我国乡村旅游可持续开发阶段的问题，而上述案例来源于中国文旅部、各省文旅厅等权威部门的遴选结果和旅游网站的热门景点，各村庄存在明显的乡村旅游资源开发特征，具有一定的权威性和代表性；二是所选样本在宏观制度环境方面既有相似性，在地理位置、经济发展水平、政策导向和乡村旅游资源开发条件、开发程度上又存在差异性，有助于比较不同地区、不同经济发展水平下乡村旅游资源开发利益分享的异同，揭示其普遍性和特殊性；三是

QCA 研究法需要对样本进行配置比较，要求样本既具有相似性、多样性和异质性，所选样本符合 QCA 研究要求。

（二）数据采集及信效度分析

1. 数据采集

中国大部分地区乡村旅游的数据统计工作不完善，相关数据资料较为匮乏，本书通过实地调研、半结构化深度访谈、问卷调查收集一手资料。首先，围绕乡村旅游发展概况、发展过程、利益分享现状等内容对各村下乡开发商、地方政府和当地村民进行访谈，在得到允许的情况下收集语音访谈资料。其次，对各村乡村旅游开发商责任人及主要工作人员、地方政府兴村旅游相关部门行政人员和当地村民各发放 10 份问卷，采取背对背文本编码方式收集问卷数据。最后，收集各村视频影像、新闻报道、公众号推文等公开资料，并结合前期访谈资料对各村不同身份的问卷进行交叉验证，以确保数据的准确性和完整性。

在问卷设计方面，采用李克特五级量表考察研究变量在样本村中的实际情况，通过二至四个题项综合衡量前因和结果变量，每个题项采用五个答案，分别是"非常不同意""不同意""不一定""同意""非常同意"，对应计分赋值为 1~5 分，分值越高代表对题项越赞同的态度偏好，题项都设计为对因素产生正向作用的形式，即分值越高所统计的变量值也越高。题项设计以学术界最新研究成果为基础，并根据样本村实践情况酌情修改。在开发商开发能力方面，主要围绕开发商的资源整合能力、开发规模、生态环境保护力度等设置题目，资源整合能力体现了开发商在产业链合作和资源整合方面的能力，开发规模反映了开发商的项目投资和建设规模，生态环境问题关注了开发商在开发过程中对自然环境的保护和可持续利用[225]。在地方政府引导方面，主要围绕优惠政策情况、制度完善度、政府介入冲突情况等设置题目。在地方政府监管方面，主要围绕监管措施、监管力度等设置题目[235]。在村民参与权力方面，主要围绕当地村民各项权力掌握程度、权力侵占情况、从业情况设置题目。在村民参与收益方面，主要围绕当地村民在旅游产业中就业、创业情况、参与酬劳等设置题目[236]。在利益分享程度方面，根据开发商、地方政府、地方村民的利益诉求设置题目。题项设置详情如表5-2所示，问卷详情见本书附录。

表5-2 问卷调查题项设计

前因条件	题目编号	题项
开发商开发能力（X1）	T1	开发商已将当地乡村旅游开发至较大规模
	T2	开发商对山水田林等自然资源，以及当地人文资源都进行了整合
	T3	开发商的旅游资源开发行为没有让当地生态环境变得更差
	T4	当地的乡村旅游资源得到开发后能吸引较多游客
地方政府引导（X2）	T5	地方政府用明确的政策和制度对开发商的开发行为进行规定与约束
	T6	地方政府招商引资时有优待政策，并且能对开发商提供就业、公益慈善等联动带农行为进行激励或表彰
地方政府监管（X3）	T7	如果村民和开发商发生了冲突事件，政府部门会及时从中调解
	T8	地方政府相关部门能对环境破坏以及各种损害开发商、村民或公共利益的行为进行监督与处罚
	T9	因开发工作对当地农田、河流、山林等生态环境造成破坏后，政府能及时监管并采取保护与修复行动
村民参与权力（X4）	T10	当地村民享有乡村旅游资源开发的选择权、参与权、决策权
	T11	当地村民的各种权益没有因为旅游开发商的进入而受损失
	T12	从常住人口来看，当地较多村民参与乡村旅游相关事业
村民参与收益（X5）	T13	除了一次性支付租金或买断资源，村民享有保底分红、股份合作或利润返还等其他利益分享形式
	T14	当地村庄发展旅游业解决了许多村民的就业问题
	T15	除了就业，当地村民可以找到民宿、餐饮、零售、农产品加工、直播等方面的创业机会
	T16	当地村民从事乡村旅游及旅游相关事业往往能获取到满意的酬劳或收入
利益分享程度（Y）	T17	开发商在当地乡村旅游的开发项目中获得了满意的开发收益
	T18	发展乡村旅游解决村民就业、增加当地税收、完善基础设施并促进了乡村发展，使当地获得了较大公共福利
	T19	发展乡村旅游使当地村民获得了满意的收益

经过 2023 年 1~12 月的调研，本书收集了 20 个样本村的 642 份有效问卷，剔除无效问卷和填写不规范的 42 份问卷，最终收集了 20 个样本村的 600 份有效问卷作为 QCA 研究数据集，符合 QCA 研究对样本及数据的需求。

2. 信度检验

信度检验可以检验问卷结果的可靠性、稳定性和一致性，即问卷调查结果是否可以反映参与调查者的一贯性和稳定性的真实特征。信度系数越大，表明问卷调查结果可以更好地反映参与调查者的一贯性和稳定性的真实特征。Cronbach'α 系数检验是一种常用的信度检验方式，Cronbach'α 是一种内部的一致性信度系数，被用来评价问卷的各个题目得分的一致性，通常认为 Cronbach'α 系数大于 0.7 则问卷结果通过信度检验。该系数计算方式如下：

$$\alpha = \frac{k}{k-1}\left(1 - \frac{\sum\limits_{i=1}^{k} S_i^2}{S_T^2}\right) \tag{5-1}$$

其中，k 为调查结果的问题条数，S_i^2 为第 i 题得分的方差，S_T^2 为总得分方差。

对最终的 600 份问卷按题项进行信度检验，检验结果如表 5-3 所示，其中 CITC 值指修正后的项与总计相关性，删除后的 α 指删除项后的 Cronbach'α 系数。

表 5-3 问卷信度检验

前因条件	题项	CITC 值	删除后的 α	Cronbach'α 系数
开发商开发能力（X1）	T1	0.64	0.943	0.945
	T2	0.598	0.944	
	T3	0.715	0.942	
	T4	0.709	0.942	

前因条件	题项	CITC 值	删除后的 α	Cronbach' α 系数
地方政府引导 （X2）	T5	0.723	0.941	
	T6	0.645	0.943	
地方政府监管 （X3）	T7	0.7	0.942	
	T8	0.67	0.942	
	T9	0.676	0.942	
村民参与权力 （X4）	T10	0.701	0.942	
	T11	0.705	0.942	0.945
	T12	0.641	0.943	
村民参与收益 （X5）	T13	0.735	0.941	
	T14	0.719	0.942	
	T15	0.703	0.942	
	T16	0.631	0.943	
利益分享程度 （Y）	T17	0.584	0.944	
	T18	0.654	0.943	
	T19	0.57	0.944	

由表 5-3 可知，问卷总量表的 Cronbach's α 系数为 0.945，大于 0.7，说明所收集的 600 份问卷整体具有较好的一致性及稳定性，从各题的总计相关性和删除项后的 Cronbach's α 系数也可以看出问卷的题目整体结构较为合理，可用于进行进一步的分析。

3. 效度检验

效度检验的作用检验问卷的有效性，效度指测量的手段或工具能准确测量事物的程度，测验结果与考察问题越符合效度就越高，否则效度越低。本书采用结构效度的检验方式，结构效度不仅能检测填写结果的有效性，还能测验结果表现出来的问卷结构与测量值之间对应程度。具体的做法是，通过因子分析从问卷中提取几个公因子，各个公因子和特定的变量高度相关，这些公因子代表了问卷的基本结构，经因子分析考察问卷是否可以测验问卷的设计结构。值得注意的是，进行因子分析之前需要做 Bartlett 球度检验和采样充足性检验，Bartlett 球度检验值越大则说明各个变量之间的独立性越高，各条目存在共享公因子的可能性越低，问卷越适合进行因子分析。KMO 值越接近 1，即所有变量之间的简单相关系数大于偏相关系数平方和，表明变量间的相关性越强问卷变量越适合因子分析。

通过 SPSS 进行分析，需要分析显著性和 KMO 值，显著性小于 0.05，说明该问卷数据适用于做因子分析。然后看 KMO 值，如果此值高于 0.8，则说明效度高；如果此值介于 0.7~0.8，则说明效度较好；如果此值介于 0.6~0.7，则说明效度可接受；如果此值小于 0.6，说明效度不佳。检验结果如表 5-4 所示。

表 5-4 效度检验

检验方式	结果	
KMO 取样适切性量数	0.975	
Bartlett 球度检验	近似卡方	5929.047
	自由度	171
	p 值	0.000

检验结果显示，KMO 值为 0.975，说明所收集的文件整体效度高；Bartlett 检验的 p 值小于 0.05，说明问卷数据符合因果分析条件。

三、数据构建与数据校准

（一）数据构建

对所回收的问卷进行数据预处理，由于不同变量涉及的题量存在细微差别，采用熵值法对每份问卷填写的前因条件变量进行整理测量，对利益分享程度结果变量则采用均值法。前因条件熵权信息如表 5-5 所示。

表 5-5　前因条件熵值信息

前因条件	题项	信息熵值 e	信息效用值 d	权重（%）
$X1$	T1	0.876	0.124	27.164
	T2	0.893	0.107	23.473
	T3	0.891	0.109	23.908
	T4	0.884	0.116	25.455
$X2$	T5	0.869	0.131	38.402
	T6	0.893	0.107	31.446
	T7	0.898	0.102	30.151
$X3$	T8	0.9	0.1	44.503
	T9	0.875	0.125	55.497
$X4$	T10	0.887	0.113	29.847
	T11	0.879	0.121	31.944
	T12	0.855	0.145	38.208
$X5$	T13	0.878	0.122	25.556
	T14	0.873	0.127	26.421
	T15	0.903	0.097	20.197
	T16	0.867	0.133	27.825

采用熵值法的原因在于：第一，基于实际数据的客观性原则，熵权法是一种基于数据本身的特性来确定权重的方法，它不需要依赖主观判断或专家打分。通过计算每个问题的信息熵，熵权法能够客观地反映数据的离散程度和变异性，从而避免了主观偏见对权重分配的影响。第二，遵循调研问题的全面性原则，本书选用的前因变量条件需要多个调研问题进行衡量，如"开发能力"是一个多准则决策问题，涉及多个衡量方面，熵值法能够综合考虑不同问题之间的信息重叠和相关性，通过计算信息熵来确定权重，从而更全面地反映开发商的开发能力。第三，处理不同问题的复杂

关系，减少误差。在前因条件的评估中，不同问题之间可能存在复杂的关系，如相关性、互补性或替代性。熵权法能够综合考虑这些问题之间的关系，通过计算信息熵来确定权重，从而更准确地反映这些因素对"开发能力"的影响。而利益分享程度采用均值法对题项进行整合则是遵循开发商、地方政府、当地村民利益分享的平等性原则，在本次调查中，开发商、地方政府和当地村民三类人群均被视为同等重要的利益相关者，采用均值法可以确保每类人群的观点在数据汇总时得到平等的对待，确保各主体的观点不会被过度强调或忽视。这种方法符合平等性原则，能够公正地反映利益相关者的平等看法。此外，对每个样本村三类人群填写的问卷，则通过均值法进行整合，采用均值法仍然是为了能够公平公正地反映所有参与者的平均意见。最终形成 20 个样本村的数据集，如表 5-6 所示，问卷数据集参见本书附录。

表 5-6　样本村变量最终值

样本	开发能力	政府引导	政府监管	参与权力	参与收益
西塘古镇	3.580	3.689	3.763	3.696	3.618
横港村	3.505	3.733	3.482	3.656	3.442
殷家漾村	3.688	3.680	3.767	3.685	3.651
春丽桥村	3.593	3.786	3.592	3.868	3.651
新仓村	3.419	3.293	3.148	3.033	3.339
麦地冲村	4.066	3.880	3.900	3.857	3.918
马鹿塘村	4.186	3.863	3.800	3.821	3.968
河湾村	4.111	4.003	3.993	4.008	3.930
永富村	4.401	4.383	4.330	4.245	4.358
栗木坑村	4.160	4.170	3.940	3.912	3.919
考水村	4.211	4.113	4.067	4.214	4.089

样本	开发能力	政府引导	政府监管	参与权力	参与收益
上梅洲村	4.080	4.190	4.315	4.179	4.131
刘家村	3.857	3.775	3.622	3.651	3.848
蔡家村	4.425	4.432	4.363	4.338	4.381
新桥村	4.259	4.415	4.145	4.183	4.276
红星村	3.981	3.826	3.815	3.792	3.868
梅花村	3.988	4.024	3.963	3.927	4.035
明翰村	3.839	3.988	3.955	3.926	3.868
龙广村	4.152	4.036	4.000	3.907	3.933
龙井村	4.108	3.849	4.004	3.973	3.860

（二）数据校准

数据校准是将原始数据转为具有明确性质且符合 QCA 逻辑的过程，采用直接校准法赋予案例特定条件的集合隶属度，将原始案例数据校准为集合隶属分数，直接校准法运用统计模型，更凸显 QCA 研究的正式化，是最常用的校准方法[237]。以 95%、50%、5% 为分位数并使用 fsQCA 软件提供的算法确定变量的完全隶属点、交叉点和完全不隶属点，如表 5-7 所示，据此对各样本村变量值进行校准。

表 5-7 校准隶属点

条件	X1	X2	X3	X4	X5	Y
完全隶属	4.402	4.416	4.332	4.250	4.359	4.211
交叉点	4.080	3.988	3.955	3.912	3.919	3.933
完全不隶属	3.576	3.641	3.548	3.589	3.620	3.605

四、乡村旅游资源开发利益分享组态效应分析

（一）前因条件必要性分析

在进行条件组态分析前需要对单个因素的必要性进行逐一检验，以确定是否存在某个因素能单独影响利益分享的结果。指标一致性是 QCA 实验必要条件的重要检测标准，通常认为必要条件需要达到 0.9 的一致性分数，同时具有 0.8 以上的覆盖度。本书通过一致性检验分析 5 个变量及其非集①是否构成"实现乡村旅游资源开发的利益分享"或"不能实现乡村旅游资源开发的利益分享"的必要条件，使用 fsQCA 软件对研究数据进行分析，如表 5-8 所示。结果显示，在"实现乡村旅游资源开发的利益分享"必要条件分析中，五个前因变量及其非集一致性均低于 0.9，不能单独影响利益分享的结果，即五个前因变量及其非集不构成结果的必要条件。在"不能实现乡村旅游资源开发的利益分享"的必要条件分析中，$\sim X2$、$\sim X3$、$\sim X4$ 一致性水平超过了 0.9，覆盖度也超过了 0.8，说明缺乏地方政府引导或缺乏地方政府监管或缺乏村民参与权力极大可能会导致乡村旅游资源开发利益分享失败。

表 5-8　必要条件分析

前因条件	Y		$\sim Y$	
	一致性 （Consistency）	覆盖度 （Coverage）	一致性 （Consistency）	覆盖度 （Coverage）
$X1$	0.751	0.854	0.452	0.490

---

① 非集即变量的反面，例如旅游资源整合的反面为旅游资源未能整合，利益分享的反面为不能利益分享，本书采用在变量前加上"～"符号的形式表示变量的非集。

前因条件	Y		~Y	
	一致性 （Consistency）	覆盖度 （Coverage）	一致性 （Consistency）	覆盖度 （Coverage）
~X1	0.552	0.514	0.866	0.768
X2	0.781	0.909	0.411	0.456
~X2	0.532	0.487	0.918	0.800
X3	0.812	0.927	0.428	0.467
~X3	0.533	0.495	0.933	0.825
X4	0.850	0.932	0.421	0.440
~X4	0.490	0.470	0.935	0.856
X5	0.783	0.875	0.452	0.481
~X5	0.536	0.506	0.883	0.795

（二）前因条件组态分析

研究结果可以通过真值表和组态表格进行阐释。首先构建真值表，将变量数据输入 fsQCA 软件构建乡村旅游资源开发利益分享影响因素的真值表，根据 fsQCA 研究法的主流实践建议，以 1 为最小频数，以 0.8 为一致性标准，以 0.75 为 PRI 一致性标准设立门槛，并将所有不符合上述条件的组态编码为 0，构建简化真值表，如表 5-9 所示。

表 5-9 简化真值

X1	X2	X3	X4	X5	Y	~Y	案例数（个）
1	1	1	1	1	1	/	6
0	1	1	1	1	1	/	1
1	0	1	1	0	1	/	1
1	1	0	1	1	1	/	1
0	0	0	0	0	/	1	7

从真值表结果可以看出，在调研的 20 个样本村中，有 9 个村庄实现了较高程度的利益分享；有 7 个村庄利益分享程度较低，被判定为利益分享失败；剩余 4 个案例 PRI 一致性未达 0.75 的一致性门槛标准，其组态结果不具备有效性。由此可见，并不是所有的乡村地区进行旅游资源开发都实现了利益分享。

进一步对真值表进行组态分析，得出中间解、简约解和复杂解[①]，本书遵循 QCA 研究前沿建议，使用中间解作为解释 QCA 结果的主要参考，并根据简约解来区分组态中的核心条件和边缘条件：如果在简约解中出现的条件同时出现在中间解之中，则该条件为核心条件；如果在中间解中出现的条件没有出现在简约解之中，则该条件为边缘条件。在实现乡村旅游资源开发利益分享的组态分析中得到中间解为 $X1 \times X2 \times X4 \times X5$[②]、$X2 \times X3 \times X4 \times X5$、$X1 \times \sim X2 \times X3 \times X4 \times \sim X5$，简约解为 $X4$。考虑到组态的非对称性，实现利益分享的组态条件的反面不一定导致利益分享失败，因此以 $\sim Y$ 为结果重复以上研究步骤，得到简约解为 $\sim X1 \times \sim X2 \times \sim X3 \times X4 \times \sim X5$，简约解为 $\sim X2 \times \sim X4 \times \sim X5$、$\sim X2 \times \sim X3 \times \sim X5$、$\sim X1 \times \sim X2 \times \sim X5$。最终，得出三组利益分享组态路径和一组利益分享失败组态路径，如表 5-10 所示。

表 5-10　组态结果

前因条件	利益分享（Y）			非利益分享（~Y）
	组态 1	组态 2	组态 3	
开发商开发能力	●		●	⊗
地方政府引导	●	●	⊗	⊗
地方政府监督		●	●	⊗
村民参与权力	⬤	⬤	⬤	⊗
村民参与收益	●	●	⊗	⊗

①　复杂解基于原始数据，不纳入任何逻辑余项，通常包含最多的构型数量；简约解纳入所有逻辑余项，构型数量最少；中间解只纳入符合理论方向预期的逻辑余项，复杂度适中。
②　$X1 \times X2 \times X4 \times X5$ 中的 × 是 fsQCA 软件前因条件的组合符号。

前因条件	利益分享（Y）			非利益分享（~Y）
	组态1	组态2	组态3	
一致性	0.962	0.968	0.952	0.911
原始覆盖度	0.668	0.710	0.352	0.786
唯一覆盖度	0.003	0.045	0.044	0.786
解的一致性	0.958			0.911
解的覆盖度	0.757			0.768

注：●或•表示该条件存在，⊗或⊗表示该条件不存在；●或⊗表示核心条件，•或⊗表示边缘条件。空白代表该因素在所在路径中无关紧要。

其中，实现利益分享的三种组态路径一致性分别为0.962、0.968、0.952，解的一致性为0.958，均大于0.8，通过一致性检验，证明三种组态路径在满足绝大多数案例的情况下是实现乡村旅游资源开发利益分享的充分条件；解的覆盖度为0.757，则说明三种组态路径可以解释75.7%的实现乡村旅游资源开发利益分享案例。满足条件的非利益分享组态路径仅为一种，其一致性为0.911，覆盖度为0.768，通过一致性检验且解释了76.8%的利益分享失败案例。从组态结果来看，存在三种实现乡村旅游资源开发利益分享的组态路径，以及一种导致非利益分享的组态路径，基于此对四种结果进行进一步分析、梳理与总结。

（三）稳健性检验

改变校准锚点是最常见的QCA研究稳健性检验方法之一，本书替换校准使用的完全隶属点、交叉点和完全不隶属点进行稳健性检验。将变量的数据集以85%、50%、15%的分位数确定完全隶属点、交叉点和完全不隶属点进行QCA分析，得出三组中间解分别为$X1×X2×X4×X5$、$X2×X3×X4×X5$、$X1×~X2×X3×X4×~X5$，两组简约解分别为$X4$、$X2×~X5$，如表5-11所示。三组中间解结果与前文一致，简单解中村民参与权力（X4）条件依然存在，政府引导（X2）和非村民参与收益（~X5）在组态中的核心作用趋于增强，组态结果与基准结果一致，总体而言基准结果稳健可靠。

表 5-11　稳健性检验

	组态结果	原始覆盖度	唯一覆盖度	一致性
中间解	$X1×X2×X4×X5$	0.611	0.006	0.941
	$X2×X3×X4×X5$	0.671	0.066	0.95
	$X1× \sim X2×X3×X4× \sim X5$	0.219	0.06	0.933
简约解	$X4$	0.802	0.504	0.948
	$X2× \sim X5$	0.257	0.006	0.959

五、乡村旅游资源开发利益分享路径分析

（一）利益分享组态路径

1. 弱监管环境下商民协作型

根据组态分析结果显示，组态1由开发商开发能力、地方政府引导、村民参与权力、村民参与收益四种因素组合作用产生利益分享的结果，其中村民参与权力是四种因素中最核心的因素，0.668的覆盖度说明在实现乡村旅游资源开发的案例中有过半的案例可以被这种组态解释，结合组态特征将该路径总结为弱监管环境下商民协作型利益分享路径，江西省婺源县江湾镇栗木坑村是该组态类型的典型代表。在该路径中，地方政府在乡村旅游资源开发中主要起到引导和协调的作用，通过制定政策、招商引资、提供支持和推动合作，促进乡村资源的合理配置和有效利用。地方政府通过引导性政策的制定和资源的协调组织对开发商的积极性起到激发作用，推动其将更多利润留存于当地，而不仅是追求自身的最大化收益，确

保开发的可持续性和利益分享的公平性。开发商将资金、技术和市场经验用于乡村旅游资源开发，推动项目的实施和运营，也为实现参与权力的当地村民提供获益可能性。村民的参与权力是实现乡村旅游资源开发利益分享的核心因素，充分的参与权可以使村民在项目的各个环节中表达意见和参与决策，这是其后续获得利益分享的基石，也意味着村民有更大的话语权和决策权，能够更直接地参与资源的开发和利益分享。当地村民获得合理的经济收益，可以增进政府、开发商和村民之间的信任，促进后续合作，实现乡村旅游资源开发的可持续发展。村民参与收益也是参与权力的结果反馈，它可以增强各方后续合作的信心，促进形成良性循环。该路径中地方政府监管因素并不显著，地方政府监管因素在该路径的实践中可能存在也可能不存在，弱监管环境可能带来一些风险和挑战，这需要各方主体的参与合作建立信任基础，因此，在推进这种利益分享路径时，可以适当加强监管和制度建设，确保各方利益的平衡和可持续发展。

2. 深扶持背景下农民参与型

组态 2 由地方政府引导、地方政府监督、村民参与权力、村民参与收益四种因素组合作用产生利益分享的结果，其中村民参与权力是四种因素中最核心的因素，0.71 的覆盖度说明在实现乡村旅游资源开发的案例中有近 71% 的案例可以被这种组态解释，结合组态特征将该路径总结为深扶持背景下农民参与型利益分享路径，湖南省衡阳市梅花村是该组态类型的典型代表。此种情况较多出现在政府在深层次上给予扶持，较少大型开发商下乡参与，农民作为主体积极参与乡村旅游实践的乡村。其特性主要体现在：政府深度介入，通过资金、政策等多种手段扶持当地村民进行乡村旅游资源开发，许多乡村依靠村集体经济组织或村民合伙形式成立旅游资源开发商或乡村旅游相关企业，当地村民成为开发主体或相关股东。这一做法改变了传统的开发模式，其中开发商的部分角色被当地村民或村集体经济组织取代，当地村民在开发过程中享有较高的参与权力和收益分配权。具体而言，该路径中地方政府通过制定明确的政策导向、提供资金支持、构建基础设施等方式确保了乡村旅游资源的有效开发和合理利用，为乡村旅游资源开发项目指明了方向，也有助于组织当地分散的村民，促使当地村民对所拥有的资源进行有适度规模、有标准、有质量的开发。与引导相辅相成的是地方政府的监管职能，虽然村集体经济模式和村民合伙入股的模式有助于减少当地村民与外来开发商的矛盾，但由于村集体经济组织往往涉及许多户村民，也可能存在资源滥用等问题，地方政府监管确保了开发活动的合规性，防止出现利益分配不均、环境破坏等问题，从而影响乡村旅游的可持续发展。由于当地村民不仅是乡村资源的所有者，也担任起开发者的部分角色，因此村民拥有较高的参与权，确保了他们的利益得到充分的代表和保障。对于达成该路径的乡村而言，开发商开发能力因素可能存在也可能不存在，虽然大型开发商的开发能力在一定程度上有助于项目的推进，但当地村民或村集体通过参与乡村旅游企业的运营已经掌握了开发的主导权，因此即使开发商的开发能力在某些乡村有所欠缺，也不会影响村民通过自身努力和地方政府的扶持来实现乡村旅游资源的有效开发和利益的公平分享。这一路径凸显了地方政府扶持和村民参与的重要性，同时也展示了乡村旅游开发中新的可能性，即村民可以自主掌控资源开发和利益分配，实现更加可持续和公平的发展。

3. 强资源禀赋下政企合作型

组态 3 由开发商开发能力、地方政府引导、地方政府监督、村民参与权力、村民参与收益五种因素组合作用产生利益分享的结果，其中村民参与权力是五种因素中最核心的因素，而地方政府引导、村民参与收益在该因素组态中并不是指对利益分享结果产生负面作用，而是指这两个因素以相对低值的状态存在于组态中。具体而言，该路径中政府前期引导程度低、村民参与收益低，但开发商开发能力强、政府后期监管好、村民参与权力得到良好保障，因此即使存在两种负面因素，该类型的因素组态最终也实现了利益分享，从该路径涵盖样本可推测此类路径一般对应旅游资源禀赋优秀的地区。0.352 的覆盖度说明在实现乡村旅游资源开发的案例中只有 35.2% 的案例可以被这种组态解释，结合组态特征将该路径总结为强资源禀赋下政企合作型利益分享路径，贵州省贵阳市花溪区青岩镇龙井村是该组态类型的典型代表。结合调研对象分析这一路径较多出现在拥有丰富自然或文化资源基础的乡村，在开发乡村旅游资源之前，往往有开发商进行其他资源的开发，在其他产业的发展中带动乡村旅游资源开发，企业与政府共同合作，通过企业的开发能力和政府的监管作用，实现乡村旅游资源的有效转化和利用，该路径的特点是资源优势明显，政企合作紧密，但在政府引导方面可能相对较弱。在资源禀赋强的地区，不仅存在巨大的乡村旅游资源开发空间，其他农副资源开发也已经在旅游开发之前形成稳定的产业基础，这些产业不断发展，产业链延伸至乡村旅游方面。尽管地方政府并没有对乡村旅游资源开发进行充分引导，资金实力、专业营销和产品设计能力雄厚的开发商仍能从旅游资源开发中获得丰厚利润。地方政府的监管作用有助于保护村民的权益，确保他们能从旅游开发中公平地获得收益。当地村民与开发商在其他产业已经存在合作基础或合作经验，并且这类村庄村民集体化程度高，在旅游资源开发过程中也能形成较高的参与权力与决策的权力，这种参与权力不仅增强了村民的归属感和责任感，还提高了项目的社会可接受性。在开发商对乡村旅游资源进行开发前，当地村民已经通过乡村其他产业的发展获得经济收益与公共福利，在一定程度上降低了对参与乡村旅游资源开发的收益要求。

（二）利益分享失败组态路径

非利益分享的组态路径表明，在开发商开发能力、地方政府引导、地方政府监督、村民参与权力、村民参与收益都匮乏的乡村难以实现利益分享，这也从反面验证乡村旅游资源开发利益分享是由多种因素组合产生的结果，以及本章所研究的五个前因条件是达成乡村旅游资源开发利益分享的重要条件。这种情况对应样本中的浙江省嘉兴市西塘古镇、浙江省嘉兴市桐乡村横港村、浙江省嘉兴市石门镇殷家漾村、浙江省嘉兴市石门镇春丽桥村、浙江省嘉兴市丁桥镇新仓村、江西省上饶市横峰县司铺乡刘家村、湖南省衡阳市南岳镇红星村，也进一步说明在现阶段中国乡村旅游资源开发实践中，仍存在一些乡村未能实现利益分享，其利益主体也未能达到"地方政府扶持监管，开发商利益共享，当地村民支持参与"的均衡状态。值得注意的是，村民参与权力在三种利益分享组态路径中都存在，而在利益分享失败路径中为核心缺失，说明村民参与权力条件是实现乡村旅游资源开发利益分享的坚实基础。

六、本章小结

本章运用 QCA 研究法对中国不同地区的 20 个乡村旅游案例进行调研，在厘清乡村旅游资源开发利益分享机理的基础上，探索乡村旅游资源开发利益分享的前因条件和组态路径。研究发现：

第一，单一利益主体或单一驱动要素均无法有效实现乡村旅游资源开发利益分享，文章从多元利益主体和多因素联动匹配角度构建多元利益主体交互的利益分享理论框架，找到实现利益分享的组态路径。开发商开发能力、政府引导、政府监管、村民参与权力、村民参与收益都不能单独作为乡村旅游资源开发利益分享的必要条件，这些因素需要在组合作用下才能实现利益分享。基于前因条件组态下的非线性因果框架找出三条组态路径：一是弱监管环境下商民协作型利益分享路径，由开发商开发能力、政府引导、村民参与权力、村民参与收益共同作用实现；二是深扶持背景下农民参与型利益分享组态路径，由政府引导、政府监督、村民参与权力、村民参与收益四种因素组合作用实现；三是强资源禀赋下政企合作型利益分享组态路径，由开发商开发能力、政府引导、政府监督、村民参与权力、村民参与收益五种因素共同作用实现。这也说明乡村旅游实践中利益主体存在利益博弈均衡关系，实现利益分享是多种因素组态下的结果。

第二，实践中仍有一些乡村在进行乡村旅游资源开发时未能达到"地方政府扶持监管，开发商利益共享，当地村民支持参与"的利益均衡状态，实现利益分享。本书所研究的开发商开发能力、政府引导、政府监管、村民参与权力、村民参与收益五大因素在这些乡村中都属于匮乏状态。开发商在乡村旅游开发中的开发能力直接关系到项目的成功与否。然而，在一些乡村地区，由于缺乏有经验的开发商或开发商资金、技术等方面的不足，导致开发项目难以推进，利益分享更是无从谈起。政府引导和监管的缺失也是导致乡村旅游资源开发利益分享失衡的重要原因，在一些乡村地区，由于缺乏有效的引导和监管机制，导致开发过程中的问题难以得到及时解决，产生利益冲突。另外，在一些乡村地区，由于村民参与权力有限，参与收益不高，导致他们对于乡村旅游开发的兴趣不高，这也进一步加剧了利益分享的失衡。

第三，村民参与权力是乡村旅游资源开发利益分享路径的坚实基础，村民参与权力在三种利益分享组态路径中都核心存在，而在利益分享失败路径中为核心缺失，说明村民参与权力条件是实现乡村旅游资源开发利益分享的坚实基础。当地村民是乡村旅游资源开发过程中涉及数量最多的利益主体，在开发过程中扮演参与者、受益者或利益受害者等角色，与其他利益主体之间的关系贯穿于旅游资源开发的始终，因此在促成利益分享的因素中占据十分重要的地位。在村民参与程度高的调研对象中，乡村旅游资源开发进度具备良好保障，且利益纠纷事件更少发生。在村民参与度低的村庄，村民对旅游口碑营造或旅游经济发展的带动性差，容易产生乡村旅游"孤岛效应"，降低旅游资源开发的经济效益与社会效益。

第四，地方政府引导或监管是乡村旅游资源开发利益分享路径不可或缺的保障。从路径分析来看，三条路径都存在地方政府引导或地方政府监管，在一定程度上说明地方政府的积极行为对于确保乡村旅游资源开发的合规性、可持续性和公平性至关重要。首先，地方政府的引导能够明确乡村旅游资源开发的方向和目标，确保开发活动与地方发展规划和国家政策相契合。通过制定相关政策、提供财政支持、优化营商环境等措施，地方政府可以激发村民、企业和社会各界参与乡村旅游资源开发的积极性，形成合力推动乡村旅游产业的健康发展。其次，地方政府的监管能够确保乡村旅游资源开发的规范性和合法性。在开发过程中，可能出现资源过度开发、生态环境破坏、村民权益受损等问题。地方政府通过加强监管，建立有效的监管机制和执法力度，可以及时发现和纠正这些问题，确保开发活动的合规性和可持续性。此外，地方政府的引导和监管还能够促进乡村旅游资源开发中的利益共享和公平分配。通过制定合理的利益分享机制和政策，地方政府可以平衡各方利益，确保村民、企业和社会各界在开发过程中获得应有的回报。同时，通过加强信息公开和公众参与，地方政府可以增强开发过程的透明度和公信力，减少利益分配中的不公和矛盾。综上所述，通过加强引导和监管，地方政府可以推动乡村旅游资源开发的规范化、可持续化和公平化，实现乡村旅游产业的健康发展和社会各界的共赢。在未来的乡村旅游资源开发中，应进一步强化地方政府的引导和监管作用，为利益分享机制的构建和完善提供坚实的保障。

第五，开发商开发能力是乡村旅游资源开发利益分享路径的有利条件，在弱监管环境下商民协作型和强资源禀赋下政企合作型利益分享路径中，开发商开发能力都是必要条件之一。卓越的开发能力意味着开发商能更有效地整合乡村旅游资源，通过丰富的经验和高效的流程保障乡村旅游项目按时按质完成，并提高乡村旅游项目的知名度和吸引力，为乡村旅游资源开发创造更多经济利益。另外，具有卓越开发能力的开发商往往更重视企业的社会责任、乡村旅游资源的可持续性以及与其他利益主体的合作与协调。对于部分乡村出现的难以引进优质开发商或开发商开发能力较差问题，地方政府应该在深层次上给予开发项目更大扶持，如优化政策补贴、金融支持条件等。更可以发挥当地村民的主体作用，引导人才返乡、加强培训指导、鼓励当地村民或村集体创业，引导更多本土力量参与乡村旅游资源开发，从而在一定程度上弥补开发商开发能力不足的缺陷，促进利益分享。

第六章

案例分析

基于第五章的分析，本章从我国不同地区的 20 个乡村旅游案例样本中选取三种利益分享路径对应的代表性案例进行案例分析，分别对三种路径中乡村旅游资源开发利益分享主体进行演化博弈分析，以及对乡村旅游资源开发利益分享路径进行实践检验，分析三种利益分享路径的代表性案例的基本情况，以及在践行利益分享路径时的各种具体制度、举措或方法，总结每条路径的实践经验。

一、弱监管环境下商民协作型组态路径
——以栗木坑村为例

江西省上饶市婺源县江湾镇栗木坑村是组态 1（$X1 \times X2 \times X4 \times X5$）的典型代表，对应"弱监管环境下商民协作型"利益分享路径，即（开发商）开发能力、政府引导、（村民）参与权力、（村民）参与收益四种因素组合作用产生利益分享的结果，其中（村民）参与权力是四种因素中最核心的因素。从组态因素及名称可以看出，在这种类型的案例中，政府做好了前期引导，但后期监管因素并不突出，在前期政府良好的引导下，后期主

要依靠开发商良好的开发能力、村民参与权力的保障以及村民的积极参与并获得收益，最终实现公共福利、经济福利、乡村振兴福利，达成三大利益主体的利益诉求。

（一）案例基本情况

栗木坑村隶属江西省上饶市婺源县江湾镇，其村委会位于婺源县江湾镇东北部，下辖栗木坑村、篁岭村、上金田村、下金田村等 7 个自然村，是婺源县内具有徽派建筑风格的古村落之一。2018 年篁岭景区共接待旅客人次达 130 万余人，年纳税额超 4000 万元。2019 年国庆假期间共接待旅客超 11 万人次，全年购票旅客达 142 万人次。同年 7 月，栗木坑村正式入选"首批全国乡村旅游重点村名单"。2020 年栗木坑村篁岭景区获评"江西省第三批低碳旅游示范景区"。同期，全域旅游"婺源模式"入选《国家生态文明试验区改革举措和经验做法推广清单》，并借此推广至全国。2023 年，为巩固拓展脱贫攻坚成果和乡村振兴建设，栗木坑村建设党群服务中心项目，包括有机农产品加工区、游客体验区、休息区等配套设施，进一步促进乡村振兴并带动群众致富能力。婺源县江湾镇栗木坑村行政区位如图 6-1 所示。

追溯栗木坑村进入全国旅游者视野的主要原因，在于其"篁岭模式"的成功实践。篁岭村所在地理位置不佳，常年遭受地质灾害，且存在半空心化的窘境。出于安全等因素的考虑，当地县委、县政府决定组织篁岭村进行整体搬迁。2009 年民营资本婺源县乡村文化发展有限公司对原村庄进行全面收购，并出资建设篁岭民俗文化景区。2013 年，该公司通过"土地招拍挂"的方式，成功取得原古村 3.3 万平方米的建设用地使用权，篁岭景区的古村旅游资源借此得以保存和利用，并以此开始了古村旅游的资源整合之路。虽然相较其他村镇，篁岭景区的开发时间较晚。但因当地旅游资源较为丰富，生态环境保护得当，生态旅游效益日益凸显。栗木坑村旅游资源开发历程具体如表 6-1 所示。

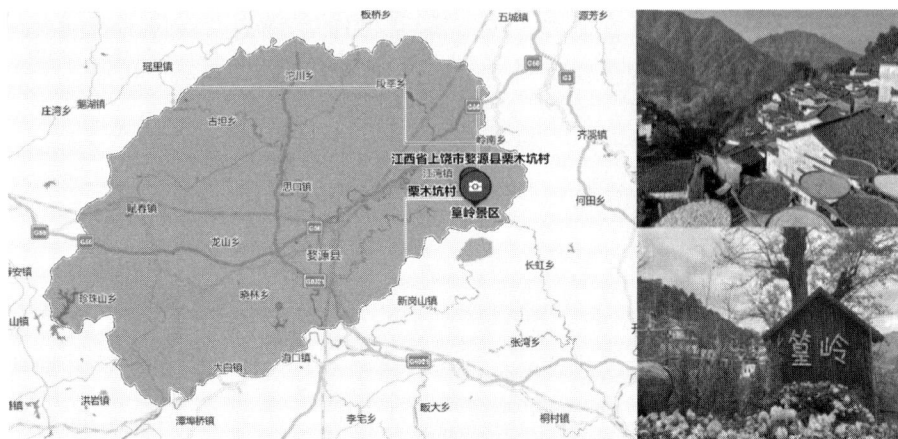

图 6-1　栗木坑村行政区位

资料来源：根据官网等公开资料整理所得。

表 6-1　栗木坑村旅游资源开发历程

年份	事件
2009	婺源篁岭文旅股份有限公司正式成立，实现置换新村 开展整体易地搬迁，改善原村民生活条件
2013	将 120 栋原徽派建筑改造成精品度假酒店，打造商业一条街"天街" 开展休闲娱乐、民宿体验、文旅表演等文旅性消费活动
2014	"篁岭晒秋"走红，被誉为"最美中国符号"
2015	国家旅游局提出："篁岭的创新模式值得推广"
2018	婺源县政府与中青旅签订战略合作条款，追加投资建设资金，并开启上市孵化期 政府成立工作领导小组，致力于推进篁岭创建国家 AAAAA 级景区工作
2019	入选"首批全国乡村旅游重点村名单" 获评"中国商旅文产业示范乡村"
2021	举行"篁岭立秋长桌宴"，打造环保花艺秀 举办"篁岭山村奇妙夜"，包含山村夜市、提灯夜游等活动 被纳入"2010~2017 年中国美丽休闲乡村监测合格名单"
2022	"篁岭晒秋"持续走红，广受旅游者关注

资料来源：根据栗木坑村网站等公开资料整理所得。

在婺源县长久的乡村旅游事业发展中，江湾镇栗木坑村起步较晚，2014 年篁岭区才作为旅游景区正式对外开放。从最开始的半空心化古村，到创造性盘活古村旅游资源，带动当地旅游产业的发展，开创了独特的"篁岭模式"，再到实现乡村旅游经济的可持续发展，并成为典型案例在全国进行推广学习，栗木坑村的乡村旅游资源开发经验值得借鉴。将婺源县栗木坑村篁岭景区的乡村资源开发历程进行总结，可具体细分为三个阶段：初期阶段（2009~2013 年）、探索过渡阶段（2014~2017 年）、快速成长阶段（2018 年至今）（见表 6-2）。

表 6-2　栗木坑村乡村旅游资源开发阶段

时间	阶段	特点
2009~2013 年	初期阶段	通过整村式易地搬迁、村庄整体性转让等手段进行乡村资源集体保护，保留古村文化原汁原味，推动古村落文化与生态文化完美融合
2014~2017 年	探索过渡阶段	开创"篁岭模式"，坚持"政府引导、民营投入、市场运营、共建共享"的可持续发展机制
2018 年至今	快速成长阶段	开展"以文促旅，以旅兴商"的资源开发布局；盘活文旅资源，力促产业转型升级，实现乡村振兴产业融合发展

（二）利益主体及其利益诉求分析

1. 地方政府

结合调研对象上饶市婺源县江湾镇栗木坑村进行分析，在县委、县政府大力发展乡村旅游的思路引领下，栗木坑村将保护与开发结合起来，走出了一条带民致富的新路子，被外界誉为"篁岭模式"。在篁岭模式的创造成功背后，离不开社会资本的投入和地方政府的引导。栗木坑村一方面给予政策的支持，如开展大规模的整村易地搬迁、建设具有当地特色的徽派建筑 68 栋；另一方面大力推动国家 AAAA 级景区的创建，并在 2018 年成功推进国家 AAAAA 级景区的创建工作。在地方政府出台各种优惠政策的基础上，当地各类社会资本涌入，2009 年成功引入婺源乡村文化发展有限公司，累计投入资金达 5 亿元之多，打造具有篁岭特色的国家级景区，也使"篁岭模式"成为打造乡村振兴的示范模式。

在基本利益诉求方面主要集中在：①规范引导乡村旅游发展，实现绿色发展。栗木坑村通过扶持项目、提供指导等方式进行规范引导，同时进行环境整治、文化挖掘和产品开发，力求形成富有特色的乡村旅游资源体系。②推进乡村振兴，实现共同富裕。促进共同富裕，最艰巨最繁重的任务在农村。栗木坑村紧绕共同富裕目标，提升当地村民生活质量，巩固拓展脱贫攻坚成果，以此衔接乡村振兴总体目标。

2. 开发商

2009 年，当地引入婺源县乡村文化发展有限公司，推动篁岭村易地搬迁政策的实施。这一举措不仅改善村民生活质量，也使篁岭古村的旅游资源得以保护和利用。引入开发商后，开发商将原居民楼改造为精品度假酒店，开发高端食宿、民宿体验，同时打造了商业天街等旅游景区，吸引全国各地的消费者，推动当地旅游经济的发展，也为开发商带来巨大资金回报。2018 年中青旅与婺源县政府签订了战略合作协议，追加篁岭二期的投资，扩大其景区影响力。

开发商利益诉求基本趋同：其一，希望地方政府给予政策帮扶，如财政资金资助、税费减免、贷款利息减免等方式；其二，利用市场化运营手段争取最大收益，投资效益明显；其三，通过打造具有代表意义的古镇或古村落，扩大品牌知名度，寄予开启上市孵化，力争早日上市。

3. 当地村民

栗木坑村的乡村旅游资源开发注重当地村民的参与度，让其成为乡村振兴和乡村旅游资源开发中的旅游市场建设者，实实在在成为资源开发中的利益相关者。其一，通过让村民用土地和其他乡村资源入股，使篁岭籍村民可以从当地旅游公司的分红中获利；其二，推动村民在景区中就业，使其共同参与景区的建设和规划，创造在家门口的就业机会，也带动当地人均收入的增长；其三，引导村民在乡村旅游资源的开发中寻找机遇，进行创业，如从事农家乐、民宿、娱乐等相关行业。

当地村民的利益诉求也得到最大限度的响应：其一，在易地搬迁政策下，相关补偿和安置需要落实。地方政府设立专项补偿基金，切实做到村民补偿和古村落维护。其二，村民希望通过当地农村旅游经济的发展壮大，实现个人财富的增加。在农村居民参与方面，村集体采取入股分红、技能培训、发放报酬等措施，鼓励村民直接或间接从事旅游经营，的确提高了村民的参与度和收益。其三，参与村庄事务治理，拓宽民意表达渠道。栗木坑村主要通过村委会、村民理事会等基层组织为村民提供利益表达的渠道，引导村民积极响应，表达自身利益诉求。

（三）利益主体演化博弈分析

1. 利益主体冲突分析

在地方政府引导监督的情况下，地方政府、开发商与村民之间的经济利益冲突得到了一定程度的缓解，但冲突仍然存在。在弱监管环境下商民协作型的乡村旅游资源开发中，政府往往追求旅游资源保护、生态环境优化、经济税收增加等长期利益，而开发商则更关注投资回报等短期利益，由此，政府与开发商的矛盾主要体现在长期利益与短期利益的冲突。此外，村民期望从旅游发展中获得直接的经济利益，如就业和土地增值，但这些利益的分配往往需要政府和开发商的协调，以确保村民的合理诉求得到满足。同时，旅游带来的人口流动和社会秩序问题也需要政府采取措施来维护，以减少对村民日常生活的影响。

2. 模型构建

在弱监管环境下商民协作型的乡村旅游资源开发中，依然涉及多个核心利益主体，包括地方政府、开发商和当地村民等，在经济利益、空间利益等多个方面产生了利益冲突。这些冲突随着乡村旅游资源开发阶段的推进而不断凸显，对各方利益相关者而言，及时应对这些冲突，灵活调整自身的策略变得尤为重要。通过不断调整自身的选择策略，各方旨在寻求最大化利益，确保在乡村旅游发展的浪潮中获得更多的收益。现结合第四和第五章的相关分析，以及栗木坑村乡村旅游开发过程中的具体情况，对弱监管环境下商民协作型的乡村旅游资源开发进行以下假设与参数设定。

假设6-1-1：弱监管环境下商民协作型的乡村旅游资源开发中利益主体包括地方政府、开发商、当地村民三方。

假设6-1-2：博弈过程中，地方政府、开发商及当地村民的选择都是有限理性的，决策的目的是实现自身利益的最大化。并且假定随着时间的变化，博弈三方的策略选择会逐渐稳定于最优策略。

假设6-1-3：基于前文分析，地方政府作为乡村旅游发展初期的重要推动力量，其引导与监管作用尤为重要。因此，在探讨核心利益相关者的博弈行为时，假定地方政府始终采取"引导监管"的策略，即地方政府引导监管的概率为 $x(x=1)$。在此前提下，进一步分析开发商和当地村民在地方政府引导监管背景下的演化博弈策略选择。根据第四章的假设，地方政府采取引导监督的策略标记为 G_1。

在地方政府实施引导监管的过程中，针对不同利益主体的行为会有相应的经济和政策措施。具体而言，对于积极参与利益分享的开发商，地方政府给予经济支持和政策倾斜，记为 a。相反，对于拒绝参与收益共享并给乡村旅游发展带来负面影响的开发商，地方政府将采取相应的处罚措施，记为 e。对于积极配合乡村旅游开发的当地村民，政府会给予相应的奖励，记为 b。而对于那些不参与或配合程度较低的村民，则不会享受任何优惠措施。同时，地方政府在选择实施引导监督时，也会付出相应的成本，记为 c_1。当引导监督取得良好效果，乡村旅游发展态势向好时，地方政府将获得相应的收益，记为 r_1。

假设6-1-4：开发商在对乡村旅游资源开发进行决策时，不仅着眼于经济利益，还会综合考虑多种因素。在开发过程中，开发商面临着两种策略选择：一是收益共享策略，即与各方共享乡村旅游带来的经济效益，记为 D_1；二是收益独占策略，即开发商独自占有乡村旅游带来的大部分经济利益，记为 D_2。这两种策略构成了开发商在乡村旅游资源开发中的策略集，即 $\{D_1, D_2\}$。其中，开发商选择利益独占的概率为 y，开发商选择收益共享概率为 $1-y$，$(y \in [0, 1])$。开发商选择收益共享策略需要花费的运营成本，记为 c_2，获得的收益，记为 r_2，在地方政府引导监督背景下获得地方政府对于开发商收益共享的经济政策支持，记为 a。开发商选择收益独占时获得的收益，记为 r_3，在地方政府引导监督背景下，开发商收益独占可能会造成社会福利受损，从而受到的相应处罚，记为 e，当地村民选择参与配合乡村旅游开发，但开发商收益独占时，其口碑名誉将会受损，将其损失记为 f。

假设 6-1-5：基于第四章假设，当地村民可以采取参与配合乡村旅游开发策略，记为 V_1；不参与配合乡村旅游开发策略，记为 V_2。当地村民以一定概率参与配合当地乡村旅游资源开发，参与配合当地乡村旅游资源开发的概率为 z，不参与配合当地乡村旅游资源开发的概率为 $1-z(Z \in [0, 1])$，当地村民对于乡村旅游资源开发的策略集为 $\{V_1, V_2\}$。

当地村民采取参与配合乡村旅游资源开发策略 V_1 时，获得的收益为 r_4；在地方政府引导监督的背景下获得地方政府的相应奖励，记为 b；同时需要耗费一定的成本，记为 c_3；当地村民参与配合当地乡村旅游资源开发时，若开发商进行收益共享，当地村民会获得工作机会等额外收益，记为 r_5；当地村民不参与配合当地乡村旅游资源开发时，其自身能获得的收益，记为 r_6。

根据上述假设，可以得出在地方政府引导监督的背景下，三方博弈主体的收益矩阵，如表 6-3 所示。

表 6-3 地方政府引导监督的背景下关键利益主体收益矩阵

博弈参与者				当地村民	
				参与配合（z）	不参与配合（$1-z$）
地方政府	引导监督（x）	开发商	收益共享（$1-y$）	$-a-b-c_1+r_1$	$-b-c_1+r_1+e$
				r_2+a-c_2	r_3-e-f
				$b+r_4-c_3+r_5$	$b+r_4-c_3$
			收益独占（y）	$-a-c_1+r_1$	$-c_1+r_1+e$
				r_2+a-c_2	r_3-e
				r_6	r_6

地方政府引导监督背景下三方博弈树模型如图 6-2 所示。

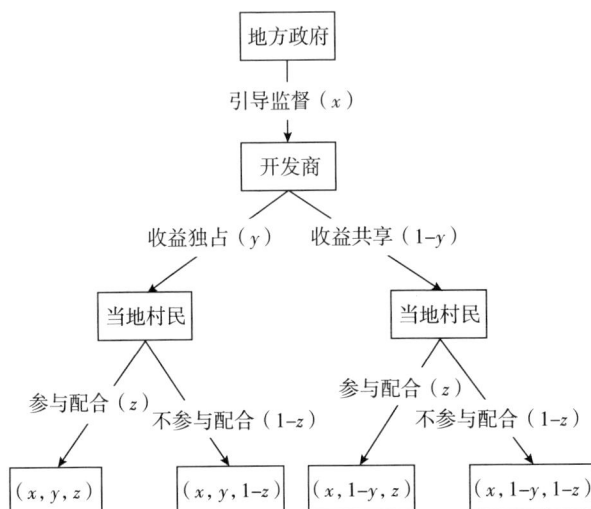

图 6-2　地方政府引导监督背景下三方博弈树模型

根据博弈模型假设和博弈树的博弈过程可知，地方政府、开发商、当地村民三方博弈的过程中会形成以上四种不同的策略选择组合。

3. 模型分析

（1）期望收益与平均收益分析。

根据前文假设，地方政府引导监督乡村旅游资源开发的概率为 $x(x=1)$；开发商选择收益共享策略的概率为 $1-y$，开发商选择收益独占策略的概率为 y；当地村民参与配合乡村旅游资源开发的概率 z，不参与配合乡村旅游资源开发的概率为 $1-z(y, z \in [0, 1])$。

结合表 6-3，列出的地方政府引导监督背景下三方博弈收益矩阵，可以计算出地方政府、开发商以及当地村民各自的期望收益 E 及平均收益 $\overline{E}$。

1）地方政府选择进行引导监督策略时，期望收益为 $E_{(G_1)}$，平均收益为 $\overline{E_{(G)}}$。

$$
\begin{aligned}
E_{(G_1)} = {} & (1-y)z(-a-b-c_1+r_1) + yz(-b-c_1+r_1+e) + \\
& (1-y)(1-z)(-a-c_1+r_1) + y(1-z)(-c_1+r_1+e)
\end{aligned} \tag{6-1}
$$

$$\overline{E_{(G)}} = xE_{(G_1)} = x(1-y)z(-a-b-c_1+r_1) + xyz(-b-c_1+r_1+e) +$$
$$x(1-y)(1-z)(-a-c_1+r_1) + xy(1-z)(-c_1+r_1+e) \qquad (6-2)$$

2）开发商选择在乡村旅游资源开发中进行利益共享策略，期望收益为 $E_{(D_1)}$；选择在乡村旅游资源开发中进行利益独占策略，期望收益为 $E_{(D_2)}$；平均收益为 $\overline{E_{(D)}}$。

$$E_{(D_1)} = z(r_2+a-c_2) + (1-z)(r_2+a-c_2) \qquad (6-3)$$

$$E_{(D_2)} = z(r_3-e-f) + (1-z)(r_3-e) \qquad (6-4)$$

$$\overline{E_{(D)}} = (1-y)E_{(D_1)} + yE_{(D_2)} = (1-y)z(r_2+a-c_2) +$$
$$(1-y)(1-z)(r_2+a-c_2) + yz(r_3-e-f) + y(1-z)(r_3-e) \qquad (6-5)$$

3）当地村民参与配合乡村旅游资源开发，期望收益为 $E_{(V_1)}$；不参与配合乡村旅游资源开发，期望收益为 $E_{(V_2)}$；平均收益为 $\overline{E_{(V)}}$。

$$E_{(V_1)} = (1-y)(b+r_4-c_3+r_5) + y(b+r_4-c_3) \qquad (6-6)$$

$$E_{(V_2)} = r_6 \qquad (6-7)$$

$$\overline{E_{(V)}} = zE_{(V_1)} + (1-z)E_{(V_2)} = z(1-y)(b+r_4-c_3+r_5) + zy(b+r_4-c_3) + (1-z)r_6$$
$$(6-8)$$

（2）基于复制动态方程的演化稳定策略分析。

在地方政府引导监督的背景下，开发商和当地村民的策略选择并非固定不变。实际上，每一方的策略都会根据对方策略的调整而灵活变动，呈现出一种动态演化的趋势。根据弱监管环境下商民协作型的乡村旅游资源开发情况，地方政府已选择了引导监督策略，因此，只需分析开发商与当地村民的策略选择。通过计算可知，开发商和当地村民的系统演化复制动态方程式分别为：

$$\left. \begin{aligned} F(y) &= \frac{dy}{dt} = (1-y)(E_{(D_1)} - \overline{E_{(D)}}) = y(1-y)\left[E_{(D_1)} - E_{(D_2)}\right] \\ &= y(1-y)(zf+r_2+a-c_2-r_3+e) \\ F(z) &= \frac{dz}{dt} = z(E_{(V_1)} - \overline{E_{(V)}}) = z(1-z)\left[E_{(V_1)} - E_{(V_2)}\right] \\ &= z(1-z)\left[b+r_4-c_3+(1-y)r_5-r_6\right] \end{aligned} \right\} \qquad (6-9)$$

结合上述开发商和当地村民的博弈的复制动态方程组（6-9），令 $X=$ $\left(\dfrac{\mathrm{d}F(y)}{\mathrm{d}t}、\dfrac{\mathrm{d}F(z)}{\mathrm{d}t}\right)T=f(X,\ t)=0$，此时求得系统的局部均衡点分别为 $X_1=$ $(0,\ 0)$、$X_2=(1,\ 0)$、$X_3=(0,\ 1)$、$X_4=(1,\ 1)$、$X_5=(y^*,\ z^*)$，且 $y,\ z\in[0,\ 1]$。通过对系统的雅克比矩阵的局部稳定性分析可以得到系统的演化稳定策略（ESS）。

通过计算上述复制动态方程可得该系统的雅克比矩阵如下：

$$J=\begin{bmatrix}(1-2y)\ (zf+r_2+a-c_2-r_3+e) & y\ (1-y)\ f \\ -z\ (1-z)\ r_5 & (1-2z)\ [b+r_4-c_3+\ (1-y)\ r_5-r_6]\end{bmatrix}$$

其均衡点的稳定性可由雅可比矩阵的 $det(j)$ 和 $tr(j)$ 确定，当 $det(j)>0$、$tr(j)<0$ 时，则上述演化均衡点就会达到稳定状态（ESS）。

$$det(j)=\begin{bmatrix}\dfrac{\partial F(y)}{\partial y} & \dfrac{\partial F(y)}{\partial z} \\ \dfrac{\partial F(z)}{\partial y} & \dfrac{\partial F(z)}{\partial z}\end{bmatrix}=\dfrac{\partial F(y)}{\partial y}\times\dfrac{\partial F(z)}{\partial z}-\dfrac{\partial F(z)}{\partial y}\times\dfrac{\partial F(y)}{\partial z}$$

$$=-z(1-z)r_5(1-y)yf-(1-2z)[b+r_4-c_3+(1-y)r_5-r_6](1-2y)$$

$$(zf+r_2+a-c_2-r_3+e)$$

$$tr(j)=\dfrac{\partial F(y)}{\partial y}+\dfrac{\partial F(z)}{\partial z}=(1-2y)(zf+r_2+a-c_2-r_3+e)+$$

$$(1-2z)[b+r_4-c_3+(1-y)r_5-r_6]$$

根据雅可比矩阵的局部稳定分析法，稳定性分析结果如表6-4所示。

表6-4　地方政府引导监督背景下的稳定性分析

均衡点	$det(j)$	符号	$tr(j)$	符号	结果	条件
$X_1(0,\ 0)$	BC	+	$B+C$	−	ESS	$A<0$，$D<0$
$X_2(1,\ 0)$	AB	+	$-A-B$	−	ESS	$C>0$，$D<0$
$X_3(0,\ 1)$	CD	+	$-C+D$	−	ESS	$C>0$，$D<0$
$X_4(1,\ 1)$	AD	+	$A-D$	−	ESS	$A<0$，$D<0$

均衡点	$det(j)$	符号	$tr(j)$	符号	结果	条件
$X_5\ (z^*,\ x^*)$			0		鞍点	任意条件

注：$A=r_6+c_3-r_4-b$，$B=r_2+a-c_2-r_3+e$，$C=r_4+r_5+b-r_6-c_3$，$D=f+r_2+a-c_2-r_3+e$。

根据表6-4的稳定性分析结果，在条件合适的情况下会出现四个ESS点，分析如下：

当 $C>0$、$D<0$，即 $r_4+r_5+b-r_6-c_3>0$ 且 $f+r_2+a-c_2-r_3+e<0$ 时，当地村民参与配合乡村旅游资源开发获得的收益将大于其不参与配合所得收益，同时开发商选择收益独占所获得的收益小于选择收益共享所获得的收益，系统最终的稳定策略在点（1，0）和（0，1）上，因而双方会在（收益共享，不参与配合）和（收益独占，参与配合）之间完成策略演化，且会根据对方策略的选择不断调整。

当 $A<0$、$B<0$，即 $r_6+c_3-r_4-b<0$ 且 $r_2+a-c_2-r_3+e<0$ 时，意味着当地村民参与配合乡村旅游资源开发同时开发商选择收益共享策略时获得的收益大于不参与配合乡村旅游资源开发所得收益；开发商选择收益共享获得的收益小于选择收益独占获得的收益，系统最终的稳定策略在点（0，0）和（1，1）上，因而博弈双方会在（收益独占，不参与配合）和（收益共享，参与配合）之间完成策略演化。双方在自发行为引导下，只要有一方不作为，另一方就会选择投机，向（0，0）处演化，双方策略若均选择（收益独占，不参与配合），将会做出破坏生态环境等不利于乡村旅游发展的行为。此时需要地方政府的监管，引导双方选择向（1，1），即（收益共享，参与配合）策略演化。在地方政府引导监管的背景下，政府将积极采取多种措施，引导开发商进行收益共享，同时，加强对当地村民权益的保障，以引导当地村民积极加入乡村旅游资源开发，推动乡村旅游的长远发展。

（四）利益分享实践路径

栗木坑村是"弱监管环境下商民协助型"利益分享路径的典型代

表，这个路径由地方政府的引导、开发商的开发能力、村民参与权力、村民参与旅游业发展收益四种因素共同作用实现利益分享结果，其中村民参与权力发挥了最核心的作用。

在地方政府引导方面，婺源县政府对栗木坑村的旅游资源开发给予了十分有效的政策支持，其政策引导行为主要体现在以下两方面：一是给予政策扶持。例如，小产权房办证试点就是婺源县政府在推动乡村旅游资源开发过程中的一项重要政策创新，地方政府通过颁布小产权房办证试点政策，着力解决村民房屋的产权问题，进而为栗木坑村的整体性转让、搬迁和市场化开发铺平道路。小产权房办证试点的顺利实施不仅有效保障了村民的住房权益，更为村庄的旅游资源开发提供了更加清晰和稳定的产权基础。2009 年 11 月，江湾镇人民政府携手婺源县规划勘测设计院，共同发布了《江湾镇栗木坑村委会篁岭村整体搬迁安置规划》。为切实推进这一规划的实施，婺源县乡村文化发展有限公司斥资 1200 万元，在交通便捷之处建设了 68 栋三层新徽派风格的安置房，并配备了 24 套老年和单身公寓。以打造优质的住房条件，吸引村民积极参与村庄的整体搬迁工作，确保搬迁工作的顺利进行。二是在积极开发乡村旅游资源的同时，地方政府高度重视乡村公共基础设施的完善。通过新建小学，提升当地教育水平，提供良好的学习环境。此外，政府还致力于优化供水、供电、排污、硬化等基础设施，确保村民能够享受到安全、便捷的生活服务，打造出舒适宜居的乡村环境，提升村民生活质量，推动当地村民幸福指数的提升。同时，地方政府还通过实施一系列创新性政策，如小产权房办证试点和村庄整村搬迁等，推动栗木坑村的整体性转让、整村式搬迁、市场化开发与股份制运营，为乡村旅游资源开发奠定了坚实的基础，为乡村的可持续发展注入了新的活力。此外，在推动乡村旅游发展的过程中，地方政府还给予推动支持，通过开展"领导挂帅，全员上阵"行动，积极动员各方力量参与乡村旅游开发，在篁岭景区试营业的第二年，成功创建国家 AAAA 级景区。2018 年，政府又成立了高规格创建工作领导小组，推进篁岭景区创建国家 AAAAA 级景区的工作。通过专人领衔、挂点帮扶等方式，及时协调解决景区在发展过程中遇到的困难和问题，为景区的快速发展提供了有力保障。

在开发商的开发能力方面，婺源县政府始终秉持择优合作的原则，于2009 年成功引入了资金实力雄厚的婺源乡村文化发展有限公司，负责栗木坑村旅游资源的开发工作。多年来，婺源县乡村文化发展有限公司凭借对地方特色的深刻理解和对开发标准的坚守，累计投入超过 5 亿元，全方位推进旅游资源的深度开发。从精心打造旅游景点、修建索道、修缮道路，到收购并修复古建筑，再到加强地质灾害防护和整村搬迁投入等方面着手，公司创新地将原址民居改造成精品度假酒店，同时收购并异地保护重建了散落民间的 20 多栋徽派古建筑，打造了独具特色的"天街"商业街。这些举措不仅丰富了旅游资源，也提升了景区的整体品质。公司致力于将篁岭打造成为一个集特色地貌、优美生态、民宿民俗、互动体验于一体的优质景区，使"篁岭景区"成为婺源高端特色乡村游的重要窗口，为游客带来更加丰富多彩的旅游体验。2018 年 3 月，篁岭再次迎来了新的发展机遇，中青旅与婺源县政府签订了战略合作协议，将在篁岭二期开发中追加投资 9 亿元，以进一步拓展栗木坑村的旅游业发展空间。通过数年来的实践探索，篁岭景区形成了一套以"整村开发、生态入股、就业创业、品牌创建"为特色内核的市场运营模式，而这种颇具特色的开发模式不仅丰富了景区内涵，更进一步拓宽了开发商的利润增长点，增强了开发商的可持续发展能力。由此可知，开发商的雄厚投资实力和可持续发展的市场运营模式，是实现乡村旅游资源开发过程中地方政府、开发商与当地村民利益共享的重要保证。

在村民参与权力方面，栗木坑村通过多种方式增加村民在旅游业发展中的决策和份额权力。一是借助村庄丰富的公共资源以及流转给景区使用的土地，婺源县乡村文化发展有限公司与当地村民达成了入股协议。根据协议规定，凡是拥有篁岭户籍的村民，每年都能从开发商的旅游业收益中获得一定比例的红利分成。二是景区开发商向 600 余户村民长期租赁近千亩梯田，用作种植观光农业，当地村民在此过程中由纯粹的种地农民转变成为开发商雇佣的"造景工",从而获得更加稳定的收入。三是开发商在景区内设立了100余个商铺,且优先让村民选择并进行经营,以助力当地村民实现就地创业。村民参与权力得到了合理地保障,也为后续利益共享的实施奠定了基础。

在村民参与旅游业发展收益方面,主要体现在收入水平的提高和收入渠道的扩展。当地村民通过在景区就业或村内创业,可以获得了可观的工资性收入和经营性收入。例如,篁岭按照"每户至少一人"标准返聘搬迁村民,共同参与景区建设,特别是当地女村民获得了"家门口"就业机会,人均年工资收入也因此超过了3.5万元。此外,搬迁安置后的留守老人也得以再就业,可以通过开展手工艺制作、民俗表演等工作延长了劳动价值,获得回报。依托旅游业发展带来的乘数效应,乡村旅游业的发展也带动了相关产业的发展和就业机会的增加,从而产生经济效益层层传导的连锁反应,吸引了大量村落精英回流创业,甚至还有众多外地人涌入栗木坑村,觅得就业或创业机会。年轻群体的回流与加入,也会产生更为丰厚的经济效益。此外,入股、股份分红、房产增值以及土地、房屋出租也可以带来可观的资产性收入。

在栗木坑村乡村旅游资源开发的进程中,政府的引导、开发商的开发能力、当地村民的参与权力与参与收益是其成功实现利益分享的关键。婺源县政府以其前瞻性的政策引导,为栗木坑村旅游资源的开发铺设了坚实的基石。基于政府的支持,积极引入实力雄厚的婺源乡村文化发展有限公司等各类开发商,凭借开发商卓越的投资实力与可持续的市场运营模式,成功实现了旅游资源的高效转化与充分利用。且在开发过程中,当地村民的参与权力不仅得到了充分的保障,更在乡村旅游的发展中获得了实实在在的收益,实现了生活水平的显著提升。栗木坑村的乡村旅游资源开发实现了地方政府、开发商和当地村民的经济利益共赢,达成三方主体的利益共享机制,为其他弱监管环境下商民协作型的乡村旅游资源开发提供了生动的实践经验。

二、深扶持背景下农民参与型组态路径

——以梅花村为例

湖南省衡阳市梅花村是组态 2 （$X2×X3×X4×X5$）的典型代表，对应"深扶持背景下农民参与型"利益分享路径，即政府引导、政府监管、（村民）参与权力、（村民）参与收益四种因素组合作用产生利益分享的结果，其中（村民）参与权力是四种因素中最核心的因素。在这种利益分享路径中，主要特征是政府在乡村旅游资源开发中作用突出，村民也积极参与进来，开发商开发能力因素在该路径中无关紧要。

（一）案例基本情况

梅花村被称为衡阳县的"五朵金花"之一，隶属湖南省衡阳市衡阳县的西渡镇，距县城距离 1.5 千米，面积约为 6.5 平方千米，该村包括耕地 3268 亩和山地 4000 余亩，并有骨干塘 89 口，辖 22 个村民小组，700 余户，总人口 2700 余人，其中梅花村村支两委成员 6 名，党员 68 名，村设党总支部，下辖 2 个党支部，是当地有名的"党建驱动乡村振兴示范村"。回顾衡阳市梅花村的小村蜕变之路，梅花村由原小梅花村和原蛟龙村合并而来，直至 2015 年还被戏称为"三不通小村"，只因其"路不通，电也不通，观念尤其不通"。仅通过 6 年时间，梅花村就从名不见经传的"三不通小村"变为"乡村振兴"的代名词，也催生出农旅融合的"梅花经济"，为乡村振兴建设注入新活力。梅花村因此获得了全国先进基层党组织、全国乡村治理示范村、湖南省文明村镇、湖南省省级乡村振兴示范创建村等一系列荣誉。衡阳县梅花村行政区位如图 6-3 所示。

图6-3 衡阳县梅花村行政区位

资料来源：根据官网等公开资料整理所得。

不同于另外两种利益分享路径的特征，衡阳市梅花村的乡村旅游资源开发之旅中，村委党员先锋作用尤为凸显。在梅花村村支两委的领导下，定下主基调"规范土地流转，盘活'梅花资源'，培育现代农业产业经济，带动农业增效、农民增收，为乡村振兴注入新活力"。2021年，梅花村村集体经济收入已达150万元，村民人均收入已突破3万元。作为乡村振兴实践的典型案例，衡阳市梅花村通过党政引领、基层治理、村民群众参与等手段，实现共享共治、互利共赢，旅游资源的恰当开发更是为当地村民等利益主体带来其旅游经济的效益改革。梅花村旅游资源开发历程具体如表6-5所示。

表6-5 梅花村旅游资源开发历程

年份	事件
2016	党建发力，盘活"梅花资源"
2017	举办"中国农民丰收节"等传统文化活动 开发"共享农场"等旅游资源
2018	打造农事科普体验区、乡村休闲美食区等 央视新闻联播头条推介梅花村实施订单农业的经验

续表

年份	事件
2019	引进民营资本，建设"梅花小镇"，打造"山野度假区" 入选"全国乡村治理示范村"名单
2020	成立旅游公司，开发梅花乐园旅游项目 央视新闻联播再次报道"梅花现象"
2021	"梅花乐园"正式运营，打造 AAA 级景区 被授予"湖南省省级乡村振兴示范创建村"称号
2023	被评为"中国美丽休闲乡村"

资料来源：根据梅花村网站等公开资料整理所得。

梅花村自进行乡村旅游资源的开发以来，成功形成其独有的"梅花模式"，梅花村更是通过其"梅花模式"的成功实践，获得全国先进基层党组织、全国乡村治理示范村、第一批国家森林乡村、省基层党建示范村、省美丽乡村建设示范村等一系列荣誉。总结衡阳市梅花村的发展历程，具体可分为三个阶段：初期阶段（2015～2017 年）、成长阶段（2018～2020 年）、发展成熟阶段（2021 年至今），如表 6-6 所示。

表 6-6　梅花村乡村旅游资源开发阶段

时间	阶段	特征
2015～2017 年	初期阶段	开发民宿、特色农庄农家乐、手工作坊等旅游资源； 带动农民增收，尝试客商投资
2018～2020 年	成长阶段	创新融资渠道，引进民营企业，推动多个文旅项目落地，做大做强"梅花经济"
2021 年至今	发展成熟阶段	扎实推进"农旅结合"，打造"梅花效应"

（二）利益主体及其利益诉求分析

1. 地方政府

在梅花村的乡村旅游资源开发周期中，较为显眼的是 2015 年梅花村因其"路不通、电不通、观念不通"仍被戏称为"三不通"小村，到

2018 年中央广播电视总台新闻联播《在习近平新时代中国特色社会主义思想指引下——新时代新作为新篇章》专栏的头条就介绍了梅花村的"梅花经验",这之中离不开地方政府有关部门、村委的积极参与。"村委是车头,每位党员都是自带动力的'动车车厢',梅花村才能跑出高铁速度。"地方政府、干部敢作为、善作为,坚持"乡村振兴,要夯实乡村治理这个根基",就是"梅花模式"的密码和源泉。

在实践中,梅花村始终致力打造良法善治的乡村治理典型,其利益诉求主要集中在以下几个方面:①打通思想观念。在开发初期,村里党员干部发挥先锋模范作用,引导农民转变观念,丰富"梅花经验"的内涵,有机利用衡阳市的创文创卫、积分促民风、移风易俗等活动,为后续开发奠定思想基础。②打通基础设施建设,紧抓环境整治工作。陆路、电路系统配备完善,同时依托乡村自然风貌实现绿化、美化、净化工程,实现梅花村村庄建设公园化。③打通农旅合作堵点,推动经济效益实现。利用"梅花品牌",实现乡村善治,引领当地村民美好生活,同时盘活"梅花资源",推动土地流转,最大限度地确保土地稳定流转效率,提升村民的人均收入,增强获得感、幸福感。

2. 开发商

开发商或因当地乡村旅游资源丰富,或因地方政府政策支持等原因,加入当地的乡村旅游资源的开发。而梅花村主要是在当地村委和村政府的示范带头作用下,创新梅花村的融资和投资渠道,以此引进开发商等社会资本的进入。梅花村于 2019 年以村民入股分红合作模式,集资 1500万元,成立了湖南梅乡情园旅游公司,并引进浙江沪马旅游投资有限公司出资 2.4 亿元,共同建设梅花乐园,后于 2021 年成功引进湖南千岛旅游发展有限公司,建设梅花小镇,这也是衡阳地区首家高标准国际化山地运动亲子度假区。2022 年引进新的社会资本参与新建项目,意图打造乡村旅游界的"迪士尼乐园",总投资达 12 亿元。同时,引进田园牧歌公司共同成立梅花股份经济合作社和梅花特色水果种植合作社,村集体经济分别持股 40%,带动梅花村农旅产业的发展。

开发商是社会项目投资资金的主要提供方，但为平衡经济效益和社会效益，需要对开发商的利益诉求进行正确引导，追求可持续的乡村旅游市场运营模式。在梅花样本中，开发商的利益诉求主要是：①地方政府给予政策支持、税收优惠力度加大，如2022年享受留抵退税等税费优惠减轻了湖南千岛旅游发展有限公司的财务负担，也因此推出假期票价减免等营销活动；②获取经济效益，拓宽品牌知名度；③开发商通过资金的投入，参与乡村旅游的投资、开发、日常经营，开发商一般以利润最大化为目标，在日常经营管理中可能会存在破坏当地资源、污染环境卫生等短期获益行为。

3. 当地村民

从隐患不断、纷争不断到零群体性纠纷、零治安案件，从无钱创业到授信贷款自主创业，从年均收入不足3000元到人均收入达4万元，"梅花模式"的收益由村民集体共享，梅花村村民有更多存在感、自主权，成为乡村治理的主体、"梅花效益"的利益共享者。

村民的利益诉求主要体现在：①加大生活环境改善力度，大力提升"梅花颜值"。全村林木覆盖率达70%，房屋装修率达90%，新建村民住宅区及文化休闲广场，美化、绿化、净化工程全面开展。②参与乡村事务治理，成为梅花村治理新力量。试点成立首个村级工会组织，村级事务中村民积极发言，话语权得以体现，拓宽村民新力量参与的广度。例如，2020年旅游开发委员会就保护村落建筑风格、维护村民生活习俗等内容召开会议，邀请各家代表等不同群体进行意见陈述，这些意见在旅游开发过程中得到了充分考虑和采纳。③共建"梅花品牌"，共享"梅花资源"效益。村干部带头创建农业产业合作社，吸纳300多户村民入社，帮助村民脱贫致富。例如，2020年村集体与部分村民合资创建了"梅花村的饭店"以打造本地特色美食，采取"村民自愿入股、收益按股分红"的方式募集资金开饭店。同时，村民也参与打造农业科普体验区、梅红果蔬种植专业合作社、民俗农家乐等文旅项目，并通过土地流转方式创新实现利益增收。

（三）利益主体演化博弈分析

1. 利益主体冲突分析

在深扶持背景下农民参与型的乡村旅游资源开发中，政府与村民之间的冲突不可避免，如政府可能会与村民就土地使用权、资源分配等问题产生争议，若处理不当，可能引发村民的不满和抵制。同时，环境保护和文化传承也是政府在开发中需要特别关注的问题。如果过于追求经济利益，忽视了对环境和文化的保护，可能会引起村民的强烈不满和抗议。此外，乡村旅游开发带来的经济收益如何公平合理地分配给当地村民，也是政府需要面对的一大挑战。

2. 模型构建

结合第四和第五章的相关分析，以及梅花村乡村旅游资源开发的实际情况，对深扶持背景下农民参与型的乡村旅游资源开发进行以下假设及参数设定：

假设6-2-1：深扶持背景下农民参与型的乡村旅游资源开发涉及的关键利益主体，特指地方政府及当地村民两方，在这种路径下，开发商主要由当地村民自设成立，其本质是当地村民，故舍弃开发商这一主体。

假设6-2-2：根据演化博弈理论基础，博弈的两方主体——政府与当地村民均为有限理性，各方目的都是使自身的利益最大化。

假设6-2-3：结合第四章假设，政府的行为策略为｛引导监管、不引导监管｝，其采取"引导监管"策略的概率为 $x(0 \leqslant x \leqslant 1)$，采取"不引导监管"策略的概率为 $1-x$。假设政府对乡村旅游资源开发进行引导监管的监管成本为 b_1，政府对乡村旅游资源开发引导监管时，会对不参与配合并造成相应损失的村民处以相应罚款，记为 n，给积极参与配合的村民给予一定补助，记为 m。同时，政府作为公共管理部门，需要对乡村旅游资源进行管治，其治理成本记为 b_2。

假设6-2-4：当地村民的行为策略为｛参与配合、不参与配合｝，其采取"参与配合"的概率为 $z(0 \leqslant z \leqslant 1)$，采取"不参与配合"的概率为

$1-z$。假设当地村民参与旅游开发时的基本收益为 p，当地村民积极参与需要付出的成本为 c，同时村民积极参与，会给其自身带来额外的收益，记为 g。当地村民选择参与配合时，会为地方政府带来正向的社会效益，记为 r。

基于以上的假设，可以构建地方政府与当地村民的收益矩阵，如表6-7所示。

表6-7 地方政府与当地村民的收益矩阵

博弈参与者		当地村民	
		参与配合（z）	不参与配合（$1-z$）
地方政府	引导监管（x）	（$-b_1-m+r$, $-c+p+m+g$）	（$-b_1-b_2+n$, $p-n$）
	不引导监管（$1-x$）	（r, $-c+p+g$）	（$-b_2$, p）

博弈双方的博弈树模型如图6-4所示。

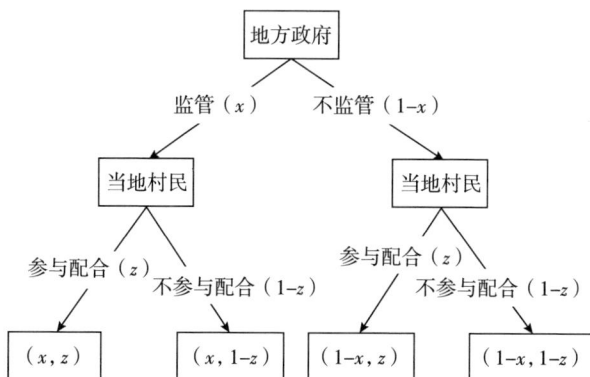

图6-4 地方政府与当地村民的博弈树模型

根据博弈模型假设和博弈树的博弈过程可知，地方政府与当地村民在双方博弈的过程中会形成四种不同的策略选择组合。

3. 模型分析

根据前文假设及地方政府与当地村民的收益矩阵，可以分别计算出博弈双方的期望收益 E 及平均期望收益 $\overline{E}$。

（1）地方政府选择监管的期望收益为 $E_{(G_1)}$，不监管的期望收益为 $E_{(G_2)}$，平均收益为 $\overline{E_{(G)}}$。

$$E_{(G_1)} = z(-b_1-m+r) + (1-z)(-b_1-b_2+n) \tag{6-10}$$

$$E_{(G_2)} = zr - (1-z)b_2 \tag{6-11}$$

$$\overline{E_{(G)}} = xE_{(G_1)} + (1-x)E_{(G_2)} = x(n-b_1) + z(r+b_2) + xz(-m-n) - b_2 \tag{6-12}$$

（2）当地村民选择参与配合的期望收益为 $E_{(V_1)}$，不参与配合的期望收益为 $E_{(V_2)}$，平均收益为 $\overline{E_{(V)}}$。

$$E_{(V_1)} = x(-c+p_1+m+g) + (1-x)(-c+p+g) \tag{6-13}$$

$$E_{(V_2)} = x(p-n) + (1-x)p \tag{6-14}$$

$$\overline{E_{(V)}} = zE_{(V_1)} + (1-z)E_{(V_2)} = xz(m+n) + (g-c)z - nx + p \tag{6-15}$$

因此，在分析当地村民与地方政府的策略选择时，通过计算可知，地方政府和当地村民的系统演化复制动态方程式分别为：

$$
\left.
\begin{aligned}
F_{(x)} &= \frac{\mathrm{d}x}{\mathrm{d}t} = x(E_{(G_1)} - \overline{E_{(G)}}) = x(1-x)\left[E_{(G_1)} - E_{(G_2)}\right] \\
&= x(1-x)\left[n - b_1 - z(m+n)\right] \\
F_{(z)} &= \frac{\mathrm{d}z}{\mathrm{d}t} = z(E_{(V_1)} - \overline{E_{(V)}}) = z(1-z)\left[E_{(V_1)} - E_{(V_2)}\right] \\
&= z(1-z)\left[x(m+n) + g - c\right]
\end{aligned}
\right\} \tag{6-16}
$$

根据述（6-16）方程组，可以得到地方政府与当地村民之间博弈的动态复制系统。令 $F_{(x)} = 0$ 和 $F_{(z)} = 0$，由此可以得到该系统的五个局部均衡点：$X_1 = (0, 0)$、$X_2 = (1, 0)$、$X_3 = (0, 1)$、$X_4 = (1, 1)$、$X_5 = (x^*, z^*)$，且 $x, z \in [0, 1]$。通过对系统的雅克比矩阵的局部稳定性分析可以得到系统的演化稳定策略（ESS）。

通过计算上述复制动态方程可得该系统的雅克比矩阵如下：

$$J = \begin{bmatrix} (1-2x)\left[n-b_1-z(m+n)\right] & -x(1-x)(m+n) \\ z(1-z)(m+n) & (1-2z)\left[x(m+n)+g-c\right] \end{bmatrix}$$

其均衡点的稳定性可由雅可比矩阵的 $det(j)$ 和 $tr_{(j)}$ 确定，当 $det(j)>0$、$tr(j)<0$ 时，则上述演化均衡点就会达到稳定状态（ESS）。

$$det(j) = \begin{bmatrix} \dfrac{\partial F(z)}{\partial z} & \dfrac{\partial F(z)}{\partial x} \\ \dfrac{\partial F(x)}{\partial z} & \dfrac{\partial F(x)}{\partial x} \end{bmatrix} = \dfrac{\partial F(z)}{\partial z} \times \dfrac{\partial F(x)}{\partial x} - \dfrac{\partial F(x)}{\partial z} \times \dfrac{\partial F(z)}{\partial x}$$

$$= (1-2x)(1-2z)\left[n-b1-z(m+n)\right]\left[x(m+n)+g-c\right] +$$
$$xz(1-x)(1-z)(m+n)^2$$

$$tr(j) = \dfrac{\partial F(x)}{\partial x} + \dfrac{\partial F(z)}{\partial z} = (1-2x)\left[n-b_1-z(m+n)\right] + (1-2z)\left[x(m+n)+g-c\right]$$

将所得均衡点代入雅可比矩阵，分析其稳定性，如表6-8所示。

表6-8　系统局部均衡点的稳定性分析

均衡点	$det(j)$	符号	$tr(j)$	符号	结果	条件
$X_1(0, 0)$	AB	+	$A+B$	−	ESS	$A<0, B<0$
$X_2(1, 0)$	$-AB$	+	$-A+B$	−	ESS	$A>0, B<0$
$X_3(0, 1)$	$-AB$	+	$A-B$	−	ESS	$A<0, B>0$
$X_4(1, 1)$	AB	+	$-A-B$	−	ESS	$A>0, B>0$
$X_5(z^*, x^*)$			0		鞍点	任意条件

注：$A=n-b_1$，$B=g-c$。

根据表6-8的稳定性分析结果，对相关具体情况分析如下：

当 $A<0$、$B<0$，即 $n-b_1<0$ 且 $g-c<0$ 时，系统的演化结果为（0，0），即地方政府不扶持监管，当地村民也不参与配合。在该情况下，政府的监管成本高于其所能获取到的收益及社会正效应，因此选择"不监管"策略。而对于当地村民，出于对政府不监管的行为及其他自身利益的考量，当地村民也会选择"不参与配合"策略。

177

当 $A>0$、$B<0$，即 $n-b_1>0$ 且 $g-c<0$ 的情况下，系统的最终演化结果为（引导监管，不参与配合）。在该情况下，政府对乡村旅游资源开发进行监管的效益高于其所付出的监管成本，而当地村民在乡村旅游资源开发中所能获取到的利益有限，因此，双方作为有限理性的个体，政府会在成本效益原则下，选择"引导监管"策略。而当地村民会在考虑自身利益最大化的情况下，认为没有必要去花费时间和精力参与乡村旅游开发，最终选择"不参与配合"策略。

当 $A<0$、$B>0$，即 $n-b_1<0$ 且 $g-c>0$ 时，意味着地方政府在乡村开发过程中付出了较大的引导监管成本，但效果依旧不显著，而当地村民参与乡村旅游资源开发所获得的收益大于其成本，可获取到额外收益。因此，地方政府会在考虑到成本的情况下，选择不监管，而当地村民将选择参与配合策略。

当 $A>0$、$B>0$，即 $n-b_1>0$ 且 $g-c>0$ 时，系统最终的演化结果为（1，1），意味着地方政府在对乡村旅游开发进行监管时，可获得较为明显的社会效益，且当地村民参与乡村旅游资源开发时可获得额外收益。因此，地方政府会对乡村旅游资源加以监管，并且当地村民将选择积极地参与配合。此时，将实现地方政府监管，当地村民参与配合的稳定均衡状态。

在深扶持背景下农民参与型的乡村旅游资源开发的博弈过程中，博弈双方策略的选择是紧密依赖、相互影响的，一方策略的选择依赖于另一方策略的选择的预测，参数的变化或者其他因素的变化，都会影响双方的策略选择。

（四）利益分享实践路径

梅花村是"深扶持背景下农民参与型"利益分享路径的典型代表，这个路径由地方政府引导、地方政府监管、村民参与权力、村民参与收益四种因素共同作用实现利益分享结果，其中村民参与权力发挥了最核心的作用。

在地方政府引导方面，梅花村地方政府有关部门、村委依托当地特色梅花资源、人文资源和人力资源，积极引导当地农民参与，通过当地农民盘活闲置资源，实现以农兴旅、以旅强农，主要包括四个方面的举措：第一，政府制定科学合理的空间发展蓝图，统筹规划村庄景观布局，加强梅花村基础设施建设，为梅花村乡村旅游资源开发提供条件。例如，通过"一户一宅"工程改造危旧民房，新建11个住宅区；实施"三化"工程，对路、水、园三旁进行绿化美化，提升环境品质；实行"门前四包"制度，定期开展美丽屋场、美丽庭院等评比。这些举措不仅提升了乡村美学价值和吸引力，还优化了人居环境。第二，地方政府推动建立人才规划，大力引导新农人、民营企业家、法律工作者等人才资源下沉乡村，打破过去闭塞自足的状态，为乡村旅游资源开发增添发展新活力。第三，地方政府高度重视产业引领作用，坚持农旅融合发展路径，依托本地区交通、资源、市场等优势，通过延伸产业链实现农民稳定增收。例如，通过打造特色餐厅、民宿、采摘园等特色旅游项目，带动农产品销售，由此农户由种地者转变为经营者，收入稳步增长。第四，政府为扩大影响力，策划了丰富多彩的节庆活动，进行立体宣传以吸引游客、带动当地的消费，从而推动形成产业集群效应。梅花村地方政府全方位的引导支持，让乡村旅游发展成果惠及广大群众，是实现乡村旅游资源开发利益分享的重要抓手。

在地方政府监管方面，地方政府通过建立监督机制以加强过程管控是确保利益分享到位的重要手段。梅花村监督机制主要包括构建科学合理的评价体系、实行个人文明积分制度、设立善良榜单以鼓励村民互助友爱、遵纪守法，为当地乡村旅游发展营造积极和谐的环境。具体措施如下：第一，将文明积分结果与奖励和政策挂钩，积分达到一定水平即可兑换生活用品或授信贷款，由此来激发村民主动维护公共利益，内化于心并外化于行。第二，地方政府通过与银行合作实施"整村授信"，村民的贷款额度与信用积分挂钩，这充分发挥了积分银行的诚信激励作用。第三，发挥村级自治作用也是地方政府监管的有机补充，在地方政府的协助下，梅花村成立议事委员会、积分评审委员会、监督委员会等村民自治组织，以此来广泛听取民意和民主协商村内各项事务，既培养了村民的主人翁意识，又构建起了权威高效的基层管理。可以说，健全的制度体系和村民自治结合，使监管既民主又有力，共同营造积极向上的环境氛围。

在村民参与权力方面，在梅花村的乡村旅游资源开发实践经验中村民参与权力发挥了最为核心的作用：第一，梅花村大力激发当地村民的主体性，拓展其参与权是实现共享的重要途径，当地村民可以通过投资入股乡村旅游公司，参与项目的建设并获得分红。例如，2020 年 7 月，当地村民共同出资在山水间开起了饭店，这不仅是对传统生活方式的一种创新尝试，也是当地村民参与乡村旅游发展的初步实践。第二，梅花村的村集体经济建设成果也是梅花村旅游资源开发过程中保障当地村民参与权力的体现。由村集体牵头，当地村民自愿入股成立旅游公司，共同开发梅花乐园旅游项目，当地村民成为旅游项目的股东，他们的经济利益与项目的成功紧密相连。到了 2021 年，梅花村的旅游公司仅半个月的营业收入就达到了 283 万元，村民最多一人获得 5 万元现金分红，直接的经济激励极大地提高了村民的参与热情。第三，土地制度改革为当地村民提供更大的经营决策权。地方政府通过两级确权，优先保障当地村民自留耕种的同时，整合土地连片流转，支持培育产业经营主体，既确保了流转效率，又保障了村民增收的公平性。例如，红星组为中心的土地流转，当地农科院等市场主体以合理的土地流转费用，共流转了 2140 余亩土地，国家给予的粮补、直补仍然归农户所有，给村民带来了满意的经济补偿和收益。另外，这些充分的权力拓展机会极大地激发了当地村民的主人翁精神和创业热情，也激发其创新创业的活力，使更多当地村民参与到旅游项目的建设运营中，或者进行乡村旅游相关产业的自主创业，打造了一系列富有本地特色的商业模式。例如，村民们创办了"田园沐歌""尚绿生态""梅花鱼庄"等特色休闲度假实体，建设了农业科普体验区、特色瓜果采摘区、生态蔬菜种植区、乡村休闲美食区、梅花文化康养区五大功能区。总体而言，梅花村当地村民权力拓展成为激发村民参与乡村旅游的内生动力，当地村民由被动参与到主动积极作为的转变，是共享实践的有力保证。

在村民参与收益方面，梅花村通过多种途径实现村民权益共享，使广大群众获得实实在在的收益，直接感受到乡村振兴的成果。第一，通过购买乡村旅游公司股票，村民可以依股份高额分红，据 2020 年数据，个人最高分红达 5 万元，村集体拿到了 10 万元分红。第二，村民可以通过租赁或转让资产获得收益，如村里已有 14 户将闲置房子租给"外来户"，曾经破败的房屋被精心设计成乡村民宿、康养家园、研学基地。第三，村民通过从事种植养殖业，销售当地农产品，全产业链条式发展特色农业来获得收入。第四，村民还可以通过灵活就业增加劳动报酬。总体而言，梅花村通过产业带动、资产变现、要素流转等多重方式，使村民权益最大化，人均收入从 1300 元增至 2.8 万元，增幅高达 20 多倍。这种实实在在的获得感使群众对乡村振兴的认同感和幸福感大增。

在地方政府引导、地方政府监管、村民参与权力、村民参与收益四种因素的共同作用下，梅花村的农旅融合经济得到高质量发展，也因此提升当地的农旅经济收益，实现开发商和当地村民经济利益共赢，达成三方主体的利益共享机制，有效地促进了梅花村乡村旅游的可持续发展，提高了村民的生活水平，成为乡村振兴战略的一个典范。

三、强资源禀赋下政企合作型组态路径
——以龙井村为例

贵州省贵阳市花溪区青岩镇龙井村是组态 3（$X1 \times \sim X2 \times X3 \times X4 \times \sim X5$）的典型代表，对应强资源禀赋下政企合作型利益分享路径，即开发能力、~政府引导、政府监督、参与权力、~参与收益四种因素组合作用实现了利益分享。① 这种组态出现两个"非因素"还能实现利益分享，是因为（开发商）开发能力、政府监督、（农民）参与权力做得比较好，同样（农民）参与权力是这里的核心因素。从对应的龙井村资料也可以看出这种组态是符合实践的，龙井村依靠茶叶出名，早年该村发展乡村旅游并非是地方政府的积极引导，而是开发商在此地对乡村资源进行开发时带动了当地乡村旅游，随着该村乡村旅游的发展，地方政府发挥积极的监管作用。（农民）参与收益不高的原因可能是当地农民较多从事采茶等低劳动价值的工作，一些参与乡村旅游工作的农民调研对象的收入相对不高，但是他们的参与权力还是得到了良好的保障，不仅体现在可以从中找到工作（虽然这份工作可能工资相对并不高），还体现在开发商或政府在一些开发项目中会积极吸收当地村民意见，在征用一些土地进行开发时，也能协商出农民满意的方案，等等。

（一）案例基本情况

龙井村，因其有一口源源不断流淌着清澈甘甜井水的古井而得名，隶属于贵州省贵阳市花溪区青岩镇，位于花溪区南部、青岩古镇的西北侧，距离国家 AAAAA 级景区青岩古镇 1.5 千米，面积 2.4 平方千米，是一个具有几百年历史的传统布依族村寨。据花溪区人民政府网官方数据，截至 2023 年 6 月，龙井村下辖 7 个村民组，354 户人家共计 1371 人，其主要民族成分由布依、汉、苗族构成，其中布依族人口占总人口98% 左右，是典型的布依族村寨。从 2011 年花溪区将其作为民俗村落体验区进行打造以来，龙井村不断发展和丰富其旅游产业，2019 年 6 月获批国家 AAA 级旅游景区，2020 年 8 月更是被列为全国乡村旅游重点村。贵阳市龙井村行政区位如图 6-5 所示。

---

① ～这个符号指这个因素的反面，也可以称为"非政府引导""非农民参与收益"，如"～政府引导"表示该村并没有较好的前期政府引导，"～参与收益"指该村并没有较好的（农民）参与收益，或者农民参与收益相对不高。

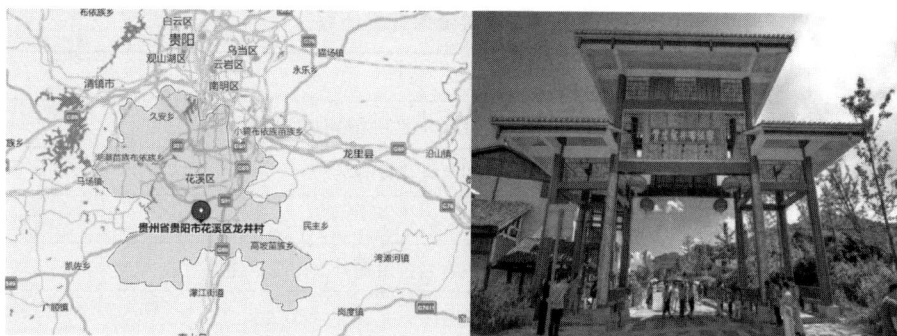

图 6-5 贵阳市龙井村行政区位

资料来源：根据官网等公开资料整理所得。

龙井村境内森林覆盖率高，水、陆交通便利，旅游资源极为丰富，加上其距离贵阳唯一的国家 AAAAA 级景区青岩古镇只有 1.5 千米，龙井村的旅游产业和旅游经济都实现快速发展。官方资料显示，2021 年龙井村的游客接待量是 6 万多人，2022 年游客接待量将近 12 万多人，产生旅游收入 600 余万元，村集体经营性收入约有 52 万元，参与分红的 50 余户村民户均增收 5000 元左右。到 2023 年，由于其自身旅游产业快速发展等原因，龙井村旅游收入高达 1500 余万元，其中村集体经营性收入达 115 万元，突破百万。早在 2009 年，龙井村就荣获贵州省"文明村镇"称号，2011 年被授予全国"文明村镇"称号。2013 年龙井村入选全国美丽乡村试点，2014 年被评为中国少数民族特色村寨，2018 年开始延伸其旅游产业，实施"布依情浓，百坊龙井"的发展目标，发展至今染坊、书坊、画舫、刺绣坊等已成为龙井村的支柱旅游产业。以龙井村染坊为例，蜡染体验就是有名的旅游项目之一，布依族的染布、蜡染工艺、流程、方法等全方位对游客开放，不仅让游客欣赏布依族服饰的制作过程，也深度挖掘其内在的布依风情，实现农旅融合新型产业生态。龙井村旅游资源开发历程如表 6-9 所示。

表 6-9 旅游资源开发历程

年份	事件
2011	获 600 多万元村容村貌整治奖补资金，确定为民俗村落体验区进行打造
2012	开展生态文明村寨、和谐村寨、文明乡风建设等活动
2013	入选全国美丽乡村试点
2014	被评为中国少数民族特色村寨；列入青岩古镇提升改造工程建设
2015	打造文化旅游创新区，突出民族特色
2018	成立村集体全资公司贵州布依百坊旅游发展有限公司，开展百坊计划
2019	获批国家 AAA 级旅游景区，成立贵州悠游百坊旅游管理有限公司
2020	荣获全国乡村治理示范村、全国乡村旅游重点村称号
2023	年旅游收入突破 1500 万元

资料来源：根据贵阳市人民政府网站、《贵州日报》等公开资料整理所得。

龙井村发展初期依靠所酿米酒醇香味甜出名，随着距离只有 1.5 千米的青岩古镇成为 AAAAA 景区，依托其区位和资源优势，龙井村逐渐开发其旅游资源并成为当地乃至全国的特色民族村寨，布依族文化也成为龙井村发展致富的法宝。将其乡村资源开发历程进行总结，可具体细分为三个阶段：初期探索阶段（2011~2014 年）、成长阶段（2015~2017 年）、成熟阶段（2018 年至今）（见表 6-10）。

表 6-10 龙井村乡村旅游资源开发阶段

时间	阶段	特征
2011~2014 年	初期探索阶段	开展文明、和谐村寨建设，完善多项基础设施，尝试旅游项目开发
2015~2017 年	成长阶段	将布依民族歌舞、自酿米酒、蜡染等非遗项目包装成供游客体验的文化旅游项目，创新融资渠道
2018 年至今	成熟阶段	实施"一个龙井村，百个布依坊"计划，盘活文旅资源，创新"企业统筹+百坊参与"新路径

（二）利益主体及其利益诉求分析

1. 地方政府

贵阳市龙井村隶属于贵州省贵阳市花溪区青岩镇，是一个布依族人口占总人口98%的少数民族村寨。政府方面，龙井村受青岩镇政府的管辖。近年来，龙井村在政府的支持和监管下，抓住背靠青岩古镇这个贵阳唯一国家AAAAA级景区的优势，以村寨的优势资源为依托，积极发展乡村休闲旅游，取得了显著成效。

龙井村致力于推动当地发展，从多举措入手以达到其利益诉求：①改善配套基础设施，开展环境整治，奠定村庄农旅经济发展基础。包括陆路道路、地下排水系统、照明等设施，同时成立自治、监督小组，以规范村民和群众行为，改善村落环境。②传承民族文化及文旅推广。龙井村是个典型的布依族村落，98%的村民皆为布依族，当地政府高度重视民族文化的传承与发扬，组织各类民族文化活动，如"上九"布依歌会、"六月六"、吃新节等民族文化活动，不仅传承布依族文化，也吸引外来游客旅游消费。③发展文旅经济，推动产业转型升级。创新发展"党支部+企业+合作社+农户"的发展模式，打造了"休闲龙井""乡愁龙井"等龙井村自主品牌，为龙井村发展注入新动力。

2. 开发商

龙井村的文旅资源开发中主要有三家开发商，分别是贵州布依百坊旅游发展有限公司、贵州中耀文化旅游开发有限公司、贵州青岩古镇旅游开发有限公司，其中贵州青岩古镇旅游开发有限公司也是开发青岩古镇项目的企业之一，参与龙井村的开发工作。这些开发商拥有资金、市场资源和营销手段，有效参与当地基础设施建设、旅游项目开发、文化遗产保护和利用等方面，为龙井村的发展提供重大推力。

首先，开发商的利益诉求可能会因具体项目和市场环境的变化而有所不同，但一般都存在对经济回报的要求，在开发龙井村项目上希望通过开发房产、农业产业、文旅产业等项目获取巨大经济效益。其次，由于国家

AAAAA 级景区青岩古镇的毗邻，龙井村的地理区位优势和文化资源优势突出，开发商也希望借此扩大其品牌影响力。最后，和地方政府建立良好的政企合作关系，并以此获得项目来源或政策支持，如在土地、资金和税费优惠上能得到一定的帮助，有助于为其自身创造更有利的投资条件和环境。

3. 当地村民

作为典型的布依族聚集地，龙井村的村民有明显的文化传承意识，在日常生活中保留传统的习俗与节庆活动。在村级事务参与方面，龙井村村民普遍关心村落的发展和自身利益，也积极参与村落公共事务。此外，龙井村村民的经济情况也因家庭而异，小部分依靠传统的农业种植，部分从事小型工商业、手工艺业等新型行业，也有部分村民参与到当地的文旅资源开发中，依靠提供住宿、导游、餐饮等服务增加收入。

龙井村村民的利益诉求和前述案例中的村民利益诉求会稍有区别：其一，龙井村的村民非常重视布依族的民族文化及其传承，在文旅资源开发中希望开发者能最大限度地尊重和保留当地文化传统、习俗；其二，关心村庄的环境质量和生态可持续性，力争以可持续的开发形式以开发旅游项目；其三，改善基础设施和公共服务，提高经济收入。村民普遍希望利用旅游项目的开发时机，带来就业机会和收入来源，改善家庭生活质量，享受发展红利。

（三）利益主体演化博弈分析

1. 利益主体冲突分析

在强资源禀赋下政企合作型的乡村旅游资源开发中，开发商具有较强开发能力与产业基础，与当地村民的经济利益冲突较少，但地位权益冲突依旧存在。当地村民是乡村的主人，若开发商在乡村旅游资源开发过程中没有给予村民足够的话语权等参与权力，则很容易导致双方的冲突，造成相应损失。同时，地方政府出于维持社会公共利益、环境保护、可持续发展的职责，需要对开发商的开发行为进行监管，若开发商在进行乡村旅游资源开发过程中破坏了乡村的生态环境，产生了负效应，则存在相应的环境利益冲突。对于地方政府和当地村民而言，二者间的接触较少，且不存在根本矛盾，没有直接对立的情况，因此，利益冲突不明显。

2. 模型构建

结合第四和第五章的相关分析，以及龙井村乡村旅游资源开发的实际情况，对强资源禀赋下政企合作型的乡村旅游资源开发进行以下假设及参数设定：

假设6-3-1：政企合作型的乡村旅游资源开发涉及的关键利益主体，特指开发商、当地村民、地方政府三方。

假设6-3-2：博弈三方的选择都是有限理性的，各方目的都是使自身的利益最大化，且博弈三方策略选择都会随时间的演化逐渐稳定于最优策略。

假设6-3-3：在强资源禀赋下政企合作型的乡村旅游资源开发过程中，开发商是在政府政策的引导下进行乡村旅游资源开发，且其利益分享行为是必然的。因此，在分析核心利益相关者博弈时，舍弃开发商"利益独占"的策略，仅在开发商利益共享的背景下，分析当地村民和政府的演化博弈。根据第四章的假设，开发商利益共享策略选择为 D_2，开发商利益共享的概率为 $1-y$，（$y=0$）。

当开发商收益共享时，其可获得的收益，记为 a；开发商积极与村民合作进行收益共享时，所需付出的相应开发成本，记为 b；当开发商进行旅游资源开发并与村民共享收益，所产生的正效应，记为 c。

假设6-3-4：由于当地村民参与到乡村旅游开发获取到的利益是有限的，因此，在其策略选择过程中，可能选择参与配合，记为 V_1，也可能选择不参与配合策略，记为 V_2。当地村民参与配合的概率为 z，不参与配合的概率为 $1-z$，（$z \in [0, 1]$）。

当村民参与配合乡村旅游资源开发时，其所获得的收益，记为 d；当地村民参与乡村旅游资源开发时，所需的成本，记为 e；当村民积极参与配合乡村旅游资源开发时，其为开发商带来的正效益，记为 f。

假设 6-3-5：由于强资源禀赋下政企合作型的乡村旅游资源开发是由开发商自主，且在政策的引导下进行的，因此，舍弃政府是否对乡村旅游资源开发进行引导这一假设，仅假设地方政府监督或不监督。地方政府选择监管策略时为 G_1，选择不监管策略时，记为 G_2。地方政府监督的概率为 x，不监督的概率为 $1-x$，（$x \in [0, 1]$）。

当政府对乡村旅游资源进行监管时，所获得的社会效益，记为 g，政府参与监管所需成本，记为 n；当地村民和开发商进行合作，为政府和社会带来的正效应，记为 m。

根据以上假设，可得出开发商收益共享情况下，三方博弈主体的收益矩阵，如表 6-11 所示。

表 6-11　开发商利益共享情况下关键利益主体收益矩阵

博弈参与者				地方政府	
				监管（x）	不监管（$1-x$）
开发商 收益共享 （$1-y$）	当地村民	参与配合（z）		$a-b$	$a-b$
				$d-e$	$d-e$
				m	0
		不参与配合 （$1-z$）		$a-b-f$	$a-b-f$
				c	c
				n	0

开发商收益共享情况下，博弈三方的博弈树模型如图 6-6 所示。

根据博弈模型假设和博弈树的博弈过程可知，地方政府、开发商、当地村民三方博弈的过程中会形成四种不同的策略选择组合。

3. 模型分析

根据前文假设，开发商收益共享概率为 $1-y$，（$y=0$）；当地村民参与配合的概率为 z，当地村民不参与配合的概率为 $1-z$；地方政府对乡村旅游业开发进行监管的概率 x，不监管的概率为 $1-x$（$z, x \in [0, 1]$）。结合上表列出的收益矩阵，可以分别计算出博弈三方的期望收益 E 及平均期望收益 $\bar{E}$。

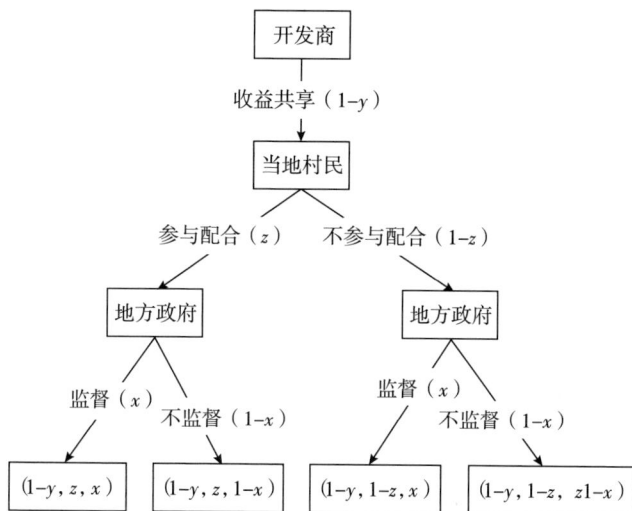

图 6-6 开发商收益共享情况下博弈三方的博弈树模型

（1）开发商收益共享时的期望收益为 $E_{(D_2)}$，平均收益为 $\overline{E_{(D)}}$。

$$E_{(D_2)} = zx(a-b) + z(1-x)(a-b) + (1-z)x(a-b-f) +$$

$$(1-z)(1-x)(a-b-f) = a-b+f \tag{6-17}$$

$$\overline{E_{(D)}} = (1-y)E_{(D_2)} = (1-y)(a-b+f) \tag{6-18}$$

（2）当地村民选择参与配合的期望收益为 $E_{(V_1)}$，不参与配合的期望收益为 $E_{(V_2)}$，平均收益为 $\overline{E_{(V)}}$。

$$E_{(V_1)} = x(d-e) + (1-x)(d-e) = d-e \tag{6-19}$$

$$E_{(V_2)} = xc + (1-x)c = c \tag{6-20}$$

$$\overline{E_{(V)}} = z(d-e) + (1-z)c \tag{6-21}$$

（3）地方政府选择监管的期望收益为 $E_{(G_1)}$，不监管的期望收益为 $E_{(G_2)}$，平均收益为 $\overline{E_{(G)}}$。

$$E_{(G_1)} = zm + (1-z)n \tag{6-22}$$

$$E_{(G_2)} = 0 \tag{6-23}$$

$$\overline{E_{(G)}} = x(zm + n - zn) \tag{6-24}$$

因开发商已选择了收益共享策略，因此，只需分析当地村民与地方政府的策略选择。通过计算可知，当地村民和地方政府的系统演化复制动态方程式如下：

$$F(z) = \frac{\mathrm{d}z}{\mathrm{d}t} = z\left(E_{(V_1)} - \overline{E_{(V)}}\right) = z(1-z)\left[E_{(V_1)} - E_{(V_2)}\right] = z(1-z)(d-e-c) \left.\vphantom{\frac{\mathrm{d}z}{\mathrm{d}t}}\right\}$$

$$F(x) = \frac{\mathrm{d}x}{\mathrm{d}t} = x\left(E_{(G_1)} - \overline{E_{(G)}}\right) = x(1-x)\left[E_{(G_1)} - E_{(G_2)}\right] = x(1-x)\left[zm+(1-z)n\right]$$

$$(6-25)$$

结合上述当地村民与地方政府博弈的复制动态方程组（6-25），令 $X = \left(\dfrac{\mathrm{d}F(z)}{\mathrm{d}t}、\dfrac{\mathrm{d}F(x)}{\mathrm{d}t}\right)T = f(X, t) = 0$，此时求得系统的局部均衡点：$X_1 = (0, 0)$、$X_2 = (1, 0)$、$X_3 = (0, 1)$、$X_4 = (1, 1)$、$X_5 = (z^*, x^*)$，且 $z, x \in [0, 1]$。通过对系统的雅克比矩阵的局部稳定性分析可以得到系统的演化稳定策略（ESS）。

通过计算上述复制动态方程可得，该系统的雅克比矩阵如下：

$$J = \begin{bmatrix} (1-2z)(d-e-c) & 0 \\ x(1-x)(m-n) & (1-2x)\left[zm+(1-z)n\right] \end{bmatrix}$$

其均衡点的稳定性可由雅可比矩阵的 $det_{(j)}$ 和 $tr_{(j)}$ 确定，当 $det_{(j)} > 0$、$tr_{(j)} < 0$ 时，则上述演化均衡点就会达到稳定状态（ESS）。

$$det_{(j)} = \begin{bmatrix} \dfrac{\partial F(z)}{\partial z} & \dfrac{\partial F(z)}{\partial x} \\ \dfrac{\partial F(x)}{\partial z} & \dfrac{\partial F(x)}{\partial x} \end{bmatrix} = \frac{\partial F(z)}{\partial z} \times \frac{\partial F(x)}{\partial x} - \frac{\partial F(x)}{\partial z} \times \frac{\partial F(z)}{\partial x}$$

$$= (1-2z)(d-e-c)(1-2x)\left[zm+(1-z)n\right]$$

$$tr_{(j)} = \frac{\partial F(x)}{\partial x} + \frac{\partial F(z)}{\partial z} = (1-2z)(d-e-c) + (1-2x)\left[zm+(1-z)n\right]$$

根据雅可比矩阵的局部稳定分析法，稳定性分析结果如表6-12所示。

根据表6-12的稳定性分析结果，在条件合适的情况下会出现四个ESS点，分析如下：

表 6-12 开发商利益分享情况下的稳定性分析

均衡点	$det(j)$	符号	$tr(j)$	符号	结果	条件
$X_1(0, 0)$	AB	+	$A+B$	−	ESS	$A<0, B<0$
$X_2(1, 0)$	$-AB$	+	$B-A$	−	ESS	$A>0, B<0$
$X_3(0, 1)$	$-AB$	+	$A-B$	−	ESS	$A<0, B>0$
$X_4(1, 1)$	AB	+	$-A-B$	−	ESS	$A>0, B>0$
$X_5(z^*, x^*)$			0		鞍点	任意条件

注：$A=d-e-c$，$B=zm+(1-z)n$。

当 $A<0$、$B<0$，即 $d-e-c<0$ 且 $zm+(1-z)n<0$ 时，意味着当地村民参与乡村旅游资源开发所获得的收益不及其参与所付出的成本，且地方政府在对乡村旅游开发进行监管时所产生的正效益不明显，而付出的监管成本较大。在该情况下，当地村民将选择不参与配合策略，且地方政府将选择不对乡村旅游资源开发进行监管。

当 $A>0$、$B<0$，即 $d-e-c>0$ 且 $zm+(1-z)n<0$ 时，意味着当地村民参与乡村旅游资源开发所获得的收益大于其成本，可获取到额外收益，同时，地方政府在乡村开发过程中付出了较大成本进行监管，但所产生的作用依旧明显。此时，当地村民会在开发商利益共享的情况下将选择参与配合策略，且由于开发商与当地村民达成了较好的合作关系，地方政府进行监管的作用不大，地方政府将在成本效益原则下，选择不监管。

当 $A<0$、$B>0$，即 $d-e-c<0$ 且 $zm+(1-z)n>0$ 时，意味着当地村民参与乡村旅游资源开发所获得的收益不及其参与所付出的成本，但地方政府在对乡村旅游开发进行监管可产生较为显著的正效益。因此，当地村民将选择不参与配合策略，但地方政府依旧会对乡村旅游资源开发进行监管，以保障乡村环境不被破坏，农地不被过度开发。

当 $A>0$、$B>0$，即 $d-e-c>0$ 且 $zm+(1-z)n>0$ 时，意味着当地村民参与乡村旅游资源开发时可获得额外收益，且地方政府在对乡村旅游开发进行监管时，可产生较为显著的正效益。因此，当地村民将选择积极地参与配合，地方政府也会对开发行为加以监管。此时，将实现开发商利益分享，当地村民参与配合，地方政府监管的稳定均衡状态。

根据强资源禀赋下政企合作型的乡村旅游资源开发的博弈分析可知，开发商的利益分享行为对整个博弈系统具有重要的稳定作用。在开发商积极的利益分享下，村民和政府的策略选择较为自由，在多种情况下均能实现稳定均衡。

（四）利益分享实践路径

贵州省贵阳市花溪区青岩镇龙井村是强资源禀赋下政企合作型利益分享路径的典型代表，开发商开发能力、地方政府引导、地方政府监督、村民参与权力、村民参与收益五种因素组合作用实现了利益分享。该路径中存在两个"非因素"，在三种路径结果中较为特殊，仅通过开发商开发能力、地方政府监督、村民参与权力就实现了利益分享。

结合龙井村实践分析，该路径能突破两个低值前因条件限制的原因在于龙井村已有 600 余年的建村历史，拥有丰富自然资源与人文资源，在开发乡村旅游资源之前当地村民就有较多增收渠道。龙井村实行"经营主体＋基地＋农户""经营主体＋集体＋基地＋农户"等形式发展乡村产业，并建立"收益保底＋股权分红＋工资性收入"的分配机制，当地村民享有旅游产业以外的其他产业带来的经济利益与公共福利。例如，龙井村众多村民在 2011 年之前就开始柚子、李子、核桃树等果林经营，截至 2022 年该村核桃种植 2.3 万亩，核桃年均产量达 100 万斤，柚子种植 5000 多亩，产量可达 300 万斤，人均经果林面积达 1.5 亩，多年的果林经营为当地村民打开了产业增收的入口，基本实现龙井村果树种植产业的长效覆盖。另外，该村通过合作社的形式建立桑蚕养殖基地，2022 年种植桑叶 1200 余亩，超过 900 名当地村民通过流转土地、采摘桑叶、参与养殖获得分红。因此，在当地乡村旅游资源开发进程中，参与乡村旅游事业不是当地村民唯一增收渠道，许多村民仍然选择继续经营经验丰富、收益较高的果树种植、桑蚕养殖等行业，旅游相关产业则较多由开发商和外来员工经营。

从开发商开发能力来看，贵州悠游百坊旅游管理有限公司作为龙井村主要开发商，较好地体现出该村乡村旅游资源的开发能力。面对龙井村丰富的人文资源和自然资源优势，该开发商在国家"三变"战略模式的基础上实行"五变"战略进行旅游资源开发。"三变"指资源变资产、资金变股金、农民变股东，该战略于 2015 年由贵州省六盘水市市政府提出，2016 年 12 月 31 日正式写入中央文件①，贵州许多地区积极响应。该开发商在此基础上进一步实行"五变"开发战略，具体包括：第一，将龙井村闲置资源变旅游资产促进产业振兴，通过流转、入股或者租赁等方式将5000 余平方米的闲置农房、土地等资源集中整合为民宿、农家乐、特色商店和非遗体验馆等，实现旅游资源的规模化开发和产业化经营。第二，将当地特色农艺变工艺促进人才振兴，以"布依情味，龙井百坊"为主题吸纳 30 余名当地优秀年轻村民和 4 名当地大学生返乡就业，这些村民与大学生都是龙井村当地的少数民族手艺传承人，这一举措有效帮助当地非遗文化的传承与保护。第三，将当地农俗变节俗促进文化振兴，依托布依族丰富的传统民俗文化活动，举办"上九"布依歌会、篝火晚会、吃新节等节庆，承接各类研学团建活动，丰富村民和游客的精神文化生活。第四，将当地农园变公园促进生态发展，对全村庭院进行整治，在听取当地村民意见并得到当地村民支持后，联合地方政府修缮污水管网，修整村内水泵房噪声，完成全村改厕，不仅优化了龙井村旅游风貌，还改善了当地村民的生活环境，让每一位村民都享受当地旅游资源开发带来的公共福利。第五，将当地村民变网民促进科技兴农，开发商凭借丰富的旅游推广能力帮助当地村民在抖音、淘宝等电商网络平台对其经营的果园进行宣传，打造当地品牌效应，突破中间商低廉的收购价格，提升当地村民在农产品产业的经营能力。

从地方政府监管方面来看，由于龙井村村民基本由少数民族组成，在生活习性、文化素养方面与外来开发商和外来游客存在差异，为防止乡村

---

① 《中共中央 国务院关于深入推进农业供给侧结构性改革加快培育农业农村发展新动能的若干意见》。

旅游资源开发过程中的利益纠纷，地方政府将龙井村作为乡村旅游民俗村落体验区进行重点管理，推进"自治+法治+德治"融合的监管体系。在自治方面，地方政府联合村支两委在龙井村景区设立治安巡逻岗、布依文化传承岗、卫生监督岗等，这些岗位由党员干部和当地村民轮流担任，让当地村民都能参与村级事务的监督与管理。并制定村级办事事项清单制，包括责任清单、任务清单和活动清单，防止责任不清和权力滥用。在法治方面，地方政府创新"一律两格三员+N"模式组建监管队伍，对利益纠纷事件进行调解。其中，"一律"是指调解过程中坚持国家的法律法规，确保调解的合法性和有效性；"两格"是指调解工作采取网格化管理模式，将龙井村划分为若干网格，每个网格都有专门的调解员负责，保证处理龙井村利益纠纷事件的及时性和覆盖度；"三员"是指调解队伍由三类人员组成，包括调解员、法律顾问和志愿者，确保调解工作的专业性和广泛性；"+N"是指除了上述人员外，还可以根据实际需要引入派出所、法院等参与解决，确保处理复杂问题的灵活性。此外，地方政府建立"一站式接收、一揽子调处、全链条解决"的利益冲突化解机制，其中"一站式接收"是指在龙井村建立调解中心，对村民反映的问题进行统一接收，对村民的诉求进行统一登记，确保每个问题都能得到及时处理。"一揽子调处"是指调解中心会对接收到的诉求进行全面梳理和分析，并组织调解队伍进行调解，节省各利益主体的时间，避免反复调解。"全链条解决"指地方政府对调解结果进行跟踪和监督，如果某个利益纠纷问题没有得到有效执行或者出现反复，地方政府再次组织专员进行后续处理，确保问题得到彻底解决。

从村民参与权力来看，当地村民对开发项目的知情权、表达权和监督权得到充分保障，当地村民可以对旅游资源开发的定位、布局、内容等重大事项进行民主决策，广泛的权力参与使龙井村旅游资源开发项目得到当地村民的高度认可。在龙井村旅游资源开发实践中，贵州悠游百坊旅游管理有限公司（以下简称开发商）负责旅游资源的开发工作。在知情权方面，开发商在启动旅游资源开发项目之前会组织村民大会或座谈会，向村民详细介绍项目的背景、目的、预期效果等信息。例如，龙井村"布依风情园"在项目启动前，开发商派遣专员深入当地村民家中进行当面交流，了解当地村民对项目的期望和担忧，在收集村民意见后对项目方案进行调整，增加了更多展示布依族文化的元素，同时也为村民提供了就业机会。在表达权方面，开发商鼓励村民积极参与决策过程，表达自己的意见和建议。村民可以通过村民大会向开发商的工作提出意见与建议，开发商定期向村委会征集这些意见和建议，并将其纳入决策考虑范围。在监督权方面，开发商定期向村委会公开项目进展情况和资源开发状况，并定期邀请被征用土地的村民代表参观施工现场，对违规开发和资源破坏行为进行监督，同时，地方政府在调解中心设立举报箱和投诉热线，确保村民能够及时反映问题并得到解决。

总体来看，在龙井村乡村旅游资源开发实践中，开发商开发能力、地方政府监管和农民参与权力得到充分保障，突破政府引导行为匮乏的限制，龙井村其他产业的发展热潮也降低了当地村民对参与乡村旅游资源开发的收益要求，促进龙井村乡村旅游资源开发的利益分享。

四、本章小结

基于第四章的博弈分析以及第五章的组态分析，本书得出三条具有代表性的利益分享路径，并在结合具体利益分享路径基础上，选取了三个样本村与每种路径进行对应，结合样本村的实践情况进行案例分析，分别总结出以下实践经验：

第一，栗木坑村是弱监管环境下商民协作型组态路径的典型代表，其利益分享的实现主要依靠（开发商）开发能力、政府引导、（村民）参与权力、（村民）参与收益四种因素的共同作用，且（村民）参与权力是核心。从利益主体博弈过程中看，以栗木坑村为代表的弱监管环境下商民协作型利益主体博弈是在政府监管情景下，开发商与村民之间的演化博弈，在地方政府的监管下，开发商将优化其利益分配，积极与当地村民展开合作，使开发商与当地村民朝着（利益分享，参与配合）的策略演化。从栗木坑村利益分享实践路径中可知，栗木坑村创造性地打造出"篁岭模式"，并成为乡村振兴的典范。在这一创新模式中，地方政府和乡镇政府在乡村旅游资源开发中作用突出，地方政府充分利用其职能，在开发前期做好引导工作和开发中后期做好监督工作，保障了当地旅游资源开发的合规性和文旅产业发展的可持续性。此外，开发商资本的强势入驻也为栗木坑村乡村旅游资源的开发注入了活力，加快了栗木坑村旅游开发的进程。同时，在乡村旅游资源开发的过程中，旅游资源整合和生态环境保护离不开当地村民的参与配合。村民主人翁意识的提高，一方面能够降低乡村旅游的开发成本，另一方面可直接增加村民经济利益，并提供更多的就业机会，增加了个人财富和当地税收。栗木坑村乡村旅游资源开发利益分享的实现，为类似栗木坑开发模式的地区提供了宝贵的实践经验。

第二，梅花村是深扶持背景下农民参与型组图路径的典型代表，其利益分享的实现主要依赖于政府引导、政府监督、（村民）参与权力、（村民）参与收益四种因素的共同作用。从利益主体博弈角度看，其博弈主体实质上只有地方政府与当地村民两方，地方政府的引导监管与否会影响地方村民的策略选择，在地方政府积极的扶持监管下，当地村民也会更趋向于选择参与配合策略，最终向地方政府扶持监管，当地村民参与配合的策略演化。在梅花村利益分享路径中，从政府引导力度层面看，梅花村乡村旅游的快速发展得益于地方政府有关部门、村委在有限的旅游资源的基础上的积极作为。地方政府及开发委员会的积极引导，使当地村民与开发商的参与感与获得感明显提升，促进了梅花村乡村旅游的可持续发展。村民参与权力作为梅花村利益分享实现最为核心的要素，村民参与权利得到保障，可以充分调动当地村民参与旅游资源开发的积极性，拓宽村民增加收入的途径，拉近村民与开发商及地方政府的距离。在政府引导、政府监管，（村民）参与权力、（村民）参与收益四种因素的共同作用下，实现了地方政府、开发商和当地村民的共赢，达成了三方主体的利益共享机制，为其他深扶持背景下农民参与性的乡村旅游资源开发提供实践经验。

第三，龙井村是强资源禀赋下政企合作型组态路径的典型代表，"开发能力、政府引导、政府监督、参与权力、参与收益"的组合作用是龙井村实现利益分享的关键。从龙井村利益主体博弈角度看，龙井村是开发商利益分享背景下，地方政府与当地村民之间的博弈，且开发商的利益分享行为对整个博弈系统具有重要的稳定作用，在开发商积极的利益分享下，村民和政府的策略选择较为自由。从龙井村利益分享实践路径中可知，开发商顺应"三变"战略的大环境，对乡村资源进行开发，并带动当地乡村旅游业的发展。开发商在当地旅游资源开发中扮演着十分重要的角色。随着龙井村乡村旅游资源开发进程的加快，地方政府也开始在布依族文化传承、土地利用、市场监管等方面发挥积极的监管作用。且当地村民参与乡村旅游的方式和途径是多样的，其参与权力也得到了充分保障。龙井村乡村旅游资源开发实践，突破了政府引导行为匮乏的限制，同时，龙井村其他产业的发展热潮也降低了当地村民对参与乡村旅游资源开发的收益要求，进而促进了龙井村乡村旅游资源开发的利益分享。

第七章

政策建议

在新型城镇化进程不断加速和旅游消费需求持续增长的背景下，乡村旅游产业呈现蓬勃发展的态势。乡村旅游资源开发不仅成为推动乡村经济转型升级的重要动力，更是实现旅游业与乡村经济深度融合、促进乡村可持续发展的关键途径。在这一过程中，利益分享机制的构建显得尤为重要，它关系到乡村旅游发展的公平性和可持续性，也是保障各方主体利益平衡、激发乡村发展活力的关键所在。通过合理的利益分享路径，可以确保开发商、地方政府、当地村民等各方主体在乡村旅游发展中获得应有的收益，从而激发其参与乡村旅游开发的积极性和创造性，推动乡村旅游产业向高质量发展。因此，基于前文深入研究乡村旅游资源开发利益分享问题与实践检验，本章提出了一系列政策建议，旨在引导各方主体在乡村旅游发展中实现利益共享、风险共担，推动乡村旅游产业健康、稳定、可持续发展。

一、优化制度政策组合，构建利益协调机制

党的十九大报告首次提及"实施乡村振兴战略"，并强调了"三农"

问题的至关重要性，将其视为全党工作的重中之重。党的二十大报告进一步就"全面推进乡村振兴"进行了战略部署，明确提出了建设农业强国和推动乡村全面振兴的目标。近年来，我国旅游经济迅猛增长，产业格局持续优化，市场规模与品质同步提升，旅游业已晋升为国民经济的战略性支柱产业。然而，随着大众旅游时代的到来，我国旅游业仍面临有效供给不足、市场秩序不规范以及利益协调机制不完善等挑战。这些挑战凸显了制度与政策环境在旅游业高质量发展中的关键作用。当前，乡村旅游开发中利益主体复杂、制度不健全等问题依然突出，这不仅影响旅游项目的顺利实施，也影响了各方利益。因此，优化制度供给、构建完善的利益协调机制成为提升旅游业发展水平的迫切需求。

在乡村旅游的利益分享中，制度的引领作用尤为关键。地方政府需不断优化制度环境，通过设立基金、加强宣传及产业融合等措施，建立统一的乡村旅游管理制度和规范标准，明确利益分配与资源分配的方法。同时，加强决策和政策落实的监管，公开相关信息，促进不同利益相关者主动协调利益，推动产业融合，实现共同发展。对于不同发展阶段的乡村旅游地区，政府需采取不同的策略：在初期阶段，注重保护和开发的平衡，科学规划；在发展阶段，完善基础设施和公共服务，凸显项目特色；在成熟阶段，建立激励机制，吸引多元经营主体参与，提升品牌形象。

此外，地方政府还应制定专门的乡村旅游业高质量发展政策，提供土地、税收、项目准入等政策支持，强化基层政府的监管扶持职责。加强乡村旅游管理人员的培训，定期召开多方参与的工作会议，收集民意，制定符合实际的政策措施。同时，地方政府应坚持生态保护优先，推进生态旅游的适度发展，实现生态、经济与民生的和谐统一。完善旅游绿色发展考核机制，建立开发商绿色生产监督机制，实现经济利益与生态利益的协调发展。综上所述，优化制度供给、加强利益协调与生态保护是推动乡村旅游高质量发展的关键。通过构建完善的制度体系和政策环境，可以促进旅游业的持续健康发展，实现经济、社会和生态效益的共赢。

二、激活乡村发展内源，健全利益分享链条

《中共中央 国务院关于做好 2022 年全面推进乡村振兴重点工作的意见》着重指出"农村一、二、三产业融合发展的持续推进"的重要性，倡导各地区积极拓展农业的多元功能，深入挖掘乡村的多元价值，特别是发展农产品加工、乡村休闲旅游等产业。乡村旅游作为农村第三产业发展的重要抓手，为了营造和谐、可持续的乡村旅游生态，并维持其发展活力，必须明晰地方政府、开发商及当地村民在资源配置、利益分配、监管及参与等层面的权力界限。在政策的精准指导下，应激励各方积极参与乡村旅游开发，激发乡村发展的内生动力，构建一个包含多方利益主体、公正透明且稳固的利益分享机制。

此外，国家乡村振兴局等五部门联合发布的《关于进一步支持农民工就业创业的实施意见》也强调"促进农民工及脱贫人口就业创业"对稳定就业大局及巩固拓展脱贫攻坚成果与乡村振兴有效衔接的重要性。因此，在乡村旅游资源开发过程中，地方政府和开发商应积极引导村民参与，并尊重其知情权和决策参与权。通过完善的信息公开和民主决策机制，确保村民能够全面掌握项目信息，充分表达利益诉求。同时，应支持村民通过"生态入股"等方式参与乡村旅游，享有旅游资源的所有权或使用权，直接分享发展成果，增强他们的获得感和归属感。

在政策支持下，还应鼓励村民根据消费结构升级的新趋势，开发具有地方特色的旅游产品，并以独特的品质和特性赢得市场。在旅游开发过程中，应坚持特色文化的传承与弘扬。同时，重视复合型乡村人才的培养，为乡村旅游资源开发提供专业化、市场化的人力资源支持。通过创新创业、利用互联网和信息技术打造旅游产品供应链，积极对接市场，提升

供给侧对需求侧的适应性和灵活性。

不断提升乡村旅游资源及相关产品的品质，推动品种和技术创新，增强特色产品的内在品质和外在形象，以品质赢得市场，实现旅游产品的价值提升。走中国特色社会主义乡村振兴道路，必须巩固和完善农村基本经营制度，追求共同富裕。地方政府及开发商引导村民积极参与乡村旅游创新创业，能够拓宽增收渠道，促进就业增收和产业增效，使村民更好地融入旅游产业链，实现从资源拥有者到服务提供者的转变，助力实现共同富裕。此外，通过支持和培养村民的创业就业技能，可以加快资源拥有权与管控权的衔接，畅通利益链条，实现资源权、管理权与利益权的统一，从而激活农村发展的内在动力。

三、坚持因地制宜发展，畅通利益分享路径

《"十四五"旅游业发展规划》明确指出了因地制宜推动乡村旅游业差异化发展的重要性。鉴于我国旅游业在空间分布和文化特色上的显著差异，在推进文旅融合的过程中，必须充分考虑各乡村的优劣势和特色，避免"一刀切"地制定发展政策，特别是针对乡村旅游资源开发的地方政策和规章制度，应深入调研每个乡村的实际情况，制定针对性的融合发展策略。这样的政策不仅能够充分释放乡村的内源性发展动力，而且能确保乡村旅游业在保持独特性的同时，实现可持续发展。

在乡村旅游发展中应明确推广适宜模式的原则，根据资源禀赋和地区差异，结合产业基础、市场需求等因素，制定特色发展策略。通过激活和挖掘本土优秀传统文化，将文化元素融入旅游活动中，实现乡村文化的"塑形"与"铸魂"。构建示范引领的区域功能体系，分类建设特色乡村旅游目的地，并依托典型案例打造各类示范区。

此外，完善区域联动发展的政策体系，加大政府对核心示范区的支持力度，设立专项资金提升数字化水平和服务质量，促进跨区域协同发展。同时，依据地方特色科学规划旅游资源分享路径与模式，灵活采取多种差异化路径，培育复合多样的利益分享格局，防止单一化和非理性同质化。动态评估区域发展变化，优化利益分享路径，构建高效可持续的利益分享格局。

四、完善法治监管机制，助力服务质量提升

法制作为国家治理现代化的基石，对乡村旅游资源开发的长远发展具有至关重要的保障作用。完善相关法律法规体系，明确界定多元利益主体的权利义务，能够有效保障各方主体的合法权益，实现乡村旅游资源保护利用的多赢局面。在乡村旅游开发过程中不仅要遵守国家法律法规，而且需结合当地实际，制定地方性法规或管理办法，加强旅游资源保护，并随社会经济发展动态调整完善。政府应强化监管执法职能，完善利益纠纷处理机制，为利益均衡提供公正保障。同时，加强法治宣传教育，提升村民的法律保障意识，让村民学会用法律武器维护自身权益。村民委员会可通过村规民约引导村民自觉遵守，保护合法权益。此外，规范土地使用权流转行为，防止开发商侵害农民利益，完善乡村旅游规划，确保地方政府和旅游产品供给方遵循约束性契约，实现合作共赢。

国家文化和旅游部发布的指导意见，强调加强旅游服务质量监管与提升是推进旅游业供给侧结构性改革的关键，也是旅游业现代治理体系和能力建设的重要内容。政府不仅需要完善法制体系，而且需要强化服务质量监管，构建约束体系，助力乡村旅游服务质量的提升。提升服务质量需落实主体责任，政府应激励各市场主体将提升服务质量作为增强竞争力的手

段。地方政府应提升旅游服务标准制修订水平，对接国际规则，鼓励开发商建立质量管理体系，创新管理模式，完善消费后评价体系；此外，公开服务质量信息，接受社会监督，加强质量文化宣传引导，提升质量意识。同时，根据农业农村部的通知，提升农民素质素养是重要任务，当地村民作为乡村旅游的重要参与者，应提升自身素质，主动接受监督，为游客提供高质量的服务与体验。

参考文献

［1］周玲强，黄祖辉．我国乡村旅游可持续发展问题与对策研究［J］．经济地理，2004（4）：572-576.

［2］王金伟，吴志才．中国乡村旅游发展报告（2022）［M］．北京：社会科学文献出版社．2022.

［3］张航宇，盛誉，黄凯南，等．乡村振兴战略指标体系的构建与分析——基于对"产业兴旺"维度的研究［J］．南开经济研究，2023（10）：44-59.

［4］杨沫．城乡差距视角下农民农村共同富裕的现实挑战与实现路径［J］．产业经济评论，2023（6）：135-150.

［5］李实．共同富裕的目标和实现路径选择［J］．经济研究，2021，56（11）：4-13.

［6］陆林，任以胜，朱道才，等．乡村旅游引导乡村振兴的研究框架与展望［J］．地理研究，2019，38（1）：102-118.

［7］贾未寰，符刚．乡村旅游助推新时代乡村振兴：机理、模式及对策［J］．农村经济，2020（3）：19-25.

［8］孙九霞，张凌媛，罗意林．共同富裕目标下中国乡村旅游资源开发：现状、问题与发展路径［J］．自然资源学报，2023，38（2）：318-334.

［9］陈云．观光休闲农业引领乡村旅游提质增效的有效路径——以苏中地区赏花型休闲农业为例［J］．南方农机，2021，52（24）：83-85.

［10］杨兴柱，余海燕，殷程强，等．乡村旅游地利益主体多功能空间

认知的冲突与协调机制——以黄山风景区山岔村为例 [J]. 地理学报，2023，78（6）：1530-1552.

［11］朱华. 乡村旅游利益主体研究——以成都市三圣乡红砂村观光旅游为例 [J]. 旅游学刊，2006（5）：22-27.

［12］卢小丽，成宇行，王立伟. 国内外乡村旅游研究热点——近 20 年文献回顾 [J]. 资源科学，2014，36（1）：200-205.

［13］Lankford S V. Attitudes and perceptions toward tourism and rural regional development [J]. Journal of Travel Research，1994，32（3）：35-43.

［14］吴学兵，姚志，叶云. 从"偏离"到"回归"：利益相关者视角下农地流转定价机制构建 [J]. 经济问题，2023（12）：89-94.

［15］Bramwell B，Sharman A. Collaboration in local tourism policymaking [J]. Annals of Tourism Research，1999，26（2）：392-415.

［16］吴冠岑，牛星，许恒周. 乡村土地旅游化流转的风险评价研究 [J]. 经济地理，2013，33（3）：187-191.

［17］Simpson M C. Community benefit tourism initiatives—A conceptual oxymoron？[J]. Tourism Management，2008，29（1）：1-18.

［18］李文军，马雪蓉. 自然保护地旅游经营权转让中社区获益能力的变化 [J]. 北京大学学报（哲学社会科学版），2009，46（5）：146-154.

［19］张睿，孙雨芹. 民族地区乡村旅游产业进化"殊途"？——基于定性比较分析法的组态路径分析 [J]. 旅游学刊，2023，38（9）：77-90.

［20］张凌媛，吴志才. 乡村旅游社区多元主体的治理网络研究——英德市河头村的个案分析 [J]. 旅游学刊，2021，36（11）：40-56.

［21］王克岭，李刚. 乡村旅游利益相关者冲突及互惠型治理机制——基于共生理论的探讨 [J]. 社会科学家，2023（2）：53-58+80.

［22］沈萍，温士贤. 旅游开发中的多元主体与利益博弈：粤北 Y 村个案研究 [J]. 北方民族大学学报，2021（4）：54-60.

［23］李华强，邹安琼，姚沁. 乡村旅游开发中利益相关者行为的演化博弈分析 [J]. 农村经济，2020（2）：83-88.

［24］王应霞．基于文化模式视角的乡村旅游驱动机制及开发对策［J］．农业经济，2016（4）：54-55.

［25］彭淑贞，吕臣．共生理论嵌入乡村旅游生态系统创新研究［J］．科研管理，2020，41（12）：60-69.

［26］王铁，李梅，孙德健，等．农户参与乡村旅游的前因条件与组态路径——基于QCA方法的探索［J］．旅游学刊，2021，36（3）：70-82.

［27］胡文海．基于利益相关者的乡村旅游开发研究——以安徽省池州市为例［J］．农业经济问题，2008（7）：82-86.

［28］古红梅．乡村旅游发展与构建农村居民利益分享机制研究——以北京市海淀区西北部地区旅游业发展为例［J］．旅游学刊，2012，27（1）：26-30.

［29］刘美新，蔡晓梅，麻国庆．乡村民宿"家"的生产过程与权力博弈：广东惠州上良村案例［J］．地理科学，2019，39（12）：1884-1893.

［30］Gilbert D，Tung L. Public organizations and rural marketing planning in England and Wales［J］．Tourism Management，1990，11（2）：164-172.

［31］Bramwell B，Lane B. Rural tourism and sustainable rural development［M］．Channel View Publications，1994.

［32］Rosalina P D，Dupre K，Wang Y，et al. Rural tourism resource management strategies：A case study of two tourism villages in Bali［J］．Tourism Management Perspectives，2023，49（11）：101-194.

［33］Rhama B. The halal tourism-alternative or mass tourism? Indications of traditional mass tourism on crescent rating guidelines on halal tourism［J］．Journal of Islamic Marketing，2022，13（7）：1492-1514.

［34］Fafurida F，Purwaningsih Y，Mulyanto M，et al. Tourism village development：Measuring the effectiveness of the success of village development［J］．Economies，2023，11（5）：133.

［35］杨旭．开发"乡村旅游"势在必行［J］．旅游学刊，1992（2）：38-41+61.

［36］李德明，程久苗．乡村旅游与农村经济互动持续发展模式与对策探析［J］．人文地理，2005（3）：84-87．

［37］陈锦，尹传波．乡村旅游助推乡村振兴的现实路径探讨［J］．当代旅游，2020，18（36）：34-35．

［38］田瑾，明庆忠，刘安乐．我国西南地区山岳型 A 级旅游景区空间分布及影响因素分析［J］．湖南师范大学自然科学学报，2021，44（5）：50-60．

［39］杜宗斌，苏勤．乡村旅游的社区参与、居民旅游影响感知与社区归属感的关系研究——以浙江安吉乡村旅游地为例［J］．旅游学刊，2011，26（11）：65-70．

［40］冯晶晶．"乡村旅游"概念叙事：内涵演变、脉络特点及发展趋向——基于旅游人类学视角［J］．西南民族大学学报（人文社会科学版），2022，43（10）：51-56．

［41］张圆刚，郝亚梦，郭英之，等．共同富裕视域下乡村旅游空间正义：内涵属性与研究框架［J］．经济地理，2022，42（11）：195-203．

［42］Streimikiene D，Bilan Y．Review of rural tourism development theories［J］．Transformations in Business & Economics，2015，14（2）：21-34．

［43］Fotiadis A，Yeh S S，Huan T C T C．Applying configural analysis to explaining rural–tourism success recipes［J］．Journal of Business Research，2016，69（4）：1479-1483．

［44］Dai J，Qi H，Xiong Y，et al．Deformable convolutional networks［C］//Proceedings of the IEEE International Conference on Computer Vision．2017：764-773．

［45］Ezeuduji I O．Change management for sub–Saharan Africa's rural tourism development［J］．Current Issues in Tourism，2017，20（9）：946-959．

［46］Yu T Y，Horng J S，Liu C H，et al．Three-way interaction and multiple mediation models：Environmental strategy and sustainability marketing commitment applications［J］．Asia Pacific Journal of Marketing and Logistics，2023，36

（4）：791-813.

　［47］张金鸥.基于共生理念的景区依托型乡村旅游扶贫路径探析［J］.农业经济，2020（2）：50-51.

　［48］臧昊，梁亚荣.乡村振兴背景下乡村旅游点状供地的实践困境及破解之道［J］.云南民族大学学报（哲学社会科学版），2021，38（4）：63-73.

　［49］孙九霞，张凌媛，罗意林.共同富裕目标下中国乡村旅游资源开发：现状、问题与发展路径［J］.自然资源学报，2023，38（2）：318-334.

　［50］Liu Y，Lee J M，Lee C. The challenges and opportunities of a global health crisis：The management and business implications of COVID-19 from an Asian perspective［J］. Asian Business & Management，2020，19（2）：277-297.

　［51］Dai J，Vasarhelyi M A. Toward blockchain-based accounting and assurance［J］. Journal of Information Systems，2017，31（3）：5-21.

　［52］孙泽南，庄晋财，李娟.市场化运营下乡村旅游目的地的品牌提升路径研究［J］.运筹与管理，2023，32（12）：226-232.

　［53］沈国琪.社会资本、生态认知与乡村旅游创业农户生态保护行为研究——基于SEM模型的实证分析［J］.河南科技学院学报，2023，43（5）：61-69.

　［54］邓进.合作博弈视角下乡村旅游可持续发展研究［J］.齐齐哈尔大学学报（哲学社会科学版），2023（3）：54-57.

　［55］Subedi S，Kubickova M. Tourists'compliance with public policy and government trust：An application of protection motivation theory［J］. Cornell Hospitality Quarterly，2024，65（1）：44-58.

　［56］黄政，张金萍，胡元涛，等.行动者网络视角下农村产业融合过程与机制研究——以海口市施茶村为例［J］.地理研究，2023，42（10）：2759-2778.

　［57］袁紫怡，戈大专，孙攀，等.旅游导向的乡村空间重构过程与机制——以南京市后圩村为例［J］.地理研究，2023，42（6）：1680-1696.

［58］Leonidou L C，Fotiadis T A，Christodoulides P，et al. Environmentally friendly export business strategy：Its determinants and effects on competitive advantage and performance ［J］. International Business Review，2015，24（5）：798-811.

［59］李铭，杨思奇，冯雪. 研学旅游发展路径探析——以建宁县为例 ［J］. 对外经贸，2022（11）：78-80.

［60］代则光，洪名勇. 社区参与乡村旅游利益相关者分析 ［J］. 经济与管理，2009，23（11）：27-32.

［61］彭小丁. 农业资源利用与环保协调中权力—利益博弈分析 ［J］. 求索，2012（6）：30-32.

［62］王蕾蕾，陈洁丹，廖碧芯. 乡村旅游利益相关者博弈分析 ［J］. 农村经济与科技，2018，29（5）：112-115.

［63］丹巴，陈楷健，朱思颖. 乡村旅游社区利益相关者的演化博弈分析 ［J］. 农村经济，2019（12）：137-144.

［64］Fountain J，Cradock－Henry N，Buelow F，et al. Agrifood tourism，rural resilience，and recovery in a postdisaster context：Insights and evidence from Kaikōura-Hurunui，New Zealand ［J］. Tourism Analysis，2021，26（2-3）：135-149.

［65］Butler T. Towards a hermeneutic method for interpretive research in information systems ［J］. Journal of Information Technology，1998，13（4）：285-300.

［66］Bourlon F，Gale T，Adiego A，et al. Grounding sustainable tourism in science—A geographic approach ［J］. Sustainability，2021，13（13）：1-22.

［67］Clark M，Kang B，Calhoun J R. Green meets social media：Young travelers' perceptions of hotel environmental sustainability ［J］. Journal of Hospitality and Tourism Insights，2023，6（1）：36-51.

［68］Lew A A，Ng P T，Ni C，et al. Community sustainability and resilience：Similarities，differences and indicators ［J］. Tourism Geographies，

2016，18（1）：18-27.

［69］张颖，陈妙璇，孙亚云，等．乡村旅游开发中影响社区居民参与度的研究——以南京江宁区"五朵金花"旅游村为例［J］．湖南农业科学，2014（5）：60-63.

［70］周录静．乡村振兴战略视角下乡村旅游可持续发展研究［J］．中共太原市委党校学报，2022（1）：54-56.

［71］许欢科，滕俊磊．乡村振兴中新乡贤培育的障碍及其对策［J］．南京邮电大学学报（社会科学版），2019，21（1）：35-42+67.

［72］高璟，吴必虎，赵之枫．基于文化地理学视角的传统村落旅游活化可持续路径模型建构［J］．地域研究与开发，2020，39（4）：73-78.

［73］潘富．民宿在乡村旅游中的地位和作用分析［J］．中国市场，2017（27）：247-248.

［74］Bernard K，Cook S. Luxury tourism investment and flood risk：Case study on unsustainable development in Denarau Island resort in Fiji［J］. International Journal of Disaster Risk Reduction，2015，14（11）：302-311.

［75］何景明，李立华．关于"乡村旅游"概念的探讨［J］．西南师范大学学报（人文社会科学版），2002（5）：125-128.

［76］郑群明，钟林生．参与式乡村旅游开发模式探讨［J］．旅游学刊，2004（4）：33-37.

［77］黄震方，张圆刚，贾文通，等．中国乡村旅游研究历程与新时代发展趋向［J］．自然资源学报，2021，36（10）：2615-2633.

［78］查瑞波，黄悦，余佳乐，谢楚，林明水．原中央苏区县域韧性框架下红色旅游资源空间优化开发研究［J］．地理科学，2024，44（4）：693-702.

［79］陈雄根．湖南长株潭地区红色旅游资源的开发与区域经济发展［J］．经济地理，2007（6）：1042-1045.

［80］丁健，彭华．民族旅游开发的影响因素分析［J］．经济地理，2002（1）：101-105.

［81］郑艳馨．陕西地名人文资源的开发与保护［J］．西北大学学报（哲学社会科学版），2006（5）：104-108.

［82］封雪韵，俞会新，郝永敬．森林生态旅游资源开发影响因素研究［J］．河北大学学报（哲学社会科学版），2014，39（3）：120-123.

［83］刘坤梅，何伟，刘雅静．基于随机前沿方法的乡村旅游资源开发利用效率影响因素研究［J］．西南大学学报（自然科学版），2020，42（7）：92-99.

［84］韦绍兰，唐灵明，王金叶，高元衡，王艳．基于 AHP 的广西恭城县乡村旅游资源开发价值评价［J］．桂林理工大学学报，2020，40（2）：443-449.

［85］杨瑜婷，何建佳，刘举胜．"乡村振兴战略"背景下乡村旅游资源开发路径演化研究——基于演化博弈的视角［J］．企业经济，2018（1）：24-30.

［86］贾慧．重庆市乡村旅游资源可持续发展评价［J］．中国农业资源与区划，2019，40（8）：246-252.

［87］朱慧方，时朋飞，俞筱押，田子业，李星明．贵州红色旅游资源与乡村旅游资源共生系统研究［J］．资源开发与市场，2023，39（3）：377-384.

［88］黄震方，张圆刚，贾文通，等．中国乡村旅游研究历程与新时代发展趋向［J］．自然资源学报，2021，36（10）：2615-2633.

［89］王敏，王滨．公共性视域下社会治理现代化的现实困境与优化路径［J］．理论导刊，2020（6）：89-94.

［90］朱晓翔，乔家君．乡村旅游社区可持续发展研究——基于空间生产理论三元辩证法视角的分析［J］．经济地理，2020，40（8）：153-164.

［91］Li H，Nijkamp P，Xie X，et al. A new livelihood sustainability index for rural revitalization assessment—A modelling study on smart tourism specialization in China［J］. Sustainability，2020，12（8）：3148-3166.

［92］杨帅，罗士轩，温铁军．空间资源再定价与重构新型集体经济

［J］. 中共中央党校（国家行政学院）学报，2020，24（3）：110-118.

［93］张飞. 乡村旅游开发中农民分享土地增值收益现状及成因［J］. 社会科学家，2020（1）：72-76.

［94］陆林，陈慧峰，符琳蓉. 旅游开发背景下传统村落功能演变的过程与机制——以黄山市西溪南村为例［J］. 地理科学，2022，42（5）：874-884.

［95］Czuczor K，Kozma G，Radics Z. The territorial tourism development strategies and implemented cross border cooperation projects in Bihor county. An assessment of the 2007-2013 and 2014-2020 programming periods and exploitation of the EU funds from the point of view of tourism［J］. Geo Journal of Tourism and Geosites，2023，48（2）：798-809.

［96］Liu B，Moyle B，Kralj A. When and how sharing tourism experiences on social media backfires：TMSP model of sharing driven outcomes［J］. Journal of Hospitality and Tourism Management，2022，53（12）：155-159.

［97］Senyao S，Ha S. How social media influences resident participation in rural tourism development：A case study of Tunda in Tibet［J］. Journal of Tourism and Cultural Change，2022，20（3）：386-405.

［98］Yang R，Liu Y S，Long H L，et al. Spatio-temporal characteristics of rural settlements and landuse in the Bohai Rim of China［J］. Journal of Geographical Sciences，2015，25（5）：559-572.

［99］Lebow R N，Pruitt D G，Rubin J Z. Social conflict：Escalation，stalemate，and settlement［J］. Political Psychology，1987，8（4）：685-686.

［100］Funder M，Mweemba C，Nyambe I，et al. Understanding local water conflict and cooperation：The case of Namwala District，Zambia［J］. Physics and Chemistry of the Earth：PartsA/B/C，2010，35（13-14）：758-764.

［101］Bohnet I C，Roebeling P C，Williams K J，et al. Landscapes tool kit：An integrated modeling framework to assist stakeholders in exploring options for sustainable landscape development［J］. Landscape Ecology，2011，26（8）：

1179-1198.

［102］Van Der Sluis T, Arts B, Kok K, et al. Drivers of European landscape change：Stakeholders'perspectives through fuzzy cognitive mapping ［J］. Landscape Research, 2019, 44 （4）：458-476.

［103］Bills N, Gross D. Sustaining multi functional agricultural landscapes：Comparings take holder perspectivesin New York （US） and England （UK） ［J］. Land Use Policy, 2005, 22 （4）：313-321.

［104］Muñoz L, Hausner V, Brown G, et al. Identifyings patial overlap in the values of locals, domestic and international tourists to protected areas ［J］. Tourism Management, 2019, 71 （2）：259-271.

［105］Jeong J S, García-Moruno L, Hernández-Blanco J, et al. Planning of rural housing sinre servoirare a sunder （mass） tourism based on a fuzzy DEMATEL-GIS/MCDAhy brid and participatory method for Alange, Spain ［J］. Habitat International, 2016, 57 （7）：143-153.

［106］姬超. 城乡结构演变视阈下的乡村治理体系优化研究 ［J］. 农业经济问题, 2018 （8）：82-90.

［107］Ladu M, Battino S, Balletto G, et al. Green infrastructure and slow tourism：A methodological approach for mining heritage accessibility in the sulcisiglesiente bioregion （Sardinia, Italy） ［J］. Sustainability, 2023, 15 （5）：4665-4689.

［108］Römer-Paakkanen T, Suonpää M. Entrepreneurship education with purpose：Active ageing for 50+ entrepreneurs and sustainable development for rural areas ［J］. Education Sciences, 2023, 13 （6）：572-594.

［109］苏伟锋, 马晓龙, 贾文通, 等. 共同富裕目标下旅游发展对乡村居民生计类型及特征的影响 ［J］. 自然资源学报, 2023, 38 （2）：474-489.

［110］Harrison D, Schipani S. Lao tourism and poverty alleviation：Community-based tourism and the private sector ［J］. Current Issues in Tourism, 2007, 10 （2-3）：194-230.

［111］李墨文，赵刚．民族地区乡村旅游利益相关者分析［J］．延边大学学报（社会科学版），2020，53（3）：71-77+142.

［112］张俊英，马耀峰．民族地区乡村居民参与旅游发展的实证研究——以青海互助土族小庄村为例［J］．北方民族大学学报（哲学社会科学版），2012（3）：81-88.

［113］郑昌辉，云翃，王志芳，等．基于多利益主体协同博弈的乡村振兴模式——以河北宽城柏木塘村旅游共建为例［J］．装饰，2022（4）：19-25.

［114］孙九霞．守土与乡村社区旅游参与——农民在社区旅游中的参与状态及成因［J］．思想战线，2006（5）：59-64.

［115］孟祥林．社区公共空间使用权博弈、受益权边界与居民冲突治理［J］．苏州大学学报（哲学社会科学版），2021，42（2）：124-137.

［116］苏醒．美丽乡村建设背景下乡村民宿"家"的空间演变研究［J］．云南社会科学，2024（5）：1-11.

［117］赵黎．发展新型农村集体经济何以促进共同富裕——可持续发展视角下的双案例分析［J］．中国农村经济，2023（8）：60-83.

［118］蔡克信，杨红，马作珍莫．乡村旅游：实现乡村振兴战略的一种路径选择［J］．农村经济，2018（9）：22-27.

［119］向富华．乡村旅游开发：城镇化背景下"乡村振兴"的战略选择［J］．旅游学刊，2018，33（7）：16-17.

［120］施海波，李芸，张姝，等．精准扶贫背景下产业扶贫资产管理与收益分配优化研究［J］．农业经济问题，2019（3）：92-99.

［121］杜双燕，舒小林．旅游组织模式差异对民族地区脱贫效果及乡村振兴促进效应的对比研究［J］．贵州社会科学，2022（12）：153-160.

［122］马梅，李进．社会治理视域下网络"舆情搭车"现象的归因及规避——基于新冠肺炎疫情防控的分析［J］．新闻知识，2020（9）：42-48.

［123］李墨文，赵刚．民族地区乡村旅游利益相关者分析［J］．延边大学学报（社会科学版），2020，53（3）：71-77+142.

［124］廖钟迪．广西乡村旅游开发中的利益冲突及化解机制研究［J］．

新农业，2020（23）：50-51.

［125］张晓倩，董洁芳. 基于利益相关者理论的运城市乡村旅游发展策略研究［J］. 运城学院学报，2021，39（3）：54-59.

［126］郭星宇. 乡村旅游环境保护背后的矛盾冲突及其化解机制研究［J］. 农业科技与信息，2022（19）：17-20.

［127］李安然，胡叶星寒，徐若璠，等. 长效乡村振兴背景下社会资本开发——河北省文旅资源模式研究［J］. 山西农经，2023（11）：32-35.

［128］胡联，汪三贵. 我国建档立卡面临精英俘获的挑战吗？［J］. 管理世界，2017（1）：89-98.

［129］赵豫西，周晓丽. 乡村振兴背景下乡村旅游扶贫利益协调机制研究：基于利益相关者视角［J］. 乐山师范学院学报，2021，36（12）：70-76.

［130］张自强，何婕. 共同富裕目标下社区主导乡村旅游发展的逻辑与出路——以贵州省黔东南郎德苗寨为例［J］. 地域研究与开发，2024，43（2）：125-130.

［131］Esteban-López A，Castillo-Martínez A，Peña-García A. Recovery of an abandoned singular infrastructure as a key factor for regional sustainable development：A study case："El caminito del rey"［J］. Land，2023，12（8）：1569-1583.

［132］Lu W，Low M P，Yeong W M. Will sensory impressions drive the intention to revisit? An empirical study in the rural tourism［J］. Journal of Travel & Tourism Marketing，2024，41（2）：292-306.

［133］Popescu C A，Iancu T，Popescu G，et al. Rural tourism in mountain rural comunities-possible direction/strategies：Case study mountain area from bihor county［J］. Sustainability，2024，16（3）：1127-1154.

［134］Tong J H，Li Y，Yang Y L. System construction，tourism empowerment，and community participation：The sustainable way of rural tourism development［J］. Sustainability，2024，16（1）：422-442.

［135］ Prince S, Ioannides D, Peters A, et al. Tourists' perceptions of wind turbines: Conceptualizations of rural space in sustainability transitions ［J］. Tourism Geographies, 2024, 26（2）: 292-310.

［136］许一磊, 陈晨, 耿佳. 产业资本介入下我国乡村空间转型的研究述评及规划启示 ［J］. 南方建筑, 2018（5）: 22-26.

［137］李乐京. 民族村寨旅游开发中的利益冲突及协调机制研究 ［J］. 生态经济, 2013（11）: 95-98+122.

［138］张圆刚, 郝亚梦, 董晓婷, 等. 乡村旅游地居民回乡就业意愿的影响机制研究——基于政府信任的调节作用 ［J］. 旅游学刊, 2023, 38（5）: 102-114.

［139］ Momsen J D, Kukorelli I S. Gender and rural tourism in Western Hungary ［J］. Eastern European Countyside, 2007, 13（1）: 83-96.

［140］ Eva Šimková, Jindřich Holzner. Motivation of tourism participants ［J］. Procedia-Social and Behavioral Sciences, 2014, 159（C）: 660-664.

［141］ Michalko G, Kiss K, Kovacs B, et al. The impact of tourism on subjective quality of life among Hungarian population ［J］. Hungarian Geographical Bulletin, 2009, 58（2）: 121-136.

［142］ Saxena G, Ilbery B. Developing integrated rural tourism: Actor practices in the English/Welsh border ［J］. Journal of Rural Studies, 2010, 26（3）: 260-271.

［143］ Tom Baum. Human resources in tourism: Still waiting for change?—A 2015 reprise ［J］. Tourism Management, 2015, 50（10）: 204-212.

［144］郑兴明. 探索闲置宅基地城乡共建共享新模式: 内在逻辑、困境与路径——基于城乡融合发展的视角 ［J］. 现代经济探讨, 2022（2）: 25-32.

［145］李军, 胡盈. 旅游共同体: 传统村落旅游利益分配正义的新视角 ［J］. 云南民族大学学报（哲学社会科学版）, 2021, 38（6）: 100-109.

［146］衣博文, 史达. 文化适应与文化认同: 基于中国邮轮游客的行为

研究 [J]. 云南民族大学学报（哲学社会科学版），2021，38（2）：19-29.

[147] 孙国强，王欢. 外部搜寻对集群网络权力的影响机制研究 [J]. 经济问题，2021（9）：10-21.

[148] 要蓉蓉，郑石明. 地方政府如何提升环境协同治理能力？——基于 H 市环境治理的案例研究 [J]. 行政论坛，2023，30（1）：77-86.

[149] 耿刘利，黎娜，王琦. 我国农村产业融合科学知识图谱分析——基于 2014~2018 年 CNKI 核心期刊和 CSSCI 数据 [J]. 西昌学院学报（社会科学版），2019，31（4）：67-72+113.

[150] Buday S, Federicová Z, Federicova Z, Vajcíková R. Diversification of farm business [J]. Agricultural Economics-Zemedelska Ekonomika, 2009, 55 (2)：77-83.

[151] 张艳霞. 尊重乡村发展规律实现乡村全面振兴 [J]. 领导科学论坛，2019（24）：71-96.

[152] 严九发. 乡村振兴视域下赣南革命老区红色旅游扶贫探微 [J]. 太原城市职业技术学院学报，2020（12）：49-51.

[153] Bourlon F, Gale T, Salazar A. Grounding sustainable tourism in science-geographic approach [J]. Sustainability, 2021, 13 (13)：1-22.

[154] 许欢科，滕俊磊. 乡村振兴战略背景下广西边境地区旅游扶贫研究——以大新县为例 [J]. 广西师范学院学报（哲学社会科学版），2019，40（1）：112-116.

[155] Peña-Torres P, Marles-Betancourt C, Correa-Cruz L. Opportunities and capacities of nature tourism as a business dynamizer in Caqueta [J]. Clio America, 2023, 17 (33)：146-156.

[156] 邱凌. 以文化旅游为抓手全面助推乡村振兴——崇义县打造良田乡村文化旅游的经验启示 [J]. 老区建设，2018（17）：34-41.

[157] Zhai Xin, Liu Canjiao, Qiao Litao. Influencing factors and innovative paths for the transmission of rural pictures in the protection of ecological and environmental heritage [J]. Soft Computing, 2023, 28 (3)：2605-2619.

［158］Solène P，Dimitri I，Anke P，Tatiana C. Tourists' perceptions of wind turbines：Conceptualizations of rural space in sustainability transitions ［J］. Tourism Geographies，2024，26（2）：292-310.

［159］Krittayaruangroj K，Suriyankietkaew S，Hallinger P. Research on sustainability in community-based tourism：A bibliometric review and future directions ［J］. Asia PacificA Journal of Tourism Research，2023，28（9）：1031-1051.

［160］Lu W Z，Lv Y，Zhou X P，Wu Y Z，Gu X K. The impact of governance structures on the distribution of land consolidation benefits in Urban Areas：Case studies in Ningbo，China ［J］. Land，2023，13（1）：46.

［161］Popescu C A，Iancu T，Popescu G，Adamov T，Ciolac R. The impact of agritourism activity on the rural environment：Findings from an authentic agritourist area - Bukovina，Romania ［J］. Sustainability，2023，15（13）：10294-10317.

［162］刘霞，伍建平，宋维明，等.我国自然保护区社区共管不同利益分享模式比较研究［J］.林业经济，2011（12）：42-47.

［163］潘富.乡村民宿旅游的社区参与与利益分享机制研究［J］.中国集体经济，2017（35）：97-98.

［164］白鹏飞.陕甘宁革命老区红色旅游扶贫机制与实现路径探析［J］.经济研究导刊，2017（24）：161-164+175.

［165］张静，朱红兵，刘婷.基于利益相关者理论的乡村旅游精准扶贫机制研究［J］.佳木斯大学社会科学学报，2018，36（1）：54-57.

［166］肖斌，张衔.利益相关者理论的贡献与不足［J］.当代经济研究，2011（4）：22-26.

［167］张悦悦，李翠珍，周德，等.乡村振兴视域下农村土地利用利益相关者分析［J］.自然资源学报，2020，35（5）：1132-1146.

［168］黄晓杏，胡振鹏，傅春，等.生态旅游主要利益相关者演化博弈分析［J］.生态经济，2015，31（1）：142-146+171.

［169］孙枭雄.经营性治理：理解农村集体经济探索实践的一个新视角［J］.经济学家，2023（4）：108-118.

［170］高帆.城乡融合发展如何影响中国共同富裕目标的实现［J］.中国经济问题，2022（5）：12-24.

［171］林雪霏，孙华.集体产权制度改革中的赋权实践逻辑——基于晋江市华洲村与围头村的案例研究［J］.中国农村观察，2021（1）：2-21.

［172］郑永君，李春雨，刘海颖.旅游驱动的三产融合型乡村振兴模式研究——基于共享发展理论视角的案例分析［J］.农业经济问题，2023（6）：1-10.

［173］张林，王超恩.基于产权理论的乡村旅游可持续发展研究［J］.商业研究，2011（4）：192-196.

［174］杜莉，何格.土地流转、劳动力城乡流动与农业全要素生产率：理论与实证［J］.农村经济，2024（1）：93-101.

［175］蒋远胜，王童.农地确权促进了中国农村家庭的财富积累吗？——基于CRHPS的实证研究［J］.农村经济，2023（12）：32-42.

［176］于法稳，黄鑫，岳会.乡村旅游高质量发展：内涵特征、关键问题及对策建议［J］.中国农村经济，2020（8）：27-39.

［177］方行明，魏静，郭丽丽.可持续发展理论的反思与重构［J］.经济学家，2017（3）：24-31.

［178］王淑曼，康达西，程金龙."两山论"谱写乡村旅游新篇章［J］.旅游学刊，2020，35（10）：9-12.

［179］贾旭楠.博弈论视角下高校智库联盟资源共建共享研究［J］.新世纪图书馆，2020（5）：48-53.

［180］冯淑华.基于共生理论的古村落共生演化模式探讨［J］.经济地理，2013，33（11）：155-162.

［181］杨秀平，翁钢民，张雪梅.耦合理论在旅游研究中应用领域的国内研究评述与展望［J］.地域研究与开发，2013，32（6）：67-73.

［182］郁建兴，高翔.中国服务型政府建设的基本经验与未来［J］.中

国行政管理，2012（8）：22-27.

[183] 闫东升，杨槿，陈雯．失地农民生活满意度测度及影响因素研究——以南京市仙林新村为例 [J]．长江流域资源与环境，2018，27（7）：1625-1636.

[184] 万海波，陈暇，桑彬彬．历史文化名镇旅游空间生产的路径研究 [J]．民族艺术研究，2022，35（4）：145-152.

[185] 王先甲，何奇龙，全吉．基于复制动态的消费者众筹策略演化动态 [J]．系统工程理论与实践，2017，37（11）：2812-2820.

[186] 李乐京．民族村寨旅游开发中的利益冲突及协调机制研究 [J]．生态经济，2013（11）：95-98+122.

[187] 袁方成，姜煜威．"达标锦标赛"：冲突性目标的治理机制——以生态环境治理为讨论场域 [J]．清华大学学报（哲学社会科学版），2023，38（2）：183-197+232.

[188] 朱光喜．居民自治与业主自治：两种社区自治机制的比较——基于公共事务自主治理理论的视角 [J]．广东行政学院学报，2012，24（4）：42-46.

[189] 韩东京．所有权结构、公司治理与外部审计监督——来自中国上市公司的经验证据 [J]．审计研究，2008（2）：55-64.

[190] 檀学文，胡拥军，伍振军，等．农民工等人员返乡创业形式发展 [J]．改革，2016（11）：85-98.

[191] 张志泽，高永久．传统民族社区治理现代化视阈下的社会组织发展 [J]．贵州民族研究，2016，37（8）：27-34.

[192] 吕林，黄明理．人的抽象化：集体主义的现实困境——论解决集体主义现实困境的方法诉求 [J]．求实，2015（10）：31-36.

[193] 赵祖斌．反不正当竞争公益诉讼：消费者权益保护的另一途径 [J]．中国流通经济，2020，34（11）：102-112.

[194] 葛守昆．中国改革进程中经济学理论的发展与创新 [J]．江海学刊，2008（4）：57-63+238.

［195］杨明洪，张营为．对口支援中不同利益主体的博弈行为——以对口援藏为例［J］．财经科学，2016（5）：83-91.

［196］薄辉龙，徐君．中华民族共同体建设视域下的援藏政策：逻辑构成、实践路径及社会效果［J］．民族学刊，2023，14（4）：35-43+138.

［197］李冬花，王咏，陆林．共同富裕目标下综合乡村旅游开发的可持续生计效应——基于浙江省安吉县鲁家村的案例实证［J］．自然资源学报，2023，38（2）：511-528.

［198］明庆忠，李志飞，徐虹，等．共同富裕目标下中国乡村旅游资源的理论认知与应用创新［J］．自然资源学报，2023，38（2）：286-304.

［199］项光勤，郑杭生．当代中国社会结构和社会关系研究［J］．学海，2003（3）：194-195.

［200］李军明，李军．传统村落旅游推动共同富裕的三次分配机制研究［J］．西南民族大学学报（人文社会科学版），2023，44（3）：200-207.

［201］孔爱国，邵平．利益的内涵、关系与度量［J］．复旦学报（社会科学版），2007（4）：3-9.

［202］蔡保忠，汪黎明，李晶，等．共同富裕目标下乡村旅游发展中的利益冲突与应对策略——基于湖南省永州市的实地调研［J］．商业经济，2022（9）：136-139+159.

［203］杨旭，任宇婷，张书凝，詹雪芳，石美玉．乡村振兴背景下非遗旅游利益相关者的共生模式研究——以丹寨万达小镇为例［J］．资源开发与市场，2024，40（2）：292-302.

［204］史玉丁，卓丽娜．民族地区乡村旅游化中的动力摩擦与平衡治理［J］．四川师范大学学报（社会科学版），2022，49（6）：135-143.

［205］娄娜．基于利益相关者理论的乡村旅游开发研究［J］．农业经济，2022（9）：139-140.

［206］包乌兰托亚，高乐华．基于IRT框架的乡村旅游协同发展机制研究——以山东省典型村为例［J］．农业现代化研究，2021，42（5）：815-826.

［207］王东红．乡村旅游相关利益主体间的博弈分析［J］．农业经济，2019（5）：39-40.

［208］郭献进，叶小青．民族自治地方乡村旅游发展中的参与机制研究——景宁畲族自治县利益主体的协同［J］．贵州民族研究，2015，36（8）：153-158.

［209］刘亦晴，唐杨，梁雁茹，许春冬．矿业遗迹旅游开发监管的演化博弈与稳定性分析［J］．运筹与管理，2023，32（2）：83-89+96.

［210］王会战，于凌仪，任子敬，王慧敏，薛凡．旅游精准扶贫核心利益相关者的演化博弈分析——以革命老区Z县A村为例［J］．湖北农业科学，2022，61（22）：195-200.

［211］伯努瓦，查尔斯．QCA设计原理与应用：超越定性与定量研究的新方法［M］．杜运周，李永发等，译．北京：机械工业出版社，2017.

［212］王海英，屈宝香．基于定性比较分析（QCA）方法的村级集体经济发展影响因素分析［J］．中国农业资源与区划，2018，39（9）：205-213.

［213］刘民坤，任莉莉，邓小桂．乡村振兴战略的旅游路径研究——准入门槛及其差异化选择［J］．经济管理，2021，43（10）：173-192.

［214］陶克涛，张术丹，赵云辉．什么决定了政府公共卫生治理绩效？——基于QCA方法的联动效应研究［J］．管理世界，2021，37（5）：128-138+156+10.

［215］杜运周，李佳馨，刘秋辰，等．复杂动态视角下的组态理论与QCA方法：研究进展与未来方向［J］．管理世界，2021，37（3）：180-197+12-13.

［216］郝政，Kiho Kwak，黄明浩，等．国家创新系统对经济赶超绩效影响的定性比较分析——基于QCA方法的联动效应研究［J］．经济问题探索，2022（10）：33-52.

［217］吴学兵，姚志，叶云．从"偏离"到"回归"：利益相关者视角下农地流转定价机制构建［J］．经济问题，2023（12）：89-94.

［218］孟祥丰．基于利益相关者理论的田园综合体协调机制研究——以

无锡阳山田园东方为例［J］. 中国农业资源与区划，2020，41（5）：294-300.

［219］蔡晓梅，苏杨. 从冲突到共生——生态文明建设中国家公园的制度逻辑［J］. 管理世界，2022，38（11）：131-154.

［220］左冰. 分配正义：旅游发展中的利益博弈与均衡［J］. 旅游学刊，2016，31（1）：12-21.

［221］申秀英，卜华白. 中国古村落旅游企业的"共生进化"研究——基于共生理论的一种分析［J］. 经济地理，2006（2）：322-325.

［222］刘永强，戴琳，龙花楼，等. 乡村振兴背景下土地整治模式与生态导向转型——以浙江省为例［J］. 中国土地科学，2021，35（11）：71-79.

［223］李云新，吕明煜. "互联网+政务服务"平台建设的特征、动因与绩效：一个多案例分析［J］. 电子政务，2017（5）：118-125.

［224］欧阳文婷，吴必虎. 旅游发展对乡村社会空间生产的影响——基于开发商主导模式与村集体主导模式的对比研究［J］. 社会科学家，2017（4）：96-102.

［225］邓维杰，何海燕，朱淑婷. 乡村旅游精准扶贫的困境与对策［J］. 农村经济，2017（12）：44-49.

［226］胡平波，钟漪萍. 政府支持下的农旅融合促进农业生态效率提升机理与实证分析——以全国休闲农业与乡村旅游示范县为例［J］. 中国农村经济，2019（12）：85-104.

［227］涂圣伟. 工商资本参与乡村振兴的利益联结机制建设研究［J］. 经济纵横，2019（3）：23-30.

［228］刘婷婷，保继刚. 面向非垄断性旅游资源：乡村旅游地的路径选择与制度演化［J］. 旅游学刊，2023，38（11）：15-27.

［229］侯兵，陈肖静. 乡村旅游可持续发展的机制分析——基于农民参与的视角［J］. 农村经济，2008（6）：46-48.

［230］贾衍菊，李昂，刘瑞，等. 乡村旅游地居民政府信任对旅游发展

支持度的影响——地方依恋的调节效应［J］. 中国人口·资源与环境，2021，31（3）：171-183.

［231］温涛，王煜宇. 改革开放 40 周年中国农村金融制度的演进逻辑与未来展望［J］. 农业技术经济，2018（1）：24-31.

［232］吴正海，范建刚. 资源整合与利益共享的乡村旅游发展路径——以陕西袁家村为例［J］. 西北农林科技大学学报（社会科学版），2021，21（2）：70-79.

［233］郭占锋，蒋晓雨. 伦理重建、信任重构与乡村现代化建设——梁漱溟乡村建设思想的再反思［J］. 学习与实践，2023（11）：47-59.

［234］郑永君，李春雨，刘海颖. 旅游驱动的三产融合型乡村振兴模式研究——基于共享发展理论视角的案例分析［J］. 农业经济问题，2023（6）：97-110.

［235］朱长宁，汪浩. 乡村振兴战略视域下乡村旅游供应链整合对策研究［J］. 经济问题，2021（12）：75-81.

［236］王铁，李梅，孙德健，等. 农户参与乡村旅游的前因条件与组态路径——基于 QCA 方法的探索［J］. 旅游学刊，2021，36（3）：70-82.

［237］张明，杜运周. 组织与管理研究中 QCA 方法的应用：定位、策略和方向［J］. 管理学报，2019，16（9）：1312-1323.

附　录

一、问卷设计说明

　　本研究题目为"乡村旅游资源开发利益博弈及利益分享路径研究"，主要研究实现乡村旅游资源开发的利益分享的前因条件有哪些，以及这些前因条件是以什么样的组态路径实现利益分享。本研究参考大量文献，以利益相关者理论、组态理论为基础，结合演化博弈分析方法对利益主体之间利益博弈关系的分析，构建出多元利益主体交互利益分享理论框架，并依据所构建的机理路径确定了开发商开发能力、地方政府引导、地方政府监督、村民参与权力和村民参与收益五个前因条件变量，以及利益分享因变量。

　　本研究已根据政府相关公示信息、数据库获取案例样本的情况，但仍有一些变量依赖于对农村地区实践的考察，因此采用问卷调查的方式收集这些变量在不同村庄的实践情况。李克特量表这一问卷调查方法已经广泛运用于农村经济、乡村发展问题、乡村旅游等领域的研究，从《管理世界》《农业经济问题》《旅游学刊》等学术期刊来看，不少学者将李克特量表与QCA研究方法结合，因此本研究采用李克特量表这一问卷调查方式考察以上因素在农村实践中的真实情况。

本研究根据 QCA 样本量要求，拟选取 20 个具有乡村旅游资源开发实践的村庄进行调研。为了使调研对象更具典型性、代表性和异质性，调研对象拟从中国文旅部公示的全国乡村旅游重点村镇和全国乡村旅游扶贫示范 100 个案例，各省文旅厅发布的《乡村旅游示范村》以及携程网、去哪儿旅行等旅游网站热门景点中遴选，涵盖东部、中部、西部三个区域的样本，并且借鉴龚金红和谢礼珊①的做法，通过关键词检索的方法验证了这些案例中不缺乏涵盖"利益冲突"负面报道的案例。考虑到本研究主要针对乡村旅游资源开发利益分享的因素，涉及的利益主体为下乡开发商、当地村民、村集体、地方政府等，参考王铁等②、王海英和屈宝香③等的做法对每个样本村下乡开发商负责人、参与乡村旅游建设的村民、地方政府旅游相关单位发放 10~15 份问卷。

在问卷设计上，本书采用五级量表，即对每一问题设置五项答项（一般情况下为："非常同意""同意""不一定""不同意""非常不同意"），计分方式上通常赋值分别为 5、4、3、2 和 1 分，分值越高，代表样本对题项越为满意，或者越为认可，越为同意，越喜欢的态度偏好。针对本研究所要评估调查的每一个因素变量，问卷设计 2~4 个问题，并根据乡村旅游资源开发实践进行酌情修改。

乡村旅游资源开发的利益分享情况评估调查问卷

请您根据自身实际情况对问卷中的题目进行判断评分，以下是评分标准及对应分值等级：

---

① 龚金红，谢礼珊. 负面报道中遗产旅游景区的利益相关者网络分析［J］. 旅游学刊，2021，36（7）：67-80.

② 王铁，李梅，孙德健，邰鹏飞. 农户参与乡村旅游的前因条件与组态路径——基于 QCA 方法的探索［J］. 旅游学刊，2021，36（3）：70-82.

③ 王海英，屈宝香. 基于定性比较分析（QCA）方法的村级集体经济发展影响因素分析［J］. 中国农业资源与区划，2018，39（9）：205-213.

评估标准：非常同意、同意、不一定、不同意、非常不同意

对应分值：5、4、3、2、1

背景信息	本问卷采取匿名形式，由于研究需要，需要区分您属于以下哪类人员（可多选）		
	□当地村庄居民	□下乡开发乡村旅游资源的开发商负责人	□地方政府工作人员

评估因素	题目	题目内容
开发商 开发能力	T1	开发商已将当地乡村旅游开发至较大规模 □非常同意　□同意　□不一定　□不同意　□非常不同意
	T2	开发商对山水田林等自然资源，以及当地人文资源都进行了整合 □非常同意　□同意　□不一定　□不同意　□非常不同意
	T3	开发商的旅游资源开发行为没有让当地生态环境变得更差 □非常同意　□同意　□不一定　□不同意　□非常不同意
	T4	当地的乡村旅游资源得到开发后能吸引较多游客 □非常同意　□同意　□不一定　□不同意　□非常不同意
地方政府 引导	T5	地方政府用明确的政策和制度对开发商的开发行为进行规定与约束 □非常同意　□同意　□不一定　□不同意　□非常不同意
	T6	地方政府招商引资时有优待政策，并且能对开发商提供就业、公益慈善等联动 带农行为进行激励或表彰 □非常同意　□同意　□不一定　□不同意　□非常不同意
	T7	如果村民和开发商发生了冲突事件，政府部门会及时从中调解 □非常同意　□同意　□不一定　□不同意　□非常不同意
地方政府 监管	T8	地方政府相关部门能对环境破坏以及各种损害开发商、村民或公共利益的行为 进行监督与处罚 □非常同意　□同意　□不一定　□不同意　□非常不同意
	T9	因开发工作对当地农田、河流、山林等生态环境造成破坏后，政府能及时监管 并采取保护与修复行动 □非常同意　□同意　□不一定　□不同意　□非常不同意
当地村民 参与权力	T10	当地村民享有乡村旅游资源开发的选择权、参与权、决策权 □非常同意　□同意　□不一定　□不同意　□非常不同意
	T11	当地村民的各种权益没有因为旅游开发商的进入而受损失 □非常同意　□同意　□不一定　□不同意　□非常不同意
	T12	从常住人口来看，当地较多村民参与乡村旅游相关事业 □非常同意　□同意　□不一定　□不同意　□非常不同意

续表

评估因素	题目	题目内容
当地村民参与收益	T13	除了一次性支付租金或买断资源，村民享有保底分红、股份合作或利润返还等其他利益分享形式 □非常同意　□同意　□不一定　□不同意　□非常不同意
	T14	当地村庄发展旅游业解决了许多村民的就业问题 □非常同意　□同意　□不一定　□不同意　□非常不同意
	T15	除了就业，当地村民可以找到民宿、餐饮、零售、农产品加工、直播等方面的创业机会 □非常同意　□同意　□不一定　□不同意　□非常不同意
	T16	当地村民从事乡村旅游及旅游相关事业往往能获取到满意的酬劳或收入 □非常同意　□同意　□不一定　□不同意　□非常不同意
利益主体利益分享情况	T17	开发商在当地乡村旅游的开发项目中获得了满意的开发收益 □非常同意　□同意　□不一定　□不同意　□非常不同意
	T18	发展乡村旅游解决农民就业、增加当地税收、完善基础设施并促进了乡村发展，使当地获得了较大公共福利 □非常同意　□同意　□不一定　□不同意　□非常不同意
	T19	发展乡村旅游使当地村民获得了满意的收益 □非常同意　□同意　□不一定　□不同意　□非常不同意

二、问卷调查数据

　　本书回收的20个样本村600份调查问卷的数据集如下表，填写内容已进行数值化处理。地区中，浙江省嘉兴市西塘古镇为"1"、浙江省嘉兴市桐乡市横港村为"2"、浙江省嘉兴市石门镇殷家漾村为"3"、浙江省嘉兴市石门镇春丽桥村为"4"、浙江省嘉兴市丁桥镇新仓村为"5"、云南省昆明市嵩明县滇源镇麦地冲村为"6"、云南省昆明市马鹿塘乡马鹿塘村为"7"、云南省昆明市河湾村为"8"、云南省昆明市富民县赤鹫镇永富村为"9"、江西省婺源县江湾镇栗木坑村为"10"、江西省上饶市婺源县紫阳镇考水村为"11"、江西省上饶市婺源县上梅洲村为"12"、江西省上饶市横峰县司铺乡刘家村为"13"、江西省上饶市横峰县蔡家村为"14"、湖南省衡阳市西渡镇新桥村为"15"、湖南省衡阳市南岳镇红星村为"16"、湖南省衡阳市梅花村为"17"、湖南省衡阳市洪市镇明翰村为"18"、贵州省贵阳市开阳县南江乡龙广村为"19"、贵州省贵阳市花溪区青岩镇龙井村为"20"。人群中,开发商为"1",地方政府为"2",当地村民为"3"。T1 至 T19 对应正文表 6-2 的 19 个题目。答案中"非常不同意""不同意""不一定""同意""非常同意",对应计分赋值为 1~5 分。

地区	人群	T1	T2	T3	T4	T5	T6	T7	T8	T9	T10	T11	T12	T13	T14	T15	T16	T17	T18	T19
1	2	5	5	5	4	5	4	5	3	5	4	3	5	5	3	5	5	4	4	4
1	2	3	5	4	4	4	4	4	3	3	3	4	3	4	3	4	4	4	4	4
1	2	4	4	4	5	4	5	3	5	4	5	3	4	5	4	5	5	5	4	4
1	1	5	3	4	4	5	4	4	4	5	5	4	5	4	5	4	4	5	5	3
1	3	5	5	5	4	5	4	4	3	5	3	5	5	3	3	4	5	3	4	5
1	3	4	4	4	5	4	4	4	5	5	4	5	4	5	5	4	4	4	3	5
1	1	4	5	4	4	5	4	5	5	5	5	4	5	5	5	4	5	5	4	5
1	3	4	3	4	5	4	5	5	4	5	5	4	5	4	4	4	5	4	5	4
1	3	5	5	4	5	4	5	3	5	5	5	4	4	5	4	4	5	4	5	3
1	1	3	4	2	4	1	1	1	2	1	3	4	2	2	1	1	2	4	3	3
1	1	4	3	4	4	5	4	4	5	5	4	3	5	5	4	4	5	4	5	4
1	2	5	4	4	3	5	4	4	5	4	4	5	5	3	4	5	5	3	4	5
1	1	3	5	5	4	5	3	4	5	4	5	4	4	3	5	5	3	4	5	5
1	2	4	4	4	4	5	4	4	4	5	5	5	5	5	3	5	5	5	4	4
1	3	3	1	1	4	2	2	2	1	3	3	3	2	1	3	1	3	3	2	2
1	2	4	4	4	5	4	5	4	4	3	4	5	5	5	4	4	5	4	5	4
1	3	4	4	4	5	4	5	5	4	4	4	4	5	5	4	5	5	4	4	5

地区	人群	T1	T2	T3	T4	T5	T6	T7	T8	T9	T10	T11	T12	T13	T14	T15	T16	T17	T18	T19
1	3	2	3	1	1	3	5	1	3	5	3	2	5	2	1	1	1	5	3	2
1	3	3	2	5	3	2	4	2	3	5	1	5	5	3	3	2	1	5	5	1
1	3	4	1	1	1	2	1	1	3	4	2	1	5	2	4	3	1	1	4	1
1	3	1	1	4	1	3	5	2	3	2	1	2	5	2	3	2	4	4	4	2
1	2	5	5	5	5	5	5	5	5	5	5	5	5	5	5	5	5	5	5	5
1	1	3	3	5	3	3	5	1	1	1	1	2	1	2	4	4	5	1	1	1
1	1	3	3	4	4	4	3	1	4	5	4	1	1	1	3	4	5	3	1	3
1	2	2	2	4	3	2	3	2	5	4	1	1	2	3	2	5	4	3	5	5
1	1	3	2	3	1	2	5	4	3	1	2	4	5	1	1	1	4	5	5	1
1	2	1	2	1	3	2	4	4	2	4	5	1	4	3	5	3	5	3	4	2
1	1	1	5	2	1	5	2	1	1	5	1	4	2	5	2	1	4	2	1	4
2	2	5	5	4	4	5	4	3	4	3	5	4	4	5	3	4	4	3	4	
2	3	4	5	5	5	5	4	4	4	5	5	5	5	4	4	4	5	4	4	
2	1	2	1	1	2	1	2	2	4	1	1	2	2	2	1	1	1	3	2	4
2	1	5	5	4	5	4	4	4	5	4	5	3	5	5	5	5	5	4	5	4
2	3	2	3	3	1	4	1	3	3	2	4	1	3	1	3	1	1	2	4	4
2	2	5	5	4	3	4	3	4	4	4	4	5	4	5	5	4	4	4	
2	1	4	4	4	4	5	4	4	4	5	4	3	5	5	4	3	4	5	5	4
2	3	5	3	5	5	4	4	5	5	5	4	4	5	3	4	4	3	5	4	5
2	1	4	4	4	4	5	4	4	4	5	4	5	4	4	4	5	4	5	3	
2	1	4	4	4	4	5	4	4	4	3	4	4	4	5	4	4	4	4	
2	2	5	4	3	4	5	5	5	4	5	4	5	5	4	4	4	4	5	3	
2	3	5	4	4	5	4	3	5	3	5	4	5	4	5	5	5	3	4	4	
2	2	4	4	5	5	5	5	5	5	4	5	4	5	4	4	5	4	5	3	
2	3	4	4	5	4	4	4	5	5	3	4	5	4	4	4	5	4	4	5	
2	1	4	5	3	5	4	5	5	4	4	5	4	4	5	4	4	5	4	3	5
2	3	2	1	2	2	2	2	2	2	2	3	2	4	1	2	2	4	2	1	
2	3	2	2	2	2	2	2	3	4	2	2	4	2	2	2	2	3	3	3	1
2	1	4	5	3	4	5	4	5	4	4	5	5	4	4	4	5	4	5	5	4
2	2	5	4	4	5	4	3	4	5	4	5	5	5	4	5	5	4	5	5	4

续表

地区	人群	T1	T2	T3	T4	T5	T6	T7	T8	T9	T10	T11	T12	T13	T14	T15	T16	T17	T18	T19
2	3	5	4	5	5	5	4	5	3	4	4	4	5	3	5	5	5	3	5	5
2	2	3	3	3	4	5	5	5	4	5	4	5	5	5	4	3	4	5	5
2	2	1	2	4	4	1	5	1	4	1	5	2	1	2	2	3	1	3	2	3
2	1	4	2	4	3	3	3	3	4	5	2	3	1	2	3	1	2	5	1	1
2	1	2	4	2	2	2	5	4	1	5	2	4	5	2	1	1	5	3	5	4
2	2	3	3	4	3	2	3	4	2	2	1	3	1	3	4	2	4	3	1	2
2	2	2	4	3	2	2	5	1	3	4	4	4	5	3	2	3	4	5	1	4
2	1	2	5	3	3	2	5	1	4	1	4	5	2	3	3	5	2	1	1	5
2	2	4	3	4	2	5	4	1	1	2	3	1	1	4	3	1	3	2	4
2	3	1	1	5	1	3	5	4	2	5	1	3	2	1	4	4	1	5	1	4
2	3	1	2	1	4	3	1	4	1	1	2	2	2	2	2	2	1	5	1	2
3	2	4	5	4	4	4	4	5	5	4	5	4	5	4	5	3	4	4	4	4
3	1	5	3	4	5	4	5	4	5	5	5	5	5	5	4	4	5	4	4	5
3	2	5	5	4	4	5	3	4	4	3	4	4	4	4	4	5	5	4	5	4
3	1	2	1	2	3	2	1	2	3	2	3	1	2	1	4	2	3	1	3	4
3	3	4	4	5	4	5	4	4	4	5	5	5	4	4	3	4	4	3	4
3	2	4	4	3	4	5	4	4	5	4	5	4	3	4	4	5	5	5	5	4
3	3	4	5	3	5	5	5	5	4	4	4	5	5	4	3	3	5	5	4	4
3	2	4	4	5	5	5	5	4	4	4	3	4	4	5	5	3	5	4	4	5
3	2	4	3	4	5	4	4	5	4	5	4	3	5	5	4	5	4	5	5	3
3	1	5	5	5	5	4	5	5	5	4	3	4	5	5	4	4	3	3	4	3
3	1	4	3	4	4	3	5	4	4	3	5	3	4	5	3	5	4	5	5	4
3	1	4	4	2	2	2	2	3	1	1	1	3	3	2	2	4	2	4	3	2
3	3	5	5	4	4	4	5	5	5	4	5	5	4	4	5	5	5	3	4
3	3	5	5	5	4	3	4	4	4	4	5	5	5	4	4	5	5	3	5	3
3	1	5	5	4	5	4	4	3	5	4	4	4	4	5	3	3	5	5	3
3	3	2	4	1	1	2	1	2	3	4	2	2	1	3	2	1	1	3	1	2
3	3	3	3	5	5	5	5	4	4	4	4	5	4	4	5	4	4	4	4	5
3	1	5	4	3	4	5	5	5	4	4	5	3	4	5	4	5	4	4	5	5
3	2	4	4	5	4	4	5	4	5	5	4	5	5	5	5	4	5	4	5	4

地区	人群	T1	T2	T3	T4	T5	T6	T7	T8	T9	T10	T11	T12	T13	T14	T15	T16	T17	T18	T19
3	1	5	5	4	5	4	3	4	4	5	5	4	4	5	4	5	4	3	4	5
3	2	5	5	5	5	5	5	4	4	3	5	3	4	3	5	3	5	4	5	4
3	3	2	5	4	4	2	3	1	3	4	1	1	5	3	2	1	3	5	1	4
3	2	1	1	2	2	2	3	4	4	5	1	1	2	1	3	5	5	4	3	2
3	3	2	2	2	3	4	2	4	3	3	2	4	2	1	3	3	1	5	1	4
3	3	1	3	3	3	1	1	4	2	2	1	5	5	4	4	4	3	2	1	4
3	1	4	3	2	2	3	5	4	4	3	1	5	5	2	5	2	5	4	3	1
3	1	2	1	5	4	4	1	4	5	2	2	3	5	3	2	4	5	5	3	3
3	3	3	3	5	3	2	1	2	2	3	5	4	5	1	2	1	1	3	1	4
3	2	1	5	4	5	2	4	3	4	2	2	5	2	2	3	5	3	1	3	4
3	2	2	4	2	1	5	5	2	1	3	1	1	1	3	3	2	1	5	1	1
4	2	4	4	5	5	4	5	3	5	5	5	5	4	4	4	4	5	3	5
4	2	3	3	4	4	5	3	4	4	4	5	5	5	4	4	3	5	5	5	3
4	3	4	4	5	4	5	4	3	4	4	5	5	4	5	4	4	4	5	4
4	2	4	3	4	4	3	4	4	4	5	4	4	4	5	5	3	5	5	4	5
4	1	1	1	2	2	2	4	1	4	2	2	3	2	4	4	4	1	3	2	3
4	1	4	3	4	4	3	5	5	3	4	4	5	5	4	3	4	5	3	5	4
4	2	5	5	4	4	3	4	5	4	5	5	4	3	3	3	5	4	4	5	5
4	3	5	5	5	5	5	4	3	4	5	4	4	5	5	5	4	5	5	5	3
4	2	5	5	5	5	5	4	4	5	4	4	4	4	5	5	4	3	4	5	5
4	1	5	4	3	4	5	4	5	4	5	5	3	3	5	4	4	4	4	5	4
4	1	5	5	3	5	5	5	4	4	4	5	4	5	3	5	4	4	4	5	5
4	3	4	4	4	4	5	4	4	4	5	5	3	4	5	5	5	4	5	5
4	1	4	4	4	4	5	4	4	4	4	4	4	5	5	5	5	5	4	4
4	3	3	3	3	3	2	1	2	3	1	3	3	3	3	3	3	2	1	3	4	4
4	1	3	3	5	3	3	3	4	5	3	4	5	3	3	5	3	3	3	3	5
4	3	5	5	5	4	5	3	5	5	5	3	5	5	4	4	5	4	5	5
4	3	4	4	4	4	5	4	5	3	5	5	5	3	4	5	4	5	4	3
4	3	5	4	3	4	5	3	4	4	4	4	5	5	3	5	5	3	4	4
4	2	5	5	5	5	5	4	5	5	4	4	5	5	4	5	4	5	4	5

地区	人群	T1	T2	T3	T4	T5	T6	T7	T8	T9	T10	T11	T12	T13	T14	T15	T16	T17	T18	T19
4	2	4	5	5	5	4	4	4	3	3	5	4	3	5	3	4	4	5	5	4
4	3	1	2	1	2	2	3	3	3	2	2	1	1	3	1	3	2	2	3	3
4	2	4	5	4	5	5	5	3	5	4	4	4	5	3	3	3	5	4	5	5
4	2	2	3	2	2	3	4	1	3	2	1	1	4	2	1	3	1	2	4	3
4	3	3	1	4	1	3	3	3	1	1	1	1	5	2	4	4	5	1	4	4
4	1	4	3	5	1	5	1	4	3	5	4	4	5	3	5	5	1	3	3	1
4	1	2	1	3	3	5	5	3	1	2	1	3	5	3	3	3	2	4	5	3
4	2	2	3	5	3	1	2	1	2	3	4	3	5	2	3	3	1	5	2	3
4	1	2	1	1	5	5	3	4	1	3	2	1	1	1	1	1	4	3	2	3
4	2	1	3	5	3	3	5	2	3	1	4	4	5	2	4	3	1	5	1	3
4	3	3	1	4	1	2	5	4	3	1	4	3	5	4	2	2	4	3	5	4
5	2	4	4	5	3	5	3	3	4	4	4	4	4	5	5	5	4	4	4	4
5	1	4	4	5	4	5	4	3	4	4	5	5	5	4	3	4	4	4	4	4
5	1	5	5	3	5	5	5	5	4	4	4	4	4	5	5	5	5	5	5	4
5	3	4	3	5	4	4	4	5	4	5	4	3	4	5	5	4	3	3	4	5
5	1	4	4	5	4	4	4	4	5	4	3	4	4	4	5	5	5	5	4	3
5	1	3	5	4	4	4	5	5	5	5	4	4	5	5	4	5	4	3	4	5
5	2	4	5	5	4	4	5	3	5	4	4	5	3	4	5	5	5	5	5	4
5	1	1	3	1	3	1	3	1	3	1	2	2	1	1	2	1	2	3	3	3
5	3	1	2	3	3	2	2	1	2	2	2	1	4	2	2	1	1	2	1	3
5	2	3	5	5	4	3	3	4	5	4	4	5	5	4	5	4	5	4	5	4
5	1	4	3	5	3	4	5	4	3	4	3	3	5	5	3	3	4	5	4	4
5	2	4	3	5	5	3	5	5	4	5	5	4	3	3	5	5	5	5	4	4
5	2	5	5	4	5	5	5	5	4	5	4	4	5	4	5	4	4	5	4	3
5	3	3	3	1	1	2	2	1	2	1	3	3	4	1	3	3	2	3	1	4
5	3	5	4	3	4	4	3	1	1	4	3	2	4	5	3	4	3	3	1	5
5	3	5	4	3	5	3	2	3	1	3	5	1	5	2	4	2	3	3	2	5
5	3	5	3	3	3	3	2	5	2	2	3	1	1	3	4	2	2	5	2	2
5	1	1	3	3	2	5	5	1	1	2	3	2	1	1	4	3	5	5	1	3

地区	人群	T1	T2	T3	T4	T5	T6	T7	T8	T9	T10	T11	T12	T13	T14	T15	T16	T17	T18	T19
5	3	3	1	4	5	2	5	3	2	2	2	3	1	2	2	1	5	2	4	1
5	1	1	3	3	2	4	5	1	2	4	1	5	5	1	3	1	5	1	1	4
5	2	2	4	2	2	3	1	1	3	3	1	2	1	3	4	1	5	3	2	2
5	2	1	2	4	5	1	5	1	3	2	1	1	1	3	1	4	1	4	1	4
5	3	5	4	4	1	2	1	4	1	5	4	1	5	2	3	4	2	2	1	5
5	3	5	3	4	5	1	4	5	1	5	5	3	2	3	4	1	4	1	4	3
5	3	3	3	3	5	2	5	2	1	5	2	1	5	3	2	2	2	2	1	3
5	1	1	3	1	3	2	2	1	1	3	2	1	1	3	4	1	5	5	3	3
5	2	3	3	5	2	3	2	2	5	2	2	5	3	3	2	1	5	1	1	1
5	2	4	4	3	1	5	3	5	3	3	1	1	5	1	4	3	4	3	1	4
5	2	3	4	5	2	2	5	4	4	1	4	1	2	3	3	1	4	1	5	5
6	1	2	2	2	3	4	1	3	3	2	3	1	3	2	1	2	1	2	2	3
6	1	4	4	4	4	4	3	4	4	4	3	5	4	4	4	5	4	5	5	4
6	3	3	3	2	4	5	2	3	3	2	3	2	3	4	2	3	3	3	1	3
6	2	5	4	4	4	4	4	4	4	5	5	3	5	5	5	4	5	4	5	3
6	2	5	4	5	4	5	4	5	5	4	3	4	5	5	5	4	4	4	5	5
6	1	4	5	5	4	4	5	5	5	4	5	4	4	5	5	4	4	4	5	4
6	1	3	5	4	3	4	3	4	4	5	4	4	5	5	4	5	5	5	5	4
6	2	5	4	4	4	3	3	4	3	3	4	5	5	4	5	4	5	4	3	4
6	2	5	4	5	4	5	5	5	5	5	3	4	5	5	3	4	4	5	4	4
6	2	3	5	3	5	4	5	5	4	4	3	3	5	4	4	5	5	4	5	3
6	2	5	4	4	3	5	4	4	5	5	4	5	5	5	5	4	4	5	4	4
6	2	4	4	4	5	5	5	5	3	4	5	4	5	4	4	3	4	4	4	4
6	3	5	5	4	4	5	5	4	4	5	4	4	3	4	4	4	3	4	3	5
6	2	4	5	3	3	4	4	4	3	4	5	5	5	5	5	5	4	5	5	4
6	3	5	4	4	5	5	4	5	5	4	3	3	4	4	4	3	4	3	5	5
6	2	5	5	5	4	5	4	5	4	5	5	3	4	4	4	5	4	5	5	4
6	3	3	3	5	4	5	4	3	5	5	4	5	4	5	4	4	5	4	4	5
6	1	5	4	5	3	4	4	3	5	5	5	3	3	4	3	4	4	5	3	4
6	1	5	3	4	3	3	5	4	5	5	4	5	4	4	3	4	5	3	4	4

地区	人群	T1	T2	T3	T4	T5	T6	T7	T8	T9	T10	T11	T12	T13	T14	T15	T16	T17	T18	T19
6	3	3	3	5	4	4	4	5	3	5	4	5	5	3	4	4	5	4	3	4
6	1	5	5	5	5	5	5	5	5	5	5	5	5	5	5	5	5	5	5	5
6	1	5	5	5	5	5	5	5	5	5	5	5	5	5	5	5	5	5	5	5
6	1	5	5	3	2	3	3	2	1	2	1	2	2	3	1	4	3	3	1	2
6	2	5	5	1	2	1	3	1	2	2	3	1	3	2	2	1	1	3	4	2
6	3	5	5	2	4	3	3	4	4	3	2	1	2	1	2	2	1	3	3	3
6	3	5	5	4	4	5	5	3	4	3	5	4	4	4	4	3	5	5	5	4
6	3	5	2	3	4	4	5	5	4	3	3	5	5	4	4	5	4	4	4	5
6	3	5	5	5	5	4	5	5	4	4	3	4	3	4	5	5	5	5	3	4
6	1	5	5	1	2	1	1	1	4	1	2	2	1	3	3	2	2	4	2	1
6	3	5	3	4	4	4	5	4	4	5	5	4	5	4	5	5	5	5	4	5
7	1	4	5	4	5	5	4	4	5	5	4	4	4	5	5	5	5	5	5	3
7	2	4	5	5	5	3	5	4	3	4	4	4	4	5	4	5	4	5	5	5
7	2	5	5	5	4	5	5	4	3	5	5	5	5	5	4	5	4	4	4	4
7	3	4	4	4	5	5	4	4	3	3	4	5	5	4	4	5	5	4	5	3
7	1	5	5	5	5	5	5	4	4	5	4	5	5	5	5	4	3	4	4	5
7	3	5	5	5	5	4	3	4	4	5	3	5	4	4	3	3	5	4	4	4
7	2	5	4	4	4	4	4	3	5	4	5	5	5	4	3	4	4	5	3	3
7	1	4	5	4	4	4	3	4	5	3	5	4	5	3	3	5	4	4	3	5
7	2	4	5	5	4	4	4	3	5	5	3	4	5	3	5	4	5	3	4	5
7	2	5	5	4	5	5	5	5	3	5	5	4	5	5	4	4	5	5	5	5
7	1	2	2	2	3	4	2	3	3	1	1	1	4	2	3	2	4	4	2
7	1	3	2	1	1	1	2	4	3	1	1	2	1	4	2	1	1	3	2	1
7	2	5	5	4	5	3	4	5	5	4	4	5	4	5	4	5	5	3	4	4
7	1	5	5	5	5	5	4	4	4	4	5	5	5	5	5	5	5	4	5	4
7	1	3	3	4	1	3	4	1	2	2	2	3	1	2	2	4	3	1	2	3
7	1	4	3	4	5	3	4	3	5	4	4	5	4	5	5	3	4	4	3
7	2	4	4	4	5	3	5	5	5	5	4	4	5	4	3	5	4	5	5	4
7	2	4	5	4	4	5	4	3	5	4	3	5	4	5	3	5	4	4	3	3
7	3	1	2	1	1	2	1	1	1	3	2	1	2	3	1	1	3	1	3	3

续表

地区	人群	T1	T2	T3	T4	T5	T6	T7	T8	T9	T10	T11	T12	T13	T14	T15	T16	T17	T18	T19
7	2	5	5	5	5	5	5	5	5	5	5	5	5	5	5	5	5	5	5	5
7	1	5	5	4	5	5	4	4	4	3	5	4	4	4	3	5	4	4	5	5
7	1	5	5	4	4	4	4	5	3	4	5	5	4	5	5	3	3	5	3	
7	3	5	5	2	2	3	2	2	2	2	1	3	1	1	3	2	2	3	3	1
7	3	5	5	4	5	5	5	3	4	4	4	4	5	4	4	5	4	4	4	
7	2	5	5	4	4	5	5	4	3	5	4	4	5	5	4	5	5	5	4	
7	3	5	5	5	4	4	5	5	4	5	5	5	5	4	5	5	5	3	5	
7	3	5	5	2	4	2	3	1	2	3	2	2	2	2	4	1	2	3	3	1
7	3	5	5	5	5	4	4	3	5	4	3	4	5	4	5	5	4	4	3	
7	3	5	5	4	4	5	5	4	5	4	5	4	5	4	4	4	4	4	4	
7	3	5	5	3	3	4	2	2	4	1	3	3	4	4	3	2	4	3	2	1
8	3	4	3	5	4	5	5	4	4	5	5	4	5	5	5	5	5	5	4	
8	3	4	5	5	4	4	5	4	5	5	3	5	5	3	5	5	4	5	4	3
8	1	5	5	5	5	4	5	4	5	4	4	3	3	4	5	4	3	5		
8	2	3	5	5	5	5	4	3	5	5	3	4	3	5	5	5	5	5	4	5
8	2	4	5	4	4	5	4	5	4	5	4	5	4	5	4	5	4	3	3	5
8	1	5	5	5	5	4	5	5	3	5	5	4	5	4	4	5	5	5	5	
8	2	1	1	1	2	4	3	4	2	4	3	2	1	2	1	3	2	4	2	
8	1	3	2	2	4	3	3	3	2	1	1	2	1	1	2	2	2	2	1	3
8	2	4	5	5	4	5	5	4	5	5	5	4	5	4	4	5	5	5		
8	3	5	4	4	5	4	5	5	4	5	3	5	5	5	5	4	4	5	4	
8	1	1	2	4	1	1	1	3	1	2	2	3	3	4	2	2	3	3	3	
8	2	4	4	4	3	5	5	4	5	5	5	5	4	5	3	5	3	5	5	5
8	1	3	2	1	1	3	1	3	2	2	1	3	2	3	1	3	1	2	2	2
8	2	1	1	3	4	1	2	3	3	2	4	3	1	2	4	4	2	1		
8	3	5	5	4	5	5	4	5	4	4	4	3	4	3	4	5	4	4	5	
8	3	5	4	5	4	4	3	5	4	4	5	5	4	3	3	3	5	4	5	
8	1	4	4	3	5	4	4	4	4	3	3	4	3	5	4	4	5	5	5	
8	1	5	5	5	5	5	5	5	5	5	5	5	5	5	5	5	5	5	5	

地区	人群	T1	T2	T3	T4	T5	T6	T7	T8	T9	T10	T11	T12	T13	T14	T15	T16	T17	T18	T19
8	1	5	5	5	5	5	5	5	5	5	5	5	5	5	5	5	5	5	5	5
8	2	5	5	5	5	5	5	5	5	5	5	5	5	5	5	5	5	5	5	5
8	2	5	5	5	5	5	5	5	5	5	5	5	5	5	5	5	5	5	5	5
8	2	5	5	5	5	5	5	5	5	5	5	5	5	5	5	5	5	5	5	5
8	3	5	5	5	4	4	4	4	5	5	4	5	5	4	5	4	4	5	5	3
8	3	5	5	5	5	4	5	5	4	4	3	5	4	4	4	5	3	5	5	5
8	3	5	5	4	5	4	5	5	5	4	5	5	3	5	4	4	5	4	5	5
8	3	5	5	5	5	4	3	5	5	4	5	5	4	4	5	4	4	3	5	5
8	1	5	5	1	2	2	2	3	3	3	3	1	4	1	3	1	3	3	2	4
8	2	5	5	2	2	3	1	2	2	3	4	3	2	2	3	1	2	4	4	1
8	3	5	5	5	5	5	4	5	5	3	5	5	5	3	5	4	5	4	5	4
9	2	5	5	5	5	4	5	5	4	5	5	5	4	4	4	5	5	4	5	4
9	2	3	4	4	5	5	5	5	4	5	5	5	4	5	5	3	3	5	5	5
9	1	4	4	3	5	4	5	5	5	4	5	5	5	3	5	3	4	3	4	3
9	1	5	5	4	3	4	4	5	3	5	4	3	5	5	4	4	4	4	3	3
9	3	4	4	5	4	3	4	5	4	4	4	3	4	5	4	4	4	4	5	5
9	1	4	3	5	4	5	5	5	4	5	4	4	4	4	4	4	3	4	4	5
9	2	4	5	5	4	4	5	5	5	5	5	5	5	5	5	3	3	4	4	5
9	1	4	4	5	5	5	4	4	4	3	3	5	5	4	5	5	5	3	4	4
9	1	4	4	4	5	5	4	5	5	4	5	5	5	5	5	4	5	4	3	5
9	2	5	3	4	5	4	5	4	5	4	5	4	4	5	4	5	5	5	5	4
9	1	4	5	4	5	3	4	5	4	5	4	5	3	4	5	4	5	5	4	4
9	3	5	4	5	4	4	4	5	4	4	4	5	4	5	5	4	4	3	4	4
9	3	4	5	5	5	4	5	4	4	4	5	4	4	4	5	5	5	5	3	5
9	2	5	5	5	3	3	5	5	4	4	5	4	5	3	4	5	5	5	3	5
9	1	3	5	4	4	4	3	4	5	4	4	4	5	3	4	4	5	4	5	5
9	1	4	5	3	4	3	5	5	4	5	5	3	3	5	5	5	3	4	5	5
9	3	4	5	4	5	5	4	4	5	5	5	5	5	5	4	3	5	3	4	5
9	2	5	5	4	4	5	5	4	5	4	4	3	3	5	5	5	5	4	5	4
9	1	4	4	5	4	4	4	4	4	4	4	4	4	5	5	5	4	4	4	4

地区	人群	T1	T2	T3	T4	T5	T6	T7	T8	T9	T10	T11	T12	T13	T14	T15	T16	T17	T18	T19
9	1	5	4	4	5	4	4	5	5	4	4	4	5	5	5	5	3	4	4	3
9	3	5	4	3	4	4	5	4	4	5	4	5	4	5	5	5	4	4	5	4
9	2	4	5	4	5	5	5	4	4	3	5	4	3	4	5	5	5	4	5	3
9	2	5	5	5	5	4	5	3	3	4	5	4	4	5	3	4	4	4	5	3
9	3	4	4	4	5	4	5	5	5	5	3	5	5	5	5	4	4	5	5	3
9	2	5	5	4	4	4	5	5	4	3	4	4	4	5	5	4	3	4	3	5
9	3	5	5	4	4	5	5	4	5	4	5	5	5	3	4	4	5	4	5	4
9	2	5	5	5	3	4	4	5	4	4	5	4	4	3	4	4	4	4	4	3
9	3	5	5	3	4	4	4	5	4	4	3	5	4	4	5	4	5	5	5	4
9	3	5	5	3	5	4	4	5	5	4	5	5	4	3	5	5	4	3	4	4
9	3	5	5	4	5	4	5	4	5	5	4	5	5	5	4	5	3	5	5	4
10	1	2	3	3	3	3	3	1	3	2	2	1	2	3	4	4	1	2	1	4
10	2	4	5	5	5	5	5	4	5	4	5	4	4	4	4	3	5	4	4	3
10	1	5	5	5	5	5	5	5	5	4	5	5	5	3	4	5	4	4	4	4
10	2	5	5	5	3	5	4	4	5	3	4	3	5	5	4	4	4	5	3	5
10	2	5	4	4	3	5	5	3	4	5	4	5	4	4	4	4	5	5	3	4
10	2	5	5	3	4	5	5	5	3	4	5	4	3	5	5	4	5	4	4	3
10	1	2	1	4	1	1	2	2	1	3	2	2	3	1	2	3	3	1	3	3
10	3	4	4	4	5	5	4	5	4	5	4	5	4	3	4	5	5	4	3	5
10	1	5	3	3	4	3	5	5	5	4	5	5	4	5	3	4	4	4	5	4
10	1	4	4	5	4	4	5	5	4	5	4	5	5	4	5	3	5	5	4
10	1	4	4	5	4	3	5	5	5	4	5	5	3	5	5	4	5	4	4	4
10	2	3	5	5	5	5	5	4	4	5	5	5	5	5	4	4	4	5	4
10	3	5	3	3	4	5	4	5	4	4	5	3	4	3	4	4	4	3	4
10	3	2	3	1	1	2	2	3	2	3	3	4	1	2	2	3	1	3	3	4
10	1	5	4	5	4	5	5	4	5	4	5	5	3	4	3	5	4	5	5	5
10	1	5	5	5	4	5	5	4	5	4	5	5	5	5	5	4	4	5	5	5
10	1	2	4	1	2	2	2	2	2	4	1	2	3	1	1	4	2	4	3	1
10	2	5	4	3	5	4	5	5	4	4	4	5	5	4	4	5	5	5	4	4
10	2	4	5	5	5	5	5	3	4	5	4	4	3	4	4	5	4	3	4	5

地区	人群	T1	T2	T3	T4	T5	T6	T7	T8	T9	T10	T11	T12	T13	T14	T15	T16	T17	T18	T19
10	2	5	4	5	5	5	5	4	3	5	5	5	3	5	4	5	4	4	4	3
10	3	5	5	5	4	4	4	5	3	5	3	4	4	5	5	4	5	4	4	5
10	3	5	5	5	5	4	5	5	4	4	4	3	4	5	3	5	3	4	4	4
10	2	5	5	5	4	4	5	5	3	4	4	5	4	3	4	5	4	3	5	5
10	1	5	5	5	5	5	4	5	4	3	5	5	5	4	5	4	5	4	5	3
10	2	5	5	5	4	3	5	4	5	5	5	4	4	5	4	4	3	5	3	5
10	3	5	5	4	4	4	5	5	5	5	4	5	5	3	5	4	5	4	4	3
10	3	5	5	4	1	2	1	3	2	1	1	3	1	2	4	4	3	3	2	4
10	3	5	2	5	5	5	5	4	3	4	4	5	3	4	4	5	5	5	4	5
10	3	5	5	4	4	4	5	5	5	4	4	4	3	3	3	4	4	3	5	5
10	3	5	5	5	4	4	4	5	4	4	4	5	5	3	5	4	3	4	5	4
11	3	3	3	3	2	1	1	2	3	1	1	4	1	3	3	1	3	2	4	1
11	1	5	4	5	5	5	3	4	4	5	3	5	5	4	3	4	5	4	4	5
11	3	5	4	4	4	5	4	5	3	4	5	5	5	4	4	4	5	4	4	5
11	3	5	4	5	4	4	5	5	5	4	5	4	5	4	3	4	4	3	4	5
11	3	5	4	4	4	5	5	5	4	4	4	3	4	4	4	4	5	4	4	5
11	1	4	4	5	5	3	4	3	4	3	5	5	5	5	4	5	4	5	4	5
11	2	5	5	5	4	4	5	4	5	5	4	4	4	5	5	4	3	3	4	3
11	2	4	5	4	4	4	5	4	4	4	4	5	3	5	4	3	5	5	5	4
11	1	5	4	4	5	5	4	4	4	4	4	4	4	5	5	3	5	3	5	4
11	1	4	4	5	4	3	3	5	4	4	4	5	5	5	4	5	5	4	3	4
11	2	5	5	4	4	3	3	3	4	4	5	4	4	4	5	5	4	5	5	4
11	1	1	1	2	1	2	1	2	4	4	3	1	1	2	1	3	2	2	3	2
11	2	4	5	4	4	3	5	5	5	5	4	5	4	4	5	3	3	4	3	4
11	3	4	3	5	4	4	3	4	5	5	5	4	3	4	5	3	3	5	4	4
11	1	5	4	5	5	5	5	5	3	5	5	4	5	4	5	5	3	5	4	5
11	2	5	4	5	3	5	5	4	3	5	5	4	3	4	5	3	5	4	5	4
11	2	5	5	4	5	3	5	3	3	4	5	5	4	5	5	3	5	4	5	5
11	1	4	4	5	4	5	3	5	3	4	4	5	3	5	4	3	4	5	3	5
11	1	5	3	5	3	3	3	4	5	4	3	5	5	5	4	4	5	4	4	5

地区	人群	T1	T2	T3	T4	T5	T6	T7	T8	T9	T10	T11	T12	T13	T14	T15	T16	T17	T18	T19
11	3	5	5	4	5	3	4	4	5	4	3	4	5	3	4	4	4	5	4	5
11	3	4	5	3	3	5	5	4	5	5	4	5	5	5	4	3	4	5	5	4
11	3	3	3	3	1	1	3	4	4	1	2	3	3	3	2	1	2	2	1	3
11	3	4	1	2	1	4	3	1	1	2	4	3	2	2	2	1	4	3	1	2
11	3	3	5	5	5	5	4	5	3	3	5	3	4	5	4	4	5	5	5	3
11	2	5	5	5	5	5	5	5	5	5	5	5	5	5	5	5	5	5	5	5
11	1	5	5	5	5	5	5	5	5	5	5	5	5	5	5	5	5	5	5	5
11	1	5	5	5	5	5	5	5	5	5	5	5	5	5	5	5	5	5	5	5
11	2	5	5	5	5	5	5	5	5	5	5	5	5	5	5	5	5	5	5	5
11	2	5	5	5	5	5	5	5	5	5	5	5	5	5	5	5	5	5	5	5
11	2	5	5	5	5	5	5	5	5	5	5	5	5	5	5	5	5	5	5	5
12	2	4	4	4	5	4	4	4	5	5	4	3	4	5	4	3	5	5	5	5
12	1	4	3	5	5	3	4	3	5	5	5	3	5	4	5	4	5	5	5	3
12	3	4	4	4	4	4	4	4	4	4	4	5	4	5	5	4	5	3	3	4
12	3	5	4	5	4	4	4	5	4	5	3	5	3	5	5	5	4	4	5	4
12	2	4	3	5	3	4	5	5	3	5	4	3	4	3	5	4	4	4	5	4
12	1	5	4	4	4	4	4	5	4	3	5	3	5	4	3	5	5	3	4	3
12	1	3	5	3	5	4	4	5	5	4	5	4	5	3	5	5	4	5	4	4
12	3	4	4	5	3	5	4	3	5	5	4	4	5	5	4	5	4	4	4	4
12	1	4	4	4	4	5	4	4	5	5	4	5	5	4	5	5	4	4	5	3
12	3	4	3	5	5	4	5	4	5	4	4	5	5	5	5	4	5	4	5	5
12	1	3	5	4	3	4	5	5	5	4	4	5	3	5	4	3	5	5	3	3
12	3	5	5	5	4	4	5	4	5	4	4	5	5	5	4	5	3	5	3	4
12	3	3	4	2	4	3	1	5	4	2	1	3	2	2	2	1	1	2	3	2
12	2	4	4	5	5	5	5	4	5	5	5	4	4	4	3	4	5	4	5	4
12	2	4	3	5	5	5	5	5	4	5	4	4	5	5	4	3	5	4	5	4
12	3	5	5	3	4	5	5	5	5	4	5	5	4	3	4	5	4	4	3	5
12	1	4	5	4	5	4	5	3	4	3	5	5	5	4	5	4	3	3	4	5
12	2	4	5	5	5	4	3	3	5	4	4	3	5	4	4	5	3	5	4	4
12	2	2	2	3	1	1	3	3	3	2	2	2	1	2	1	2	3	3	3	2

续表

地区	人群	T1	T2	T3	T4	T5	T6	T7	T8	T9	T10	T11	T12	T13	T14	T15	T16	T17	T18	T19
12	2	5	3	5	4	3	5	5	5	5	5	3	5	5	5	4	5	5	4	4
12	2	5	5	4	3	5	4	4	4	5	4	4	4	5	4	3	5	5	4	4
12	3	4	5	4	5	5	4	5	5	4	4	5	5	4	4	5	5	4	4	4
12	1	1	1	2	1	2	3	1	2	4	3	1	3	2	3	2	1	3	2	4
12	1	4	5	5	3	5	4	4	5	3	4	5	4	4	5	5	5	3	3	5
12	2	4	4	4	5	4	5	5	4	5	5	5	4	5	4	5	4	4	4	3
12	1	4	5	4	5	3	5	4	3	5	4	3	5	5	3	5	3	5	3	4
12	2	4	4	4	4	5	5	3	5	4	5	5	4	3	5	5	3	5	3	4
12	1	4	5	5	4	5	4	5	5	5	5	5	4	4	5	5	5	4	5	5
12	3	5	5	5	5	5	5	5	5	5	5	5	5	5	5	5	5	5	5	5
12	3	5	5	5	5	5	5	5	5	5	5	5	5	5	5	5	5	5	5	5
13	1	4	4	4	4	5	5	5	3	4	5	5	3	5	5	5	5	5	4	3
13	1	3	3	4	5	5	5	5	4	4	5	4	5	4	5	5	4	3	5	5
13	3	5	3	4	5	5	5	4	5	3	5	5	4	5	3	4	3	5	4	4
13	2	4	5	4	3	5	4	4	4	5	4	4	4	5	4	5	4	3	4	3
13	3	2	1	2	3	3	2	1	2	1	4	2	4	4	3	1	2	3	2	4
13	2	5	4	4	5	4	3	5	4	5	5	4	5	5	5	5	4	5	5	3
13	3	5	5	4	5	3	5	3	4	3	4	5	3	4	5	4	4	4	5	5
13	2	5	4	4	5	4	5	5	4	3	3	4	5	4	5	5	5	5	3	4
13	2	3	5	5	5	5	5	3	5	4	5	4	5	4	5	4	3	4	5	5
13	2	5	4	4	3	5	5	4	5	4	3	4	5	5	4	4	4	3	4	3
13	1	4	5	5	5	3	4	5	3	4	5	5	4	3	5	4	3	4	5	3
13	1	4	5	5	5	4	5	3	4	5	3	4	4	5	4	5	3	4	3	3
13	2	5	4	3	4	5	5	4	3	3	3	5	3	5	4	3	5	5	4	4
13	2	4	5	4	4	4	4	5	3	5	4	5	3	3	5	5	5	4	4	4
13	1	1	2	2	1	2	1	3	1	1	2	3	1	3	1	2	3	3	1	3
13	1	3	3	3	3	1	2	2	4	3	4	2	1	2	3	3	4	3	2	4
13	1	1	2	3	1	2	3	1	1	3	3	2	2	3	2	2	4	2	3	1
13	3	5	5	4	5	4	3	5	4	5	3	4	4	5	4	4	4	4	4	4

续表

地区	人群	T1	T2	T3	T4	T5	T6	T7	T8	T9	T10	T11	T12	T13	T14	T15	T16	T17	T18	T19
13	1	3	5	5	3	5	4	4	5	4	3	5	4	4	5	4	4	4	4	5
13	3	5	5	5	3	5	4	3	3	5	4	5	4	4	3	5	3	5	3	5
13	2	3	3	3	3	3	4	4	2	4	1	1	2	3	1	4	3	1	3	4
13	1	5	5	5	5	5	5	5	5	5	5	5	5	5	5	5	5	5	5	5
13	1	5	5	5	5	5	5	5	5	5	5	5	5	5	5	5	5	5	5	5
13	3	5	5	5	3	4	5	4	3	2	5	2	4	5	5	3	1	2	5	2
13	3	5	1	1	4	2	4	3	2	5	4	1	4	5	5	3	4	4	3	3
13	3	5	1	3	4	2	4	1	4	1	5	5	1	2	1	1	5	3	5	4
13	2	5	4	2	1	2	3	5	1	4	1	3	3	4	5	5	1	2	1	5
13	3	5	4	2	3	3	5	1	5	2	3	4	2	4	2	5	4	3	4	3
13	3	5	1	4	5	1	2	1	3	2	3	3	1	2	2	3	1	3	5	3
14	1	4	4	5	5	5	4	4	5	4	3	5	5	4	4	4	4	4	4	4
14	3	5	5	4	4	4	5	5	3	4	4	4	5	4	5	5	5	3	5	5
14	3	2	1	1	2	4	2	4	3	1	2	3	3	3	1	3	1	1	3	3
14	2	4	5	5	5	4	5	4	4	3	3	4	4	4	4	5	5	4	4	4
14	1	4	4	5	5	4	5	4	5	5	5	5	5	4	5	3	5	4	5	4
14	3	5	2	3	5	4	5	3	4	5	5	4	5	3	5	4	5	4	5	4
14	3	3	4	3	5	4	3	5	5	5	4	5	3	5	5	4	5	5	4	5
14	2	4	5	4	3	5	5	5	4	4	5	4	5	5	4	5	5	3	3	4
14	2	5	5	5	3	4	5	5	5	5	5	4	4	5	4	4	4	4	3	5
14	1	5	5	5	4	4	3	4	3	5	4	5	3	5	5	5	5	5	5	5
14	2	5	5	3	4	5	5	5	5	4	5	4	4	4	4	5	4	4	5	3
14	3	4	4	5	5	4	4	4	4	5	5	4	4	4	3	4	4	5	3	4
14	1	5	5	5	5	5	4	5	5	4	5	5	4	5	5	5	5	3	4	
14	3	5	4	4	5	4	4	4	5	4	5	5	3	3	4	5	4	4	4	4
14	2	4	5	4	5	5	5	4	4	5	4	4	5	5	4	5	5	5	4	3
14	1	5	5	5	5	5	4	5	5	4	5	3	5	5	4	4	4	4	4	5
14	1	4	5	5	5	5	3	5	5	5	5	3	4	4	4	4	4	5	3	5
14	3	5	5	5	5	5	5	5	4	5	5	4	3	5	4	4	5	5	4	3
14	3	5	4	4	4	5	5	4	4	4	5	4	4	4	4	4	4	4	5	4

地区	人群	T1	T2	T3	T4	T5	T6	T7	T8	T9	T10	T11	T12	T13	T14	T15	T16	T17	T18	T19
14	3	4	5	4	5	5	4	5	5	5	4	4	4	5	4	4	5	4	4	4
14	2	4	4	5	5	4	3	3	5	5	4	5	3	5	5	5	5	3	5	4
14	3	3	3	5	5	3	4	4	5	5	5	4	5	3	5	5	5	5	4	5
14	1	4	5	4	4	4	4	4	4	5	4	4	5	4	5	5	4	4	4	5
14	3	5	5	4	4	5	5	4	4	5	5	5	5	4	4	3	3	4	3	4
14	1	4	4	4	5	4	4	4	5	5	4	4	4	5	4	3	4	4	4	5
14	1	5	5	3	5	4	4	5	3	3	4	5	5	4	5	3	4	3	4	5
14	2	5	5	5	5	5	5	5	5	5	5	5	5	5	5	5	5	5	5	5
14	2	5	5	5	5	5	5	5	5	5	5	5	5	5	5	5	5	5	5	5
14	2	5	5	5	5	5	5	5	5	5	5	5	5	5	5	5	5	5	5	5
14	2	5	5	5	5	5	5	5	5	5	5	5	5	5	5	5	5	5	5	5
15	2	3	5	5	4	5	5	4	5	4	5	4	5	3	3	4	5	4	3	
15	3	4	2	2	3	1	1	1	1	4	2	3	3	2	4	4	4	3	3	3
15	2	3	5	4	5	5	4	4	4	3	4	3	4	5	4	5	5	5	4	4
15	2	5	5	4	4	5	4	5	5	3	4	4	5	3	5	4	4	4	3	
15	1	4	5	4	4	5	4	5	4	5	5	3	4	5	4	4	3	4		
15	1	5	5	3	3	5	4	5	4	5	4	4	5	5	5	5	3	4	5	
15	2	4	5	5	4	4	4	5	5	4	3	3	5	4	3	4	5	5	5	3
15	2	4	5	5	5	5	5	4	5	4	3	4	5	4	5	3	4	4	4	
15	2	5	3	4	3	5	5	4	4	5	4	5	5	5	5	4	5	5	4	
15	3	5	5	3	3	5	4	5	5	5	3	3	4	4	5	3	5	4	3	3
15	2	5	3	4	4	5	4	4	4	3	4	3	4	5	5	4	4	5	4	
15	1	5	4	4	4	4	4	4	4	5	5	3	5	4	5	4	4	3	5	5
15	2	4	4	5	3	5	4	4	4	5	3	4	4	5	5	5	4	4	4	
15	1	4	4	4	5	3	4	4	5	5	4	4	5	3	4	5	4	4	5	
15	3	5	3	5	5	5	4	4	4	4	5	5	4	4	5	4	5	3	3	
15	1	4	5	4	4	5	5	4	4	5	3	5	3	4	4	5	5	3	4	
15	3	3	5	5	5	5	5	4	3	5	5	5	3	4	5	5	3	4	4	3
15	3	5	4	5	3	4	5	4	5	4	4	4	5	3	4	4	4	5	3	4
15	1	4	3	5	5	5	5	5	5	5	4	3	5	5	5	3	5	3	4	5

地区	人群	T1	T2	T3	T4	T5	T6	T7	T8	T9	T10	T11	T12	T13	T14	T15	T16	T17	T18	T19
15	3	5	4	5	3	4	5	4	5	3	5	5	4	5	4	3	5	5	4	4
15	2	5	3	5	4	5	5	5	5	5	5	5	3	5	5	3	5	4	3	3
15	1	4	3	5	4	5	4	3	5	4	4	5	3	5	3	5	5	4	3	4
15	2	5	5	4	5	4	5	5	4	5	4	4	3	4	5	5	5	5	4	5
15	1	3	4	4	5	5	4	3	4	4	5	5	4	4	4	5	5	3	4	5
15	3	5	5	4	4	5	4	4	3	5	5	5	4	3	3	5	3	4	3	4
15	1	5	5	5	3	4	3	5	4	4	5	4	4	5	5	5	5	4	5	5
15	3	5	4	3	4	5	4	4	5	4	4	5	4	4	5	3	5	4	4	4
15	3	5	5	5	5	4	5	5	3	3	4	5	4	5	4	4	5	3	4	4
15	3	4	5	3	3	5	4	5	5	5	4	3	4	3	4	4	3	4	3	3
15	3	5	5	5	4	4	5	5	3	3	5	5	4	4	5	5	3	5	4	5
16	1	3	4	4	5	4	5	3	4	4	4	5	5	3	4	3	5	4	5	5
16	1	5	3	4	5	5	4	3	5	3	4	4	5	3	5	3	5	3	4	4
16	3	2	4	2	1	3	3	2	1	3	3	1	1	1	1	1	3	3	3	2
16	1	3	3	4	1	1	3	1	2	2	4	1	1	4	1	1	4	4	2	3
16	2	5	4	3	5	5	4	5	4	4	4	4	5	4	5	5	5	3	4	4
16	2	4	4	3	4	5	4	4	5	4	5	3	4	5	4	4	4	5	4	4
16	2	4	4	5	4	4	4	5	4	5	4	5	3	5	5	5	5	4	4	4
16	1	4	4	5	4	3	5	5	3	3	4	5	4	5	4	4	5	4	4	4
16	1	5	5	5	5	5	5	3	5	5	4	4	4	5	4	3	3	4	5	5
16	3	1	3	3	3	1	3	2	2	1	1	3	3	3	3	2	1	2	2	4
16	2	4	4	4	3	5	5	4	4	4	5	4	5	4	5	4	4	3	4	5
16	3	4	5	5	5	5	4	4	3	5	5	5	5	5	5	5	5	5	3	4
16	2	3	4	4	5	5	5	4	5	5	3	5	3	5	4	5	4	5	5	5
16	1	5	3	4	3	4	5	4	5	4	4	5	3	3	4	3	5	5	3
16	2	4	4	5	4	4	3	5	5	4	5	5	5	5	4	5	4	5	4	5
16	1	3	4	5	5	3	4	3	4	5	5	4	5	4	4	5	5	4	5
16	1	5	5	5	5	4	4	3	4	5	4	5	4	5	4	3	5	3	3	5
16	2	5	5	3	4	4	4	3	5	4	4	5	5	5	5	5	4	4	5	3
16	1	4	4	5	5	4	5	4	5	5	5	4	5	5	5	5	3	5	5	4

地区	人群	T1	T2	T3	T4	T5	T6	T7	T8	T9	T10	T11	T12	T13	T14	T15	T16	T17	T18	T19
16	2	3	5	5	3	5	5	4	4	4	4	5	4	4	5	5	3	5	4	5
16	1	5	4	5	5	4	5	5	4	4	5	4	3	4	5	5	5	4	3	4
16	2	1	3	1	3	3	3	4	3	2	1	2	2	1	3	4	4	2	3	2
16	3	4	4	5	3	4	4	3	5	4	5	5	4	4	3	4	4	3	3	4
16	3	5	5	5	3	5	5	3	3	5	4	3	5	5	4	5	4	3	5	5
16	3	5	5	4	5	5	4	5	5	3	4	5	3	5	4	4	5	4	5	3
16	3	5	5	5	5	5	4	5	4	4	5	5	4	5	4	5	4	4	3	4
16	3	5	5	2	2	1	4	1	2	1	1	2	3	2	3	2	1	4	1	3
16	3	5	5	3	1	2	1	2	3	3	1	2	3	1	2	3	2	2	2	3
16	3	5	5	2	2	2	3	2	2	3	1	1	1	4	3	2	2	1	3	3
16	2	5	5	4	5	5	4	5	5	5	5	4	5	5	5	5	3	3	3	4
17	3	4	3	5	4	5	5	5	4	5	3	5	3	4	5	3	4	5	5	3
17	3	5	3	4	5	4	4	4	5	4	3	4	5	5	5	5	4	5	4	4
17	2	4	5	4	4	3	3	5	5	4	5	5	4	4	3	5	4	4	5	5
17	2	4	1	3	2	2	1	2	1	3	3	2	3	3	1	4	1	3	1	2
17	1	5	4	5	5	4	4	5	5	4	4	4	3	5	5	3	5	5	4	3
17	2	5	5	4	4	5	4	4	4	5	5	5	4	5	5	5	5	5	5	4
17	1	4	4	4	5	4	4	5	5	3	5	5	3	5	4	5	4	3	5	5
17	3	4	4	4	5	4	4	4	4	3	5	5	5	4	4	5	5	5	5	4
17	1	5	3	5	3	5	5	4	4	5	4	3	4	5	5	4	3	3	4	5
17	2	1	1	2	1	1	2	4	3	3	2	1	4	1	3	1	3	1	4	3
17	3	2	3	2	3	4	1	4	1	4	3	4	1	1	3	4	2	4	1	1
17	1	5	5	4	5	5	5	4	5	5	5	4	5	4	4	5	4	5	3	5
17	2	1	3	1	2	1	2	2	3	1	1	1	2	1	2	3	4	4	2	4
17	1	4	5	5	3	4	4	4	5	4	5	4	4	5	5	4	3	4	4	5
17	1	5	5	4	4	3	5	3	5	5	5	5	3	3	5	3	5	3	4	5
17	1	4	4	4	4	5	3	5	5	3	4	3	3	5	3	4	5	5	5	4
17	1	4	3	5	3	5	5	5	3	4	5	4	4	4	5	4	4	5	5	3
17	2	4	4	3	4	5	3	5	4	5	4	5	3	5	4	4	5	4	5	4
17	1	5	5	4	3	4	5	4	4	3	4	5	3	5	4	3	3	3	4	5

续表

地区	人群	T1	T2	T3	T4	T5	T6	T7	T8	T9	T10	T11	T12	T13	T14	T15	T16	T17	T18	T19
17	3	4	5	4	4	5	4	5	4	5	5	4	4	5	5	5	5	4	4	5
17	2	2	1	1	1	1	3	2	2	3	3	1	3	1	4	3	3	3	1	3
17	2	5	5	5	5	5	5	5	5	5	5	5	5	5	5	5	5	5	5	5
17	2	5	5	4	4	5	4	5	3	4	5	3	5	5	4	4	4	4	5	4
17	3	5	5	5	5	4	4	5	4	5	3	4	4	4	3	4	5	3	4	5
17	3	5	5	4	5	4	4	5	4	4	4	4	4	4	4	5	3	4	5	4
17	2	5	5	4	4	4	5	3	4	5	4	3	5	5	4	5	5	4	4	4
17	3	5	5	5	5	3	4	5	4	4	4	4	5	5	4	5	4	4	3	3
17	3	5	5	5	4	4	5	5	5	3	5	4	5	5	4	4	5	4	4	4
17	1	5	5	5	3	5	4	5	4	4	4	4	3	4	4	4	4	5	4	3
17	3	5	5	5	4	4	4	3	4	5	4	4	5	4	5	3	5	4	4	3
18	1	4	2	1	4	3	3	1	2	2	4	3	1	2	2	4	3	2	3	1
18	1	5	5	5	3	4	5	5	4	5	4	5	3	5	5	4	3	3	3	5
18	2	1	3	2	3	2	3	1	2	2	3	1	3	2	1	2	1	2	2	3
18	1	5	5	4	3	4	4	4	4	5	4	5	5	4	4	4	5	4	4	5
18	2	5	5	3	4	4	5	3	5	5	4	3	5	4	3	3	5	5	5	3
18	2	3	4	5	5	5	5	5	5	5	3	5	5	4	4	4	4	4	4	3
18	3	4	5	5	5	4	4	4	5	5	5	4	5	4	5	5	4	4	4	4
18	3	2	2	2	3	2	2	4	3	1	1	2	2	3	1	4	1	1	2	3
18	2	4	3	4	5	4	5	3	3	5	3	4	5	4	4	4	4	4	4	4
18	1	4	5	4	4	5	3	5	5	5	4	5	4	5	5	5	3	4	5	5
18	2	4	3	5	4	5	3	5	5	5	4	4	4	5	4	5	3	3	5	3
18	3	5	3	5	4	5	5	4	3	5	4	5	5	5	5	5	5	5	3	5
18	3	4	4	1	2	2	2	3	1	4	3	2	3	1	2	1	2	1	2	3
18	1	4	5	3	5	3	5	3	5	4	4	3	4	5	4	5	5	4	4	5
18	3	5	4	5	4	3	5	5	4	4	4	5	4	5	4	5	5	5	3	4
18	3	5	5	5	5	5	4	4	4	4	4	3	5	4	5	5	5	5	5	4
18	1	3	5	4	4	5	4	4	4	5	5	5	5	5	4	5	5	5	5	5
18	1	2	3	1	1	2	1	2	3	2	3	2	1	4	1	1	2	2	1	3
18	1	3	4	1	1	3	2	1	3	3	2	3	3	1	1	4	2	4	3	4

地区	人群	T1	T2	T3	T4	T5	T6	T7	T8	T9	T10	T11	T12	T13	T14	T15	T16	T17	T18	T19
18	3	4	4	3	4	4	5	4	4	5	5	4	4	4	4	5	4	4	3	5
18	3	5	5	3	4	5	5	4	5	3	5	5	5	5	4	3	4	3	4	3
18	2	3	4	4	5	5	5	5	5	4	5	4	5	4	5	4	5	3	5	5
18	2	4	5	5	5	3	5	4	3	5	4	4	5	5	4	4	3	4	4	4
18	3	1	2	1	2	3	1	1	4	1	4	1	3	2	2	2	3	2	3	4
18	3	2	4	2	1	3	2	4	2	2	3	1	1	2	2	1	4	3	3	1
18	1	5	5	5	5	5	5	5	5	5	5	5	5	5	5	5	5	5	5	5
18	1	5	5	5	5	5	5	5	5	5	5	5	5	5	5	5	5	5	5	5
18	2	5	5	5	5	5	5	5	5	5	5	5	5	5	5	5	5	5	5	5
18	2	5	5	5	5	5	5	5	5	5	5	5	5	5	5	5	5	5	5	5
19	2	4	5	3	5	5	5	4	4	4	4	3	4	3	4	5	4	3	4	4
19	1	4	4	3	5	5	4	5	4	5	4	4	4	4	5	4	4	3	5	4
19	1	4	4	4	3	3	4	4	3	5	3	4	4	3	5	4	3	4	3	5
19	2	5	4	4	4	5	4	4	5	5	4	3	4	5	3	3	4	5	5	3
19	3	1	3	2	4	1	2	2	1	3	4	3	3	1	3	4	2	3	3	3
19	2	5	4	4	5	4	4	4	5	4	4	5	5	4	5	4	5	5	5	4
19	3	4	5	3	4	5	4	4	3	4	3	5	3	5	4	3	5	4	4	3
19	1	4	4	3	4	4	4	5	5	4	5	4	4	4	4	3	4	4	4	4
19	1	5	3	5	4	4	3	4	5	3	5	4	5	5	5	5	5	5	3	4
19	1	4	3	5	5	5	5	4	4	5	5	5	4	5	3	5	3	4	4	5
19	2	3	5	4	4	4	5	4	5	5	4	5	5	5	3	3	3	3	5	4
19	2	1	1	2	3	2	3	1	2	3	1	4	1	1	2	1	2	1	2	3
19	1	5	5	5	3	4	5	4	4	4	5	4	5	4	4	3	5	3	5
19	3	4	4	4	4	4	5	3	4	3	4	5	5	4	3	4	3	4	4	5
19	3	5	5	5	4	3	3	4	5	4	4	5	4	5	3	3	5	3	4	5
19	2	4	5	4	3	3	5	4	3	3	3	4	4	5	5	4	4	5	5
19	2	4	4	3	5	4	4	4	5	4	4	3	4	4	4	4	4	5	4
19	1	4	3	3	5	5	5	5	4	5	4	3	5	4	4	5	4	5	4	3
19	1	4	4	4	5	5	5	4	4	5	5	5	5	3	4	4	4	5	4	3

续表

地区	人群	T1	T2	T3	T4	T5	T6	T7	T8	T9	T10	T11	T12	T13	T14	T15	T16	T17	T18	T19
19	1	4	4	5	4	4	5	5	4	5	5	4	3	5	5	4	4	4	4	3
19	3	5	5	5	4	3	4	4	4	4	5	4	3	5	5	3	5	4	4	3
19	3	5	5	4	5	5	5	5	5	4	4	3	4	5	5	5	5	5	4	4
19	2	5	5	5	5	5	5	4	5	4	5	4	4	5	5	5	4	4	4	4
19	3	5	5	5	4	4	5	4	3	5	5	4	5	4	3	3	4	5	4	3
19	3	5	5	4	5	5	5	4	5	3	5	5	3	4	5	4	4	4	5	4
19	2	5	5	4	5	5	5	5	5	5	5	3	4	3	5	5	5	5	3	4
19	3	5	5	4	3	1	2	3	2	2	1	2	2	3	2	2	1	2	2	3
19	3	5	5	3	3	1	1	1	4	1	2	1	2	1	3	1	1	2	3	3
19	1	5	5	4	3	4	3	5	5	5	3	5	5	5	5	5	5	5	5	3
19	2	5	5	5	3	5	5	5	3	3	5	4	5	5	4	4	4	4	4	5
20	3	5	5	5	5	4	5	4	5	4	5	5	4	4	4	5	5	4	4	4
20	2	4	5	5	5	4	3	4	5	4	4	4	4	5	4	5	4	5	4	4
20	1	3	2	2	3	1	3	4	1	1	2	1	2	1	3	3	4	3	3	2
20	2	4	4	4	3	5	4	4	5	4	4	5	5	4	4	5	3	4	5	5
20	3		5	4	3	3	3	4	5	5	4	4	3	3	3	4	4	4	3	5
20	1		5	4	3	5	3	5	3	5	5	3	5	4	3	4	3	5	4	3
20	2	3	2	3	2	2	1	2	1	3	1	1	3	1	2	3	2	4	1	4
20	2	4	5	5	4	4	4	4	5	4	5	4	4	4	3	4	5	4	5	4
20	3	5	5	5	4	5	5	4	3	4	5	5	5	4	4	3	3	5	4	5
20	1		5	5	4	5	5	5	4	5	4	5	4	4	5	4	5	4	5	5
20	2	5	5	4	5	5	4	5	5	4	4	5	5	4	5	4	3	5	5	4
20	2		4	4	5	5	4	3	4	5	4	5	4	4	5	4	5	4	5	5
20	2		5	5	4	5	4	4	3	5	4	5	4	3	5	5	4	4	4	5
20	1	4	5	5	4	5	5	3	4	4	3	4	3	4	5	5	3	5	3	4
20	1	4	4	5	5	4	5	3	3	4	3	4	5	5	5	3	5	3	4	4
20	2	5	5	4	5	5	5	4	5	3	4	4	3	5	5	4	5	5	3	5

地区	人群	T1	T2	T3	T4	T5	T6	T7	T8	T9	T10	T11	T12	T13	T14	T15	T16	T17	T18	T19
20	1	5	5	5	5	5	5	5	5	5	5	5	5	5	5	5	5	5	5	5
20	3	5	1	1	4	1	5	2	5	3	5	1	2	1	2	2	5	5	1	5
20	2	5	5	5	5	5	5	5	5	5	5	5	5	5	5	5	5	5	5	5
20	1	5	5	5	5	5	5	5	5	5	5	5	5	5	5	5	5	5	5	5
20	3	5	5	5	5	5	3	3	3	4	5	4	4	3	4	4	4	5	4	4
20	1	5	5	4	4	4	5	5	5	4	3	4	4	4	5	5	4	5	3	4
20	3	5	5	5	4	3	4	4	5	5	4	3	5	4	5	4	4	3	4	3
20	3	5	5	2	1	2	2	3	3	1	1	2	3	1	2	3	2	2	4	2
20	3	5	5	4	4	3	4	4	5	5	5	5	5	4	4	4	4	4	4	5
20	3	5	1	1	2	2	3	1	3	3	4	4	2	1	3	2	4	2	2	3
20	1	5	5	5	3	3	4	5	5	5	4	4	4	4	4	3	4	5	5	5

后 记

回顾整个研究与写作过程，既是一段充满挑战与探索的学术旅程，也是对乡村旅游资源开发领域深刻思考与总结的宝贵时光。本书通过对乡村旅游资源开发利益分享进行理论解析，综合运用博弈分析法、系统动力学模拟仿真法构建乡村旅游资源开发利益博弈均衡模型，运用QCA研究法进一步构建乡村旅游资源开发利益分享路径，并对利益分享路径进行实践检验，最终提出一系列政策建议。相关研究成果已陆续在 *Grey Systems：Theory and Application*、《金融教育研究》等期刊上发表。同时也有一些成果发表在《江西发展策论》呈送相关政府部门，为其制定相关政策提供科学的决策服务。

本书是在我博士学位论文研究成果的基础上撰写的。本书内容选题、研究思路、研究方法、框架结构、创新点等都是在钟昌标教授的精心指导下完成的。钟昌标教授的深厚学识、卓越能力和高度的自律精神不仅为我树立了学术榜样，更让我在求知的道路上感受到了坚定的支持和引领。在本书成稿之际，再次表达感激之情。

感谢江西师范大学的老师们，在我攻读博士学位的这段时光里，你们不仅以深厚的学识引领我前行，更是在日常的学习和研究中给予我宝贵的指导与帮助，使我能够在肩负教学与科研重任的同时，坚定不移地推进学业；感谢财政金融学院这个其乐融融的大家庭，学院的关怀与支持，让我在繁重的教学之余还能继续自我提升，尤其要感谢的是本书的出版获得江西师范大学财政金融学院的经费资助；感谢一起奋斗努力的同学们，愿我们都能在各自的人生里闪闪发光；感谢我亲爱的学生们，教学相长，与你们的共同学习和探讨亦是我前进的动力。我的硕士研究生匡广容同学对本书的第二章、第六章内容进行了认真的增删、修改和完善（共计 3 万字），付出了大量的时间和精力，在此深表谢意。

当然，本书尽管吸收了诸多学者以及专家的建议，但可能还存在诸多不足与局限。乡村旅游资源开发的利益博弈与分享机制是一个复杂多变的系统，受到多种因素的影响和制约，尽管已尽力从多个角度进行了分析和探讨，但仍难以涵盖所有可能的情况和问题。此外，随着时代的发展和社会的进步，乡村旅游资源开发的利益格局也可能发生新的变化，需要我们持续关注和研究。

2024 年 10 月 8 日于南昌